L'ÉVANGILE PERDU

HERBERT

Krosney

L'ÉVANGILE PERDU

LA VÉRITABLE HISTOIRE DE L'ÉVANGILE DE JUDAS

DOCUMENT

Traduit de l'anglais par
Jean Vaché, Christophe Rosson, Claude Chastagner,
Martine Devillers-Argouarc'h

J'AI LU

Toutes les photographies du hors-texte sont de Kenneth Garrett, à l'exception de la première photographie du codex Tchacos © Florence Darbre.
© National Geographic pour la frise chronologique et la carte d'Égypte.

Les citations de la Bible sont empruntées à la traduction oecuménique de la Bible (TOB).

Titre original :
The Lost Gospel. The Quest for the Gospel of Judas Iscariot

À Bernard Krosney

Sommaire

Liste des personnages dans *L'Évangile perdu*

Anciens

Jésus

Judas Iscariote

Saint Irénée, *Père de l'Église et auteur de* Contre les hérésies

Saint Athanase, *évêque d'Alexandrie*

Modernes

Am Samiah (pseudonyme), *villageois égyptien*

Hanna Asabil (pseudonyme), *antiquaire, Égypte*

Ludwig Koenen, *papyrologue, États-Unis*

Nicolas Koutoulakis, *antiquaire, Suisse*

Yannis Perdios, *collectionneur d'antiquités, Grèce*

James M. Robinson, *historien du premier christianisme, États-Unis*

Stephen Emmel, *universitaire, spécialiste de langue copte, Allemagne*

Boutros (pseudonyme), *villageois égyptien*

Frieda Tchacos-Nussberger, *antiquaire, Suisse*

Père Gabriel Abdel Sayed, *prêtre copte, États-Unis*

Hans P. Kraus, *libraire, livres rares et anciens, États-Unis*

Joanna Landis (pseudonyme), *résidente d'Alexandrie, Égypte*

Roger Bagnall, *universitaire, spécialiste de langues classiques, États-Unis*

Martin Schøyen, *collectionneur d'antiquités, Norvège*

Bruce Ferrini, *antiquaire, États-Unis*

William Veres, *antiquaire, États-Unis*

James Ferrell, *collectionneur d'antiquités, États-Unis*

Mario J. Roberty, *avocat, Suisse*

Michel van Rijn, *auteur d'un blog sur les antiquités, Royaume-Uni*

Rodolphe Kasser, *universitaire, spécialiste de langue copte, Suisse*

Florence Darbre, *restauratrice de manuscrits, Suisse*

Charles Hedrick, *spécialiste de langue copte, États-Unis*

Bart D. Ehrman, *universitaire, historien du premier christianisme, États-Unis*

A.J. Timothy Jull, *spécialiste de la datation au carbone 14, États-Unis*

JÉSUS

vers 30
Crucifixion de Jésus de Nazareth

100-130
Montée du gnosticisme chrétien

JUDAS

vers 180
Irénée, évêque de Lyon, condamne les enseignements gnostiques et qualifie l'Évangile de Judas d'«histoire fictive»

275-300
Des opinions chrétiennes familières deviennent dominantes parmi les croyants

DÉBUT DE L'HISTOIRE CHRÉTIENNE

APRÈS J.-C. 1 — 100 — 200 — 300

TEXTES

49-62
Paul écrit les premières épîtres, les plus anciens textes du Nouveau Testament

65-95
Évangiles de Marc, Matthieu, Luc et Jean (NT)

110-150
Évangiles de Thomas et de Pierre (pas dans le NT) ; 2P, livre le plus tardif du NT ; Évangile de Marie (gnostique?)

vers 150
Rédaction de l'Évangile de Judas, de l'Évangile de vérité, du Livre secret de Jean (tous gnostiques)

vers 150-200
Les Évangiles de Marc, Matthieu, Luc et Jean reconnus en premier comme faisant autorité

vers 200-230
Second Traité du Grand Seth (gnostique)

367
Athanase, évêque d'Alexandrie, établit le premier la liste des 27 livres du Nouveau Testament

375
Épiphane, évêque de Salamis, condamne l'Évangile de Judas

vers 380
Le christianisme devient la religion officielle de l'Empire romain

400

années 300
Date approximative de la copie existante de l'Évangile de Judas

1844-1859
Le Codex Sinaiticus, contenant un des plus anciens manuscrits en grec du Nouveau Testament, est découvert au Sinaï

1945
Bibliothèque de Nag Hammadi (52 textes, gnostiques pour la plupart), Égypte

années 1990
L'Évangile du Sauveur, traduit à partir de fragments, découvert en Égypte

1800 DÉCOUVERTES MODERNES — 1900 — 2000

PIERRE

1886
Évangile de Pierre, Égypte

1896
Évangile de Marie, Égypte

1947
Rouleaux de la mer Morte, Israël

années 1970
Manuscrit relié contenant l'Évangile de Judas, Égypte

2001-2006
L'Évangile de Judas est restauré et traduit en anglais

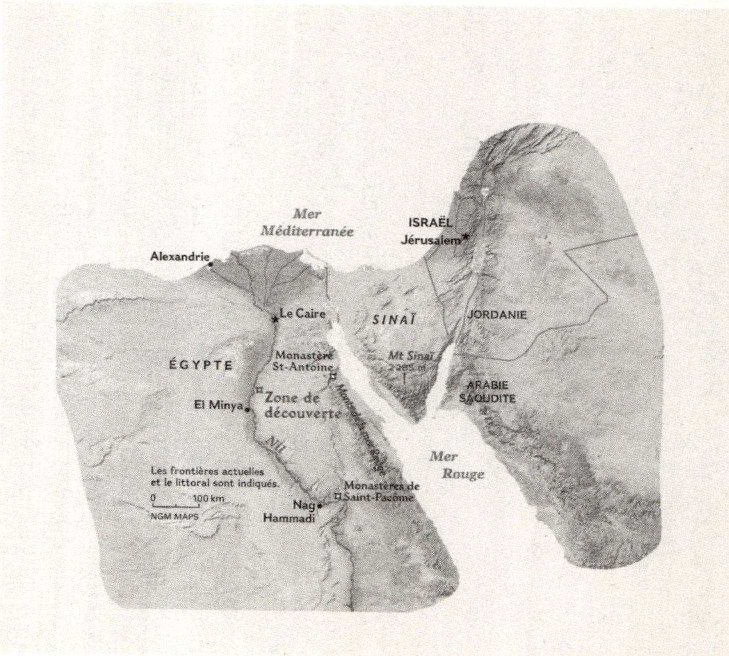
Mer
Méditerranée
Alexandrie
ISRAËL
Jérusalem
Le Caire
SINAÏ
JORDANIE
ÉGYPTE
Monastère
St-Antoine
Mt Sinaï
2285 m
ARABIE
SAOUDITE
Zone de
découverte
El Minya
Nil
Mer
Rouge
Les frontières actuelles
et le littoral sont indiqués.
0 100 km
NGM MAPS
Monastères de
Saint-Pacôme
Nag
Hammadi

Prologue

Malheureux l'homme par qui le Fils
de l'homme est livré !
Il aurait mieux valu pour lui
qu'il ne fût pas né, cet homme-là !

MATTHIEU 26, 24

C'est l'un des hommes les plus haïs de l'histoire, l'apôtre qui trahit le Christ. Judas Iscariote. Pendant des siècles son nom a été synonyme de traîtrise et de fourberie.

Entre le milieu et la fin des années 1970, caché pendant plus de quinze siècles, un texte ancien a émergé des sables de l'Égypte. Près des rives du Nil, des paysans égyptiens, des *fellahin*, ont découvert une caverne. Aux temps bibliques, de telles cavités étaient utilisées pour enterrer les morts. Les paysans pénétrèrent dans la caverne, à la recherche d'or ou de bijoux, ou de n'importe quel objet qu'ils pourraient revendre. Au lieu de cela, au milieu d'un tas d'ossements humains, ils découvrirent une boîte en pierre qui s'effritait. À l'intérieur, ils tombèrent sur un objet inattendu, un livre fait de papyrus et relié en cuir, un codex. Les paysans illettrés étaient incapables d'y déchiffrer le texte ancien mais ils savaient que les vieux livres peuvent atteindre un bon prix sur le marché des antiquités du Caire.

Pour autant, les *fellahin* ne pouvaient absolument pas imaginer qu'ils avaient entre les mains l'un des plus grands trésors de l'archéologie biblique : un document condamné il y a dix-huit siècles et stigmatisé par le label d'« hérésie ».

En avril 2000, environ vingt-deux ans plus tard, l'antiquaire Frieda Tchacos-Nussberger s'apprêtait à rejoindre l'aéroport JFK à New York lorsqu'elle reçut une nouvelle stupéfiante. Elle venait d'acquérir l'antique codex auprès d'un revendeur égyptien et l'avait confié aux spécialistes de l'université Yale pour examen. Et là, sur son téléphone portable, un expert en manuscrits anciens lui révélait l'incroyable nouvelle. « Frieda, c'est fantastique !, disait-il d'une voix extrêmement émue. Il s'agit d'un document très important. Je pense que c'est l'Évangile de Judas ! » Après tant d'années de poursuite, l'antiquaire tenait enfin sa récompense. Ce mystérieux codex qui l'avait tant obsédée, elle n'avait jamais su ce qu'il contenait. Se pouvait-il qu'il existe réellement un « Évangile de Judas » ?

☥

Curieusement pour un personnage aussi connu, nous ne savons que très peu de choses de Judas Iscariote. C'était l'un des douze apôtres du Christ. Il venait sans doute de Judée, et non de Galilée comme Jésus et les autres. Judas était le trésorier des apôtres, et selon certains récits évangéliques, l'allié le plus sûr de Jésus, ce qui rend sa trahison d'autant plus méprisable.

Mais si les détails de sa vie sont troubles, sa place dans l'histoire est claire. « Il est celui qui a livré son ami, explique Mervin Meyer, l'un des trois traducteurs de la version anglaise de l'évangile. Il est celui qui a entraîné la crucifixion, et celui qui est damné pour l'éternité. » Dans *La Divine Comédie*, Judas est condamné aux derniers cercles de l'enfer, où il est dévoré, la tête la première, par un rapace géant qui appartient à Lucifer en personne.

« De nos jours, Judas reste celui qui a trahi Jésus, qui a trahi la cause, rappelle Bart Ehrman, spécialiste du paléochristianisme. Souvent on en fait un grippe-sou cupide, plus intéressé par l'argent que par la fidélité à son maître. »

« Le mot de "judas" lui-même est méprisé, ajoute le professeur William Klassen. Je suis persuadé que, dans le monde judéo-chrétien, personne n'appellerait son chien de ce nom. En Allemagne, il est même illégal d'appeler son fils Judas. »

Le Christ et ses apôtres étaient tous des juifs pratiquants, des juifs orthodoxes, dirait-on aujourd'hui. Mais avec le temps, le noir forfait de Judas en est venu à représenter la vilenie de leur religion tout entière. « Traditionnellement dans les cercles chrétiens, Judas a en fait été assimilé aux juifs, note Ehrman. Pas simplement à cause de son nom, mais aussi à cause des caractéristiques qui sont devenues les stéréotypes des juifs au

Moyen Âge : leur traîtrise, leur avarice, leur abandon de Jésus. Et c'est cette façon de voir Judas, bien sûr, qui mène ensuite à d'effroyables actes d'antisémitisme au cours des siècles. »

La souillure indélébile qui s'attache à lui est fondée sur seulement vingt-quatre lignes dans les évangiles. Comme le remarque C. Stephen Evans, professeur de philosophie à l'université Baylor (Texas) : « Judas Iscariote n'apparaît guère dans le Nouveau Testament, et je pense que c'est parce qu'il embarrasse. Le peu qu'on en dit est très sinistre et il est décrit en termes de plus en plus accusateurs comme le voleur qui puise dans la caisse commune. Et pire, il est celui qui a été influencé par Satan. »

Cependant, il y a une autre source écrite d'information sur Judas Iscariote. Aux alentours de l'année 180, saint Irénée, Père de l'Église et évêque de Lyon, écrivit une féroce attaque contre un texte grec intitulé « Évangile de Judas ». Cette prise de position « contre les hérésies » – c'est aussi le titre du traité d'Irénée – nous permet d'en savoir plus sur le contenu de l'Évangile. Ce dernier, résume Bart Ehrman, portait « sur les relations entre Jésus et Judas. Il indiquait que Judas n'avait pas trahi Jésus, et qu'il n'avait fait que ce que Jésus lui demandait de faire. Par conséquent, Judas était celui qui savait la vérité, telle que Jésus désirait qu'elle fût communiquée ».

Cette version de l'histoire de Judas, on l'imagine aisément, était trop polémique pour un dignitaire de l'Église comme Irénée. En la condamnant, il l'effaçait purement et simplement de l'histoire. Mais les siècles furent impuissants à le faire disparaître, et l'évangile, comme on le sait maintenant, finit par sortir de son oubli. Au moins une copie – en copte ancien – de l'original – en grec – a survécu. Elle a dormi dans une fosse obscure de l'aride désert égyptien pendant presque deux millénaires jusqu'à ce qu'elle soit exhumée et se retrouve, deux décennies plus tard, entre les mains de Frieda Nussberger.

Chose étonnante, cette découverte, l'une des plus importantes de l'archéologie paléochrétienne, n'a pas pris le chemin d'un musée ou d'une collection privée. La mise au jour du codex a été le prélude à un voyage rocambolesque et mouvementé. L'Évangile de Judas, traité comme une simple marchandise, allait être traîné sur trois continents pendant les vingt-cinq années suivantes, son contenu examiné à peine deux ou trois fois entre de longues périodes passées dans des conditions de conservation très loin d'être idéales. À chaque étape du voyage, le précieux document allait se détériorer, jusqu'à ce qu'il n'en reste plus que des fragments de papyrus.

Les personnes qui ont découvert le document, sous la même reliure que trois autres textes, ne savaient que deux choses : qu'il était ancien et qu'on pouvait en tirer pas mal d'argent. Ils le vendirent à un négociant du Caire, qui était lui aussi incapable de lire le copte ancien, mais qui savait qu'il pourrait en tirer une très forte somme s'il arrivait à entrer en contact avec le bon acheteur.

L'air moite de la capitale égyptienne contrastait fortement avec le climat aride du désert où a été trouvé le papyrus, et l'humidité, combinée à la chaleur, contribua grandement à la détérioration du document. Le codex allait donc languir pendant que le négociant exigeait des millions de dollars pour son acquisition.

Les manuscrits furent ensuite volés et atterrirent en Europe, plus exactement en Suisse, où, exposés au climat alpin, le processus de détérioration allait se poursuivre. Ils s'en allèrent moisir dans un coffre de banque. Ils furent cependant examinés par un groupe d'experts venus spécialement des États-Unis pour se prononcer sur leur authenticité, et déjà à ce stade, des réserves furent faites sur l'état de détérioration où ils se trouvaient. Les universitaires exigèrent que les dommages cessent, que l'on s'occupe sérieusement des conditions de conservation, mais sans effet.

Le codex partit ensuite pour les États-Unis en vue d'une possible vente. Un célèbre négociant en manuscrits de New York examina une nouvelle fois le texte mais, dissuadé par le prix demandé par le vendeur égyptien et le coût probable qu'entraînerait la restauration, il refusa de l'acheter. En désespoir de cause, le commerçant égyptien déposa les documents dans le coffre d'une banque de la banlieue de New York sur Long Island. C'est là qu'ils continuèrent de s'abîmer pendant seize longues années. Finalement, Frieda Nussberger parvint à les acheter et les confia à l'université Yale aux fins de traduction. C'est ainsi qu'un universitaire identifia le sujet des textes et une partie de leur contenu. Pendant une brève période, il sembla que le codex, son importance reconnue, avait enfin trouvé un havre. Mais, avec la tournure que prirent ensuite les événements, Frieda Nussberger en vint à s'imaginer que le texte était sous le coup d'une « malédiction ». L'ombre du grand traître allait peser encore longtemps. Tout se passait comme si le texte refusait d'être lu.

En dépit du fait que le codex contenait le fabuleux Évangile de Judas, l'université Yale, inquiète d'éventuelles suites judiciaires liées à la provenance douteuse du papyrus, refusa de l'acheter à Frieda Nussberger. Le codex fut vendu à un marchand d'antiquités de l'Ohio. Le document se détériora encore plus lorsqu'il fut brièvement entreposé… dans un congélateur. Puis la vente fut annulée et se solda par le retour du manuscrit à Frieda Nussberger – et enfin en Suisse où il allait finir par trouver les conditions matérielles de conservation nécessaire à sa survie.

À ce moment-là le fragile papyrus s'était terriblement dégradé, et il se fragmentait dès qu'on le touchait. En outre, les experts allaient découvrir que des pages entières de ces textes sans prix avaient disparu, arrachées, et sans doute vendues séparément.

Chaque étape de ce voyage avait provoqué d'autres dommages. Chaque étape avait causé une fragilisation supplémentaire de la texture du papyrus, menaçant de disparition des lettres, des mots et des phrases. Chaque étape du voyage pouvait être la cause que la voix de Judas Iscariote, enfin tirée de son tombeau séculaire, demeure à jamais silencieuse.

À partir de l'instant où Frieda Nussberger eut appris des experts de Yale ce que contenait son mystérieux codex, elle n'eut de cesse de trouver un acheteur capable d'en conserver les pages avant qu'elles ne tombent en poussière. Elle se tourna finalement vers la Fondation Maecenas pour l'art ancien, sise à Bâle, qui a pour vocation d'aider la recherche archéologique dans le domaine des cultures antiques ou la préservation d'antiquités comme le codex. En même temps, elle fit appel à Rodolphe Kasser, l'un des spécialistes mondiaux de la langue copte. Constatant l'état de délabrement du support, il s'adjoignit les services de Florence Darbre, restauratrice de manuscrits.

En 2002, dans son laboratoire, Florence Darbre ouvrit pour la première fois la boîte qui contenait l'Évangile de Judas. « Il fallait le voir pour le croire. J'ai dû ouvrir et refermer la boîte plusieurs fois. Il faut parfois avoir des nerfs d'acier pour oser toucher certains objets. » En trente ans de travail, elle n'avait jamais vu un document en aussi mauvais état. Les fragiles pages en papyrus s'étaient brisées en milliers de fragments. « Quel que soit le document sur lequel on travaille, il y a toujours un récit sous-jacent. On se demande toujours qui l'a écrit, quel trajet il a suivi avant d'arriver là, qui en a été le propriétaire et qui l'a lu ? »

Pour obtenir les réponses, Kasser et Darbre durent s'engager dans un pénible processus de reconstitution à partir des fragments. Il s'agissait d'un des puzzles les plus complexes jamais fabriqués par l'histoire. L'évangile était écrit sur le recto et le verso de treize feuilles de papyrus, vingt-six pages, les pages 33 à 58 du codex, mais le support était maintenant en une myriade de morceaux. Si un fragment trouvait sa place au recto, il fallait qu'il convienne aussi pour le verso. Kasser résume ainsi les immenses difficultés affrontées : « Si vous prenez un document de neuf ou dix pages imprimées sur deux faces et que vous le déchirez en minuscules morceaux, que vous en jetez la moitié, et que vous essayez de reconstituer l'autre moitié, vous verrez combien l'opération est difficile. »

Pour éviter de toucher au document lui-même jusqu'à ce qu'il faille se résoudre à le faire, ils inventèrent un plan ingénieux. D'abord, en utilisant à la fois des photographies des fragments et des pages, Kasser s'appliqua à assembler. Ensuite, en travaillant avec des photocopies, il coupa et colla les morceaux. « Chaque fois que nous arrivions à trouver un emplacement pour un fragment, explique Kasser, j'apportais une photocopie à Mme Darbre qui l'utilisait pour replacer le fragment au sein de l'original. » Darbre testait ensuite la validité du choix de Kasser. « Nous découvrions peu à peu le sens du codex, grâce à ces victoires, dit Florence Darbre. Plus nous ajoutions de fragments, mieux nous pouvions lire le texte, et plus le récit se révélait. » Ils furent secondés par un autre expert, Gregor Wurst, auteur d'un programme d'ordinateur qui aide à identifier les fibres de papyrus pour permettre de reconstituer les morceaux. À l'heure actuelle, il reste encore sans doute des centaines de fragments à placer, mais ce qui a déjà été révélé est fantastique. Le texte raconte l'histoire des derniers jours de Jésus, et ce récit est susceptible de poser un défi à quelques certitudes les mieux ancrées du christianisme. Dans ce récit, le traître devient un héros, et c'est Jésus qui provoque lui-même sa Passion. Le texte recouvre bien le document auquel s'en prenait l'évêque Irénée il y a dix-huit siècles. La preuve se trouve dans l'un des passages les plus frappants, lorsque Jésus donne à Judas sa mission de trahison, en lui disant : « Mais toi tu les surpasseras tous ! Car tu sacrifieras l'homme qui me sert d'enveloppe charnelle ! » (verset 56).

Le savant américain Stephen Emmel, qui fut l'un des premiers à examiner le codex, prédit : « Ce texte pourrait faire l'effet d'une bombe sur bon nombre de gens. Il pourrait provoquer une crise parmi les croyants. » Et Rodolphe Kasser ajoute : « C'est à l'évidence l'une des plus importantes découvertes du siècle. Cette découverte est immense parce qu'il s'agit d'un témoignage authentique. »

CHAPITRE PREMIER

Une tombe dans le désert

[Jésus dit à Judas] : « Lève tes yeux,
et vois la nuée, et la lumière qui s'y déploie
et les étoiles qui l'entourent !
L'étoile qui est en tête
de leur cortège est ton étoile ! »

ÉVANGILE DE JUDAS

Les montagnes du djebel Qarara s'élèvent dramatiquement au-dessus du désert égyptien. Elles ne se trouvent qu'à quelques minutes de marche du Nil, mais le climat de ces hauteurs stériles est bien plus sec que celui de la vallée. Des sommets, les vents arides se précipitent vers la plaine. Au passage, ils font siffler les cavernes qui trouent les falaises abruptes du djebel Qarara.

Les *fellahin* sont tombés sur la sépulture par hasard. Ces paysans étaient sans doute, comme beaucoup d'autres dans les parages, des fermiers pauvres qui devaient arracher leur subsistance à la terre. Ils étaient prêts à faire le nécessaire pour nourrir leur famille. Pour beaucoup, cela impliquait de passer au peigne fin les moindres recoins des environs pour y découvrir des antiquités cachées. Le vol de tombes se pratique en Égypte depuis le jour où furent construites les premières pyramides, et bien que les tombeaux des pharaons aient été depuis longtemps nettoyés, bien d'autres restes du glorieux passé de l'Égypte peuvent encore y être glanés. C'est parce que le marché des antiquités est clandestin qu'il peut se révéler hautement profitable.

La caverne de la sépulture se trouvait de l'autre côté du fleuve par rapport à Maghagha, non loin du village de Qarara dans ce que l'on appelle la Moyenne-Égypte. Les *fellahin* ont vu une caverne dissimulée au milieu des rochers. En y pénétrant, ils y ont trouvé dans un linceul le squelette d'un homme manifestement riche. D'autres restes humains, probablement des membres de la famille du mort, se trouvaient avec lui dans la caverne. Ses précieux livres étaient à côté de lui, enfermés dans une boîte en pierre blanche.

Le paysan et ses amis s'aperçurent que la cache était ancienne. Peut-être remontait-elle aux pharaons ? La période d'origine de la sépulture leur importait peu, leurs prières avaient été exaucées. Ils venaient de gagner à l'une des plus grandes loteries d'Égypte. L'argent qu'ils en obtiendraient permettrait à leurs familles de se nourrir pendant une semaine, ou un mois, ou un an, selon qu'ils se montreraient plus ou moins habiles en négociant leur découverte.

Ils entrèrent immédiatement en contact avec Am Samiah, l'un des guides de la localité. Les guides faisaient souvent office d'intermédiaires, vendant les antiquités à des négociants du Caire. Les heureux inventeurs amenèrent Am Samiah à la caverne pour qu'il prenne connaissance des lieux. Le travail de partage du trésor devait se faire discrètement. Ils redoutaient non seulement la police mais encore les autres paysans du coin qui pouvaient essayer de leur voler leur butin.

Deux cercueils reposaient près de l'entrée. Dans son maniement, un sarcophage s'était rompu et une partie s'en était détachée. À l'intérieur ils aperçurent un squelette. À côté de lui, se trouvaient un certain nombre de vases en verre de facture romaine, enveloppés dans de la paille ou du papyrus.

C'est au dernier moment qu'ils découvrirent les textes. Cette découverte fut un vrai don du ciel. Am Samiah était, comme ses compagnons, un ouvrier, et son souci n'était pas la valeur de ces manuscrits pour l'humanité ni de savoir ce que disaient ces textes ou dans quelle langue ils étaient écrits. Ce qui l'intéressait c'était de savoir quel prix il pourrait en tirer pour faire vivre sa famille.

Les commerçants qui examinèrent en premier les manuscrits pensèrent qu'ils étaient rédigés en hébreu. Ce n'était pas le cas. Le texte d'origine est bel et bien du copte, l'antique langue du peuple qui vivait dans cette grande vallée, et qui avait adopté l'alphabet grec pour son écriture. Le copte est la langue ancestrale des nombreux chrétiens qui vivent dans cette partie du monde. Les textes en question, on le sait maintenant, ont été rédigés par des scribes tout à fait familiers de la Bible, et pourtant il n'y a aucune trace de monastère dans les environs immédiats du lieu de la découverte. Les ruines du seul monastère dans la région se trouvent sur les hauteurs du djebel Qarara, à plusieurs heures de marche de là.

À l'insu de Am Samiah ou de ses compagnons, la cache de papyrus allait se révéler être l'une des plus importantes découvertes du XXe siècle. Un trésor comparable n'avait pas été trouvé depuis la découverte historique faite à Nag Hammadi, plus bas dans la vallée du Nil, lorsqu'en décembre 1945 un groupe de fermiers découvrit cinquante-deux traités conservés dans une jarre d'argile (il s'agissait en fait de treize codex, contenant cinquante-deux écrits différents) – une découverte capitale, aussi importante que celle des manuscrits de la mer Morte. Le monde des études bibliques fut secoué par la bibliothèque de Nag Hammadi, parce que la collection recélait de nombreux textes gnostiques, condamnés comme hérétiques par certains des premiers Pères de l'Église. Des livres qui, tout en contribuant eux aussi à répandre la bonne nouvelle de Jésus, différaient cependant radicalement des textes du Nouveau Testament.

Le récipient en pierre blanche découvert par les paysans de Qarara contenait des textes qui parlaient de Jésus mais n'avaient pas été acceptés par l'orthodoxie ecclésiale. L'un d'entre eux en particulier allait enflammer l'intérêt des chercheurs : l'Évangile de Judas. Ce manuscrit sur papyrus de vingt-six pages faisait allusion à un projet secret dont Jésus avait chargé Judas. Il demandait à son plus fidèle disciple d'entreprendre le plus haut sacrifice entre tous : le trahir et le livrer pour qu'il soit exécuté afin de libérer son âme de la prison de son corps et d'accomplir sa destinée. Le livre apportait des clés pour comprendre le rôle particulier de cet homme parmi les disciples qui aimaient le Christ, Judas qui serait méprisé pour la tâche que Jésus lui avait confiée.

Le récit que contiennent ces pages de papyrus offre une version radicalement différente des autres récits évangéliques tels que les connaissent des millions de chrétiens dans le monde entier. À une certaine époque dans un passé lointain, un scribe appartenant à une secte chrétienne avait rédigé cet évangile. La version qu'il donnait du rôle de Judas s'opposait à tout ce qui avait été raconté ailleurs et faisait état de la bonté du traître et de sa compréhension unique du message de Jésus.

☥

Toute exploration du christianisme en Égypte doit obligatoirement commencer dans la fabuleuse cité d'Alexandrie. Les chrétiens de l'Église orthodoxe copte se réclament d'un lignage qui remonte aux enseignements de saint Marc, auteur du plus ancien évangile du Nouveau Testament. Selon la tradition copte, Marc arriva à Alexandrie durant le règne de l'empereur Néron dans les années 1950, et y fut tué en l'année 68 pendant la révolte des Juifs contre les soldats romains qui essayaient d'interdire leurs pratiques religieuses.

La ville avait été nommée d'après Alexandre le Grand, qui, encore tout jeune homme, avait lancé ses armées macédoniennes à travers l'Asie occidentale et avait réuni le monde connu sous sa férule. Il avait fondé cette cité en hommage aux dieux et à son peuple. Elle devait prospérer en tant que capitale de l'Égypte pendant les trois cents années suivantes sous Ptolémée, l'un des généraux d'Alexandre, et ses successeurs. La bibliothèque d'Alexandrie devint la plus importante des temps anciens, et son phare, l'une des sept merveilles du monde. C'est aussi là que, selon la légende, Cléopâtre séduisit Jules César et, après son assassinat, Marc Antoine.

Alexandrie est aujourd'hui la seconde plus grande ville d'Égypte, avec six millions d'habitants. Sa fameuse corniche le long de la Méditerranée s'étend sur près de vingt kilomètres, tandis que la ville s'allonge vers le sud sur des kilomètres à partir de la côte. En harmonie avec les puissants liens historiques de la ville avec la Grèce, la corniche offre d'impressionnantes vues du bleu de la mer en direction de la Crète et de la Grèce continentale, distante de quelques centaines de kilomètres. Les façades des immeubles de style colonial anglais, qui restituent l'atmosphère décrite par Lawrence Durrell dans son célèbre *Quatuor d'Alexandrie*, y sont encore visibles. Pourtant, à y regarder de plus près, les maisons ressemblent à celles du reste de l'Égypte, décrépies et en mauvais état. Sur la corniche, comme à l'intérieur, des demeures splendides ont été remplacées par d'anonymes immeubles à plusieurs étages. Alexandrie est en train de devenir une métropole surpeuplée, une ville coupée de ses origines grecques et définie à la fois par l'architecture moderniste de sa nouvelle bibliothèque et par la popularité croissante de la foi islamique, comme en témoigne le nombre de femmes qui y portent le voile.

La personne qui fait ici le lien entre Alexandrie et l'Évangile de Judas est Joanna Landis, l'une des habitantes de cette trépidante ville portuaire, car Am Samiah lui demanda de l'accompagner jusqu'à un lieu éloigné sur la rive orientale du Nil où la curieuse découverte avait été faite. Alexandrie est la principale porte pour les exportations égyptiennes, y compris pour l'art populaire égyptien et les objets anciens.

Joanna Landis était spécialisée dans le négoce d'objets folkloriques et d'art populaire ; elle allait de temps à autre en rechercher en Moyenne ou Haute-Égypte. Ses voyages étaient aussi pour elle l'occasion d'incursions spirituelles dans le passé d'un pays qu'elle adorait. Joanna Landis songeait, non sans fascination, à l'ancienne Égypte, et à la façon dont les siècles semblaient se déployer devant elle pendant que sa voiture remontait la vallée du Nil. Le mot *Nil* vient du grec *neilos* qui signifie « vallée fluviale ». Les habitants de ses rives sont persuadés que le fleuve est la source de toute prospérité. Et avec juste raison, car son cours de plusieurs milliers de kilomètres traverse un territoire par ailleurs soumis au climat désertique saharien. Le delta du Nil est si fertile que ce fut en son temps le grenier de l'Empire romain.

Sur ces rives qui furent jadis inondées chaque été, se déroulait pour Joanna Landis le panorama traditionnel de la vie agricole égyptienne, avec ces villages de paysans et leurs méthodes ancestrales de culture de la terre. Des canaux reliés entre eux empruntent l'eau du fleuve et rendent possible l'irrigation des terres sur plusieurs kilomètres de large. Au moment de la récolte, fin avril, les attelages de chevaux tirent les charrettes ployant sous les tiges de blé et les pousses vertes d'une herbe pour animaux que les Arabes appellent *bersim*, une sorte de trèfle.

Des kilomètres et des kilomètres de blé ondulant doucement sous le soleil égyptien sont ponctués d'épouvantails, affublés de *galabiya* pour la plupart, le vêtement égyptien, afin d'effrayer les oiseaux affamés.

Lorsqu'on descend de la côte, le delta du Nil est vite remplacé par l'immense agglomération urbaine qu'est Le Caire. Capitale de l'Égypte et plus grande ville africaine, avec une population qui a atteint récemment seize millions, Le Caire couvre plus de 180 kilomètres carrés. De nombreuses banlieues en rayonnent. Au sud du centre-ville se trouve la vieille ville, foyer de la communauté chrétienne copte avec un grand nombre d'églises coptes reconnaissables à la croix qui surmonte leurs coupoles. La vieille ville se situe en face du Sphinx et des trois célèbres pyramides de Gizeh, tombeaux des pharaons. En allant plus au sud, on rencontre encore une interminable suite de pyramides, sur la rive occidentale du fleuve. À Saqqarah s'élève la fameuse pyramide à degrés, et à Dahshur la massive pyramide courbée et la pyramide rouge, deux des plus anciennes, édifiées sans doute 2 600 ans avant notre ère.

L'une des destinations des explorations de Joanna Landis était la province de El Minya, en Moyenne-Égypte, où vivent encore de nombreux chrétiens égyptiens. Il lui fallait laisser derrière elle de nombreux petits villages de fermiers aux masures de brique crue avant d'atteindre l'une des villes les plus septentrionales de la province, Maghagha, à deux cents kilomètres au sud du Caire. C'est une bourgade poussiéreuse et active, dont 15 % de la population est chrétienne. Les églises coptes, avec leurs croix ornées, parsèment toute la région.

Le christianisme s'est répandu dans la vallée du Nil sous la domination romaine. C'est en Égypte qu'a pu naître l'idée, du moins dans le monde occidental, qu'un homme seul, vivant dans un isolement total, peut par la contemplation atteindre un état de sainteté. C'est également dans ce pays que furent créés les premiers monastères chrétiens, et il est assez probable que le scribe qui copia l'Évangile de Judas en langue copte l'ait fait dans l'un de ces monastères.

La région regorge de souvenirs de l'histoire religieuse. Dans les marches sud de la Moyenne-Égypte se trouve Tell el-Amarna. Au XIVᵉ siècle avant notre ère, le pharaon Akhenaton décida que Aton, le dieu du soleil, serait le seul vrai dieu, agissant ainsi en précurseur du monothéisme. Pour assurer la prééminence d'Aton sur tous les autres dieux égyptiens, il fit bâtir une nouvelle capitale à Amarna, qu'il orna de fabuleux temples blancs. Pourtant le règne d'Aton devait prendre fin à la mort d'Akhenaton, et la capitale revenir à Thèbes, où son fils, le resplendissant Toutankhamon, allait lui succéder.

Lors d'un de ses voyages à Maghagha en 1978, Joanna Landis contacta Am Samiah, natif de ce village, car elle pensait qu'il pourrait l'aider à localiser des pièces intéressantes. Elle savait qu'en sa qualité de guide, il était toujours à l'affût d'objets qui pouvaient se revendre dans les bazars du Caire ou d'Alexandrie. À cette occasion, Am Samiah lui raconta l'histoire des documents anciens qu'il avait trouvés et qu'il venait récemment de vendre. À l'époque, Joanna ne s'occupait nullement du négoce des papyrus anciens et aurait été incapable d'imaginer la signification de cette découverte, aussi ne se montra-t-elle pas intéressée par leur rachat éventuel. Pourtant, Am Samiah l'emmena sur les lieux mêmes où le trésor avait été trouvé.

Joanna Landis se souvint plus tard que Am Samiah « vivait là avec sa nombreuse progéniture et sa femme dans une maison inachevée, de brique, à deux étages. Dans son "garage" se trouvait un superbe chameau, qu'il nourrissait de *foul* (la céréale égyptienne donnée au cheptel), parfois de sa propre main. Am Samiah portait toujours la *galabiya*, comme les Rois mages de l'Épiphanie, avec un grand turban autour de la tête, mais avec, été comme hiver, des sandales de plastique aux pieds ».

Am Samiah, comme beaucoup d'autres à Maghagha, cultivait l'ail, spécialité de la région. Nourri par l'eau du Nil et le brûlant soleil égyptien, l'ail, bien que minuscule, y a une saveur particulièrement relevée.

En outre, comme beaucoup de résidents de la Moyenne-Égypte, Am Samiah était membre de l'Église copte. « Il était de religion copte. On le remarquait tout de suite aux images de saints accrochées à l'entrée de sa demeure. C'était une salle assez propre, avec des bancs étroits tout autour, sur lesquels les visiteurs, surtout des hommes, s'asseyaient en tailleur. Il servait du *shai*, le thé, bien bouilli, dans de minuscules tasses où figurait encore la petite étiquette dorée de la boutique où elles avaient été achetées, un thé très savoureux et très fort avec du sucre et du *nana* (de la menthe). Ensuite, on passait à l'*araq balah* (de l'alcool de dattes) pour la soirée. »

Comme tous les chrétiens dans l'Empire romain, ceux d'Égypte furent soumis à des persécutions pendant les trois premiers siècles de notre ère, jusqu'à ce que l'empereur Constantin légalise le christianisme en 313. Entre-temps, la nouvelle confession s'était étendue irrésistiblement depuis Alexandrie à tous les peuplements de la vallée du Nil.

Lorsque les Arabes conquirent le pays au VIIe siècle, ils convertirent tous ceux qu'ils purent à leur nouvelle religion, l'islam. Les Arabes donnèrent aux natifs égyptiens le nom de *Gupt*, du mot grec *Aiguptos*, qui à son tour vient de Ha-Ka-Ptah, le nom de Memphis, capitale de l'Ancien Empire égyptien. Le mot « copte », dérivé de *gupt*, signifie donc Égypte.

Ces Égyptiens adoptèrent l'alphabet grec pour écrire leur langue, mais certaines sonorités manquaient, ils durent donc y ajouter quelques lettres, ce qui donna un alphabet de trente-deux lettres. De plus en plus fréquemment, ils racontaient les récits de leur nouvelle religion et de leur ancienne culture dans leur langue d'origine et dans les dialectes des régions d'Égypte où ils vivaient. Cette combinaison de langue locale avec les lettres grecques donna naissance à l'écriture copte.

Les Coptes revendiquent l'honneur d'être les véritables Égyptiens, et cette désignation est acceptée par la plupart des musulmans égyptiens. La population musulmane d'Égypte se considère encore comme « arabe » tout autant qu'égyptienne. La religion copte est restée florissante même après l'expansion de l'islam en l'Égypte à partir du VIIIe siècle. Aujourd'hui environ un Égyptien sur huit est chrétien.

☥

Les souvenirs que Joanna a gardés de Am Samiah tournent autour de la longue histoire de la vallée du Nil, où le même mode de vie s'est perpétué de génération en génération. « L'air sec du désert qui souffle sur le village emporte les effluves du pain que l'on cuit à la maison. On le cuit sur le toit, les femmes sont assises à même le plancher et bavardent autour de la *tableya* (la table basse où on manie la pâte), leur doigt tapant sur la pâte, pour fabriquer le *regiff* arabe. Et il y a l'odeur du maïs sec que l'on a étendu sur le toit. Après avoir mangé du pain frais et des œufs frits avec du *samma baladi* (du beurre fondu), on peut passer aux discussions d'affaires. »

Am Samiah était extrêmement travailleur, chaleureux, ouvert et toujours très hospitalier avec ses visiteurs. Outre l'ail, Am Samiah, aidé de ses chameaux, cultivait avec ses enfants les haricots, le blé, la canne à sucre et la céréale pour animaux que les paysans locaux appellent *barsim*. Malgré ses efforts, il ne retirait de la terre qu'un maigre profit. Pour augmenter ses revenus, il faisait comme les autres, il recherchait tout ce qu'il pouvait acheter et revendre à profit sur les marchés de El Minya ou ceux, plus lointains, du Caire ou d'Alexandrie. La plupart du temps, il ne s'agissait que de colifichets ou d'amulettes. Certains objets avaient de la valeur, d'autres non.

Les textiles anciens, que Am Samiah et d'autres avaient commencé à découvrir dans la région, autour de Maghagha et dans les montagnes de l'autre côté du Nil vers la ville de Qarara, étaient une de leurs principales sources de revenu. Le climat aride du désert est tout à fait favorable à la conservation de tissus aussi fragiles. Entre les années 1960 et 1980, de nombreux tissus coptes datant des IVe et Ve siècles furent ainsi découverts et exportés.

« Am Samiah m'a parlé d'un tissu, un tissu copte brodé, qu'il avait trouvé et vendu, se souvient Joanna. Il était très impressionné, parce que c'était une broderie de *el Adra*, la Vierge Marie. »

Joanna Landis comprit au cours de ses conversations avec lui comment il procédait. Il ne faisait lui-même ni fouilles ni pillage de fouilles. Sa profession de guide lui permettait tout simplement d'être à l'affût de tout ce qui pouvait avoir une quelconque valeur dans son coin d'Égypte. Il avait besoin de se déplacer, mais il était trop pauvre pour posséder une voiture, alors Mahmoud lui rendait ce service. Cet ami, qui était fonctionnaire dans un bureau près de Maghagha, possédait une petite voiture, et il était devenu le collègue de Am

Samiah et même son partenaire dans un certain nombre de transactions.

☥

Dans les villages coptes de la Moyenne-Égypte, nombreux sont les illettrés. C'était le cas de Am Samiah. Il avait besoin de relais pour vendre ses trésors aux négociants du Caire ou d'Alexandrie. Am Samiah et Mahmoud prirent donc la voiture et contactèrent de ville en ville les bijoutiers locaux. Ces bijouteries sont des échoppes où l'on trouve bien plus de choses que n'imagine un Occidental. Parfois, il n'y a pas le moindre bijou à vendre. On y trouve de la bimbeloterie, des amulettes, des icônes, des tissus et tout ce qui peut avoir une quelconque valeur. Certains des commerçants que Am Samiah rencontrait possédaient un commerce au Caire, ou tout au moins avaient des relations de confiance avec tel ou tel négociant du Caire ou d'Alexandrie.

Naturellement, chaque étape du processus faisait monter les prix. Les trois heures de route de Maghagha au Caire engendraient un surcoût significatif. Am Samiah arrivait à vendre un objet de valeur pour un bon prix, jusqu'à mille livres égyptiennes, l'équivalent de 2 500 francs de l'époque. Toutefois la plupart de ses ventes étaient de bien moindre rapport. Les négociants du Caire ou d'Alexandrie ajoutaient ensuite leur propre marge. S'ils parvenaient à établir un contact avec de riches négociants américains ou européens, le prix montait encore. Lorsque ces intermédiaires à leur tour vendaient les objets à un musée, à un riche collectionneur privé ou à une université, les prix se trouvaient à nouveau catapultés.

Ce commerce est très ancien. Au XIXe siècle, quand les explorateurs occidentaux redécouvrirent l'Égypte et ses richesses antiques, certains des plus grands trésors du pays, comme la pierre de Rosette par exemple, ont été achetés puis expédiés en Europe, pour y être exposés dans les musées de Saint-Pétersbourg, de Berlin, de Londres, de Paris… En un sens, ce commerce a été bénéfique à l'Égypte. Les antiquités ont été exposées dans les principaux musées du monde occidental, suscitant un intérêt pour la civilisation égyptienne et contribuant à attirer des visiteurs vers leur pays d'origine, tant et si bien que le tourisme est devenu la principale activité et la source majeure de devises étrangères. Cependant, certains hommes politiques égyptiens se sont élevés contre ce commerce à sens unique, estimant qu'il était sans véritable contrepartie pour le pays. C'est ainsi que, peu après la Seconde Guerre mondiale et l'accession du pays à la pleine indépendance, le gouvernement a imposé des restrictions sur le commerce des antiquités pour tenter de le maîtriser. Cela s'est finalement traduit par une loi de 1983, fondée sur une législation égyptienne antérieure de 1951, qui réglemente la vente et l'exportation d'antiquités. La loi donnait six mois aux négociants en antiquités pour déclarer certains objets en leur possession et en restreignait la vente ou l'exportation. Désireux de protéger ce qu'il considère comme son héritage culturel, le gouvernement égyptien a cherché à exercer un contrôle aussi strict que possible sur cette activité économique, empêchant quiconque, à commencer par les nationaux égyptiens, de tirer profit d'un tel commerce.

Ces mesures n'ont pas été entièrement efficaces même s'il est devenu de plus en plus risqué d'enfreindre la loi. C'est un fait qu'un réservoir de marchandises potentiellement précieuses est encore enfoui dans ce pays où il est souvent difficile de gagner sa vie ; s'il se réduit d'année en année, le marché est toujours lucratif. Le commerce illicite d'antiquités continue donc d'être producteur de richesses... Cependant il pose – à cette époque et même encore maintenant – la question cruciale de la provenance des marchandises. Comme le fait remarquer l'égyptologue Robert Bianchi : « Aujourd'hui un objet est considéré comme coupable jusqu'à ce que son innocence soit prouvée. » Si un objet antique a quitté l'Égypte après la promulgation de la loi sur les exportations d'antiquités, les autorités égyptiennes se réservent le droit de le rapatrier en appliquant toutes les mesures légales à leur disposition. C'est un droit dont use déjà l'Égypte pour tenter de recouvrer des objets exportés depuis des décennies et parfois plus d'un siècle. Ainsi des négociations et parfois des procès ont pu avoir lieu avec des institutions aussi célèbres que le Getty Museum de Los Angeles, le Metropolitan Museum de New York et le British Museum de Londres... Il a pu ainsi être prouvé que certains des objets en question étaient le produit d'un trafic. Par exemple, l'un des principaux marchands d'art de New York, Frederick Schultz, a été condamné en 2002 pour recel d'antiquités égyptiennes volées, en particulier pour avoir acquis et revendu pour 1,2 million de dollars un buste de pharaon ; il s'agissait d'un objet que le négociant britannique Jonathan Tokely-Parry avait fait sortir illégalement d'Égypte en le faisant passer pour une copie bon marché.

☥

Pendant la visite de Joanna Landis à Maghagha en 1978, Am Samiah l'emmena de l'autre côté du fleuve pour voir l'endroit où l'antique codex avait été trouvé. Ils traversèrent le Nil en bateau, une felouque traditionnelle, en bois, à voiles et à rames. Les voiles étaient toutes rapiécées, se souvient-elle. Les bateliers étaient des marins du Nil très expérimentés qui guidèrent le frêle esquif malgré les forts courants et les hauts fonds jusqu'à une lagune de la rive orientale.

« Sa femme et deux de ses enfants nous accompagnaient, explique Joanna. Dans son panier elle transportait quelques ustensiles. Mais comme nous atteignions le milieu du fleuve, elle sortit de son *zenbil* (panier) deux tasses et m'offrit l'eau du Nil (*maya assleya*, l'eau authentique), qu'elle avait puisée dans le fleuve. J'ai eu peur de la boire à cause du danger de bilharziose, mais elle insistait. » Boire les eaux du Nil est considéré comme une bénédiction, bien qu'il y ait un sérieux danger de contracter une maladie infectieuse. « Je dois avouer que l'eau était vraiment douce, j'en ai encore le goût dans la bouche. »

Quand ils arrivèrent de l'autre côté, il lui sembla qu'elle débarquait dans un nouveau monde. « J'ai eu comme un sentiment d'éternité. De jeunes enfants lavaient leurs ânons à grande eau, leurs corps bruns et ruisselants luisaient au soleil. C'était un autre monde, nulle tension, nulle hâte, les petits ânes étaient guidés vers le Nil par les enfants, pour y être lavés et soignés. C'était comme si les deux mille ans qui nous séparent du début de notre ère n'avaient jamais existé. »

Après avoir débarqué, Joanna Landis et Am Samiah gravirent la montagne en empruntant un chemin de terre. Elle ne sait exactement combien de temps ils marchèrent, le fait est que ce n'était pas loin. Les enfants qui les suivaient (les enfants et les mouches vous suivent partout en Égypte) soulevaient un petit nuage de poussière. Elle arriva à un bâtiment ressemblant à une forteresse aux épais murs de boue séchée et se demanda si ces murs étaient destinés à protéger les habitants de l'oppressante chaleur estivale ou bien des ennemis.

« Nous pénétrâmes dans une cour, où les chiens et les poules, les enfants et les chèvres cohabitaient tranquillement. Nous passâmes dans le vestibule où l'on nous servit le thé à la menthe brûlant et sucré. Puis Am Samiah se leva et me demanda de le suivre : *"Yalla al magara"* (allons à la caverne) ; c'est ainsi qu'il appelait l'endroit où nous devions nous rendre. »

Par là, Am Samiah entendait une série de catacombes. Joanna pense qu'elles étaient complètement inconnues des archéologues occidentaux et des nombreux égyptologues qui fréquentaient la région. « La partie la plus spectaculaire fut la visite des catacombes, dit-elle, taillées dans le calcaire des pentes de la montagne. De gros piliers carrés soutenaient les alcôves, et il y en avait à l'infini. Elles me rappelaient les catacombes d'Alexandrie par leur style.

« Un trou apparut soudain devant nous, on déplaça une lourde pierre, et nous nous glissâmes dans un monde souterrain de silence. C'était une large galerie, avec beaucoup de piliers carrés, tous taillés dans le roc. On pouvait tenir debout et marcher sans peine. La seule lumière provenait du trou par lequel nous avions pénétré. L'endroit était propre, sans odeur. L'air était sec. »

Une autre révélation extraordinaire l'y attendait.

« C'est à ce moment-là que Am Samiah me parla des livres. Il m'en dit peu. Qu'ils avaient été trouvés dans une boîte, qu'il les avait vendus récemment. Je lui demandai s'ils étaient écrits en grec. Mais il était illettré. Il ignorait dans quelle langue ils étaient écrits, ou s'il s'agissait d'une seule langue ou de plusieurs. Je lui demandai où la découverte avait été faite et il me répondit : *"Fel gabal"* (dans la montagne). »

Am Samiah lui laissa entendre que son intermédiaire au Caire avait été intrigué par les textes, et que Am Samiah en avait tiré un bon profit qui lui permettrait de voir venir des temps meilleurs. Il pouvait nourrir sa famille pendant de nombreux mois. Il arriverait peut-être à s'acheter une voiture.

Joanna éprouva soudain dans ce souterrain un sentiment de crainte et d'angoisse quasi mystique. Elle courut vers la sortie dans un état de semi-panique, heureuse de retrouver la lumière du jour. Mais par la suite elle s'interrogea souvent sur ce qui s'était réellement passé dans le djebel Qarara et ce qui y avait été effectivement trouvé.

Am Samiah aurait pu en dire plus à Johanna Landis, mais il ne le fit pas, soit par discrétion, soit par crainte de s'exposer. Le récit de Joanna est donc précieux puisque, jusqu'à présent, il est le seul de la spectaculaire découverte. Quelque temps plus tard, Am Samiah mourut. Le guide local qui avait joué un rôle si important dans le retour de l'Évangile de Judas à la lumière avait emporté son secret dans la tombe.

☥

Vingt-six ans plus tard, Joanna Landis tenta de retrouver le lieu exact de la découverte du codex. Après de nombreuses recherches, elle réussit à obtenir le numéro de téléphone de Mahmoud, qu'elle savait avoir été l'associé de Am Samiah.

Mahmoud se souvint tout de suite d'elle. Il était agréablement surpris de l'entendre après tant d'années. Au début, enthousiaste, il lui dit qu'il pouvait l'aider à retrouver les lieux de la découverte. Il assura à Joanna qu'il était allé à la caverne et qu'il savait exactement où les textes anciens avaient été trouvés. C'était bien l'endroit autrefois visité par Joanna. Mahmoud décrivit le souterrain en grands détails. Il se souvenait aussi d'un certain nombre de paniers contenant des vases en verre romains qui avaient été vendus sur les grands marchés du Caire et d'Alexandrie.

Toutefois, il lança un certain nombre d'avertissements. Les autorités égyptiennes ignoraient encore l'existence de ces catacombes. L'entrée en avait depuis longtemps été obturée. Les villageois craignaient les *raffir*, les gardes, qui patrouillaient désormais dans la région. Mahmoud était d'accord pour l'emmener là-bas, mais il fallait que ce soit de nuit, afin d'éviter les gardes. Il faudrait creuser pas mal pour y rentrer, et il faudrait tout remettre en l'état à leur sortie. Il fallait qu'elle se fasse accompagner par un ami. L'opération prendrait la nuit entière dans les montagnes désertes du djebel Qarara.

Il avança une nouvelle mise en garde. Un second groupe, selon Mahmoud, avait pénétré dans les lieux après Am Samiah. La caverne avait été vidée de tout ce qui restait, en plus des textes qui avaient été trouvés dans les deux premiers sarcophages près de l'entrée. Ces gens n'étaient pas recommandables. Ils se vengeraient cruellement si on les dénonçait.

Joanna Landis fixa un rendez-vous à Mahmoud. Ils devaient se rencontrer un mois plus tard, une fois que tout aurait été arrangé. Mais pendant ce mois, les choses évoluèrent. Lors du coup de téléphone suivant, Mahmoud dit à Joanna que les lieux se trouvaient dans un état de dévastation totale après le passage du second groupe. Il y avait des squelettes partout. Un désastre. Ce n'était plus qu'un site funéraire violé. Tous les objets avaient été vendus sur les marchés du Caire et d'Alexandrie. Mahmoud n'avait bien sûr nullement été mêlé à ces ventes mais il en avait entendu parler.

Finalement le rendez-vous prévu eut lieu. Mahmoud accueillit Joanna en arborant un T-shirt plutôt qu'une *galabiya*. C'était un grand costaud, sympathique, toujours souriant. Ses cheveux étaient coupés court et il avait un visage intelligent et ouvert. Mais il commença à revenir sur ses engagements précédents. Il était moins certain de l'emplacement des catacombes. Le site était extraordinairement difficile à trouver pour une personne étrangère au pays. Le Service des antiquités n'était pas au courant et il n'y avait que lui et quelques paysans qui étaient capables de le retrouver.

Il continua de se rétracter. Oui, les textes avaient été trouvés dans le djebel Qarara, mais pas exactement à l'endroit où l'on avait mené Joanna. La véritable caverne se trouvait à cinq kilomètres de là. Il réitéra ses craintes des *raffir*. Il voulait bien y emmener Joanna, mais seulement s'il était payé, et si ses collègues et elle assumaient toutes les responsabilités.

Vraisemblablement, les « responsabilités » dont il parlait impliquaient une série de frais supplémentaires : les frais de justice en cas d'arrestation, le *bakchich* nécessaire pour s'assurer le silence des participants à l'expédition, ou ce qu'il faudrait pour payer le second groupe afin d'acheter leur neutralité si nécessaire. C'est sur ces derniers points que les négociations achoppèrent.

La perspective de pénétrer sans permission officielle sur un site d'antiquités en Égypte était suffisamment dissuasive. En temps normaux, huit permis accordés par huit ministères différents sont nécessaires pour tout site considéré sensible, et la totalité de la province de El Minya appartient à cette catégorie. En outre, une telle expédition allait entraîner des préparatifs extraordinaires. Et le danger était réel. Dans la province de El Minya, s'étaient produits des incidents sérieux provoqués par des mouvements terroristes islamistes. La sécurité n'y était pas assurée. Pour finir, l'offre de Mahmoud fut rejetée.

☥

La piste des premières pérégrinations des manuscrits est désormais perdue et on ne peut la retrouver qu'une fois qu'ils eurent refait surface au Caire. L'existence de l'Évangile de Judas était encore une chose inconnue pour ceux qui avaient acquis le codex. Les paysans qui l'avaient sorti de ses catacombes n'avaient aucune idée de la langue dans laquelle il était écrit. Le marchand du Caire à qui Am Samiah avait vendu le codex devait plus tard en apprendre un peu plus, mais sans jamais savoir ce que disait le texte en copte. Le fragile manuscrit de papyrus avait commencé son erratique voyage vers un avenir de plus en plus périlleux.

CHAPITRE DEUX

Une rançon royale

D'après ce que j'ai pu en voir,
c'est l'une des plus grandes découvertes
historiques du XXe siècle, si la datation
en confirme les origines.
C'est certainement la plus grande découverte
des soixante dernières années,
depuis Nag Hammadi et les rouleaux
de la mer Morte.

BART D. EHRMAN

Peu de temps après sa découverte dans la tombe du djebel Qarara, le codex, encore en possession d'Am Samiah, quitta la région de la province de El Minya pour rejoindre Le Caire. Là, il fut vendu à un négociant en antiquités nommé Hanna Asabil. C'est pendant la longue période durant laquelle il resta sous la garde d'Asabil que l'Évangile de Judas encourut les plus grands dangers de détérioration.

Les documents furent probablement enveloppés dans du papier journal pour voyager jusqu'à la capitale, comme ce fut le cas également plus tard lorsqu'ils furent examinés en Europe et en Amérique. C'est de cette manière que les Égyptiens transportent les biens précieux.

Un tel manque de précautions provient de la négligence qui marque la plupart des transactions sur le marché des antiquités égyptiennes. À un autre niveau, il est possible de se procurer des papyrus sur des marchés aux puces comme celui du souk al-Goma'a, qui attire des milliers de Cairotes pauvres chaque semaine. Dans un pays aussi riche que l'Égypte en objets d'art, le prix est souvent fixé par le vendeur, dont les compétences sont celles d'un astucieux homme d'affaires, et non celles d'un spécialiste ou d'un universitaire.

Pour compliquer encore le tableau, c'est le secret qui domine le marché des antiquités égyptiennes. Le secret fait simplement partie du jeu, c'est un élément essentiel de l'échange, et le système perdure depuis des générations. Tous les moyens sont bons pour faire croire qu'un objet est authentique ou précieux. Il faut ajouter une règle spécifique au commerce d'antiquités : on doit protéger ses sources. Révéler ses sources est une affaire grave, risquée même. Pour les négociants, cela signifie aussi ne jamais révéler exactement le lieu de provenance des marchandises, ni, nécessairement, l'identité du ou des clients potentiels.

On peut payer très cher pour avoir trahi. On colporte des histoires de négociants égyptiens qui auraient assassiné l'un de leurs collègues, lequel, en parlant trop, aurait révélé les secrets d'un concurrent. Quiconque parle est considéré comme un traître par l'ensemble de la profession.

Hanna Asabil n'aurait jamais dit à quiconque d'où il tenait un objet ou à qui il comptait le vendre. Il lui fallait protéger sa source au cas où, du même lieu, feraient surface de nouveaux objets. Et si de nouveaux acheteurs se présentaient ? Révéler qui lui vendait ou qui lui achetait n'augmentait en rien le bénéfice. Toute information ne pouvait qu'être nuisible à la transaction, et introduire de possibles concurrents. Hanna Asabil avait acheté les manuscrits du codex à Am Samiah, ceci était un secret qu'il lui fallait protéger soigneusement.

Asabil avait mis au point toute une série de scénarios racontant la façon dont le codex était passé en sa possession. Dans l'un d'eux, lui et les siens avaient en fait hérité ces précieux manuscrits de son père. Les documents étaient passés de père en fils et de génération en génération, nul ne savait depuis quand. Pour embellir cette histoire, Asabil racontait parfois que son père avait été fermier à Beni Mazhar, au nord de la ville de El Minya. Son père avait recueilli les textes peu après la Seconde Guerre mondiale, c'est-à-dire avant 1951 et la loi concernant les antiquités. Le seul problème avec cette histoire, c'est que personne n'y a jamais cru.

En allant rendre visite à un client, Asabil confia à l'un de ses collègues une seconde version de la découverte des livres. Deux fermiers labouraient leur champ près de Maghagha. Le sol soudain se déroba sous leurs pieds, et ils découvrirent une tombe. C'est là qu'ils trouvèrent les manuscrits enveloppés dans du lin à côté d'un cadavre ; ici, Asabil utilisa le mot « momie » en arabe, et aussi le mot « sarcophage ». Cette histoire est remarquablement similaire à la façon dont les fameux codex furent trouvés à Nag Hammadi en 1945. Nul doute qu'Asabil ait eu connaissance des récits de la célèbre découverte de Nag Hammadi, à l'époque largement rapportée par la presse égyptienne.

Une autre version des origines du codex est fournie par le célèbre papyrologue italien Manfredo Manfredi, qui a connu Hanna Asabil au début des années 1970. Manfredi, qui enseignait à l'université de Florence, se rendait fréquemment au Caire. Asabil lui confia une fois que les manuscrits avaient été découverts dans une pièce fermée, une tombe d'Hermopolis, localité sise à 16 kilomètres de El Minya. Nul ne sait si cette version a une quelconque validité.

Interrogé en mai 2004, Hanna Asabil s'est souvenu qu'un bon nombre de manuscrits était passé entre ses mains, certains en grec, d'autres en copte (mais il n'est pas certain que l'homme ait été capable de faire la différence). Ceux qui étaient en copte avaient été trouvés près de Maghagha, assurait-il, probablement dans le djebel Qarara sur l'autre rive du Nil. Les manuscrits grecs auraient été trouvés à Beni Hassan, lieu historique de la région, ou dans les environs.

☥

Quelle que soit la provenance des manuscrits, Hanna Asabil travaillait en partenariat avec plusieurs collègues égyptiens et il lui fallait en partager les profits avec eux. Un ami et associé de l'un de ces collègues, Boutros, a donné une nouvelle version des événements qui se produisirent il y a un quart de siècle ; celle-ci manque de clarté et de forme, comme cette brume égyptienne qui monte du fleuve tôt le matin avant d'être brûlée par le soleil. Comme les autres versions, elle présente pourtant un certain intérêt.

À soixante ans, Boutros est un homme prudent, mince, avec une fine moustache et parfois l'ébauche d'un sourire. Dans la version de Boutros, c'est l'un des collègues de Hanna Asabil, et non Asabil lui-même, qui a initialement acheté les livres à Am Samiah. Les deux hommes étaient de la même région ; le collègue en question vivait dans une ville proche de Maghagha appelée Sandaf el-Far. C'était par un pur hasard qu'il a rencontré le fermier dans une église à une dizaine de kilomètres de Maghagha ; plus précisément au monastère de l'Ambar, célèbre lieu de pèlerinage copte, aussi connu sous le nom d'église Saint-Samuel.

Am Samiah avait amené ce collègue à sa maison de Maghagha, et lui avait montré sur le mur un portrait d'un personnage copte : un saint, ou peut-être s'agissait-il d'une représentation de la Sainte Famille en Égypte, il ne sait plus exactement.

Cela se passait « pendant le dixième mois de 1981 », selon Boutros. Cette date contredit toutes les autres dates recueillies pendant l'enquête, mais d'autres éléments de l'histoire lui donnent un air de vérité.

Deux mois plus tard, Am Samiah contacta ce collègue pour lui proposer le codex. Boutros dit que le collègue possédait « plusieurs boutiques au Caire et aussi à Sohag dans la Haute-Égypte ». Hanna et ses associés collaboraient en une sorte de partenariat informel. C'est ce collègue qui apporta lui-même les manuscrits à Hanna Asabil au Caire. Asabil fut extrêmement content et en prit possession, espérant bien en tirer un très bon prix.

Mais malheureusement Hanna Asabil trahit plus tard ses collègues, selon Boutros, en ne partageant pas avec eux l'argent de la revente des manuscrits, et en ne leur donnant pas la commission à laquelle ils s'attendaient. Boutros fut très irrité – pour son ami – et il voulut réclamer ce qui lui était dû : le paiement de la commission. Personne n'aurait imaginé que Asabil pût être un tel tricheur, soutient Boutros, et c'était pourtant la triste vérité. Pour sa défense, Asabil prétendit par la suite qu'il avait manifesté son soutien à ses collègues d'une autre façon.

« C'est un fils de chien », tel est le jugement de Boutros sur Asabil après tant d'années.

Une autre possibilité est que Asabil n'ait jamais su précisément où avaient été découverts les manuscrits. Am Samiah était un excellent fournisseur et, comme Hanna Asabil, il n'aurait certainement pas révélé ses sources sans raison. Ça ne pouvait que lui attirer des ennuis.

Plusieurs dangers menaçaient Am Samiah pendant la période où les documents étaient encore en sa possession, qui l'obligeaient à la discrétion et au secret. Premièrement, des concurrents pouvaient se présenter dans les mêmes lieux et y découvrir d'autres manuscrits et documents similaires (et en fait, comme l'avait laissé entendre Mahmoud à Joanna Landis, c'est bien ce qui s'était passé). Ensuite, il fallait qu'il se méfie de la force publique chargée de mettre en œuvre la législation sur les antiquités. Enfin, certains fonctionnaires plus haut placés dans la hiérarchie pouvaient présenter des demandes de *bakchich*, et il lui faudrait s'exécuter.

Hanna Asabil était un petit homme rond, avec un goitre qui lui valait le surnom de « Gwat ». De plus, c'était un fumeur invétéré. Il portait souvent un costume beige clair assez peu flatteur. Dans les années 1970, Asabil était encore célibataire et considéré comme un bon parti dans la communauté copte du Caire ; bien qu'âgé déjà de plus de quarante ans, il était capable de gagner confortablement sa vie et de faire vivre une famille.

Dès qu'il aperçut les papyrus de Am Samiah, Hanna Asabil sut d'instinct que « le livre », c'est ainsi qu'il appelait le codex, était un article d'une haute valeur potentielle. Il était prêt à payer un bon prix pour l'acquérir. On se mit rapidement d'accord sur la somme : 8 000 livres égyptiennes, ce qui était une somme rondelette pour Am Samiah, qui désirait conclure au plus tôt. À l'époque, 8 000 livres représentaient l'équivalent de plusieurs milliers de dollars, chiffre qu'Asabil confirma également à un intermédiaire. Ses partenaires dans l'affaire, selon Boutros, offrirent à la femme de Samiah quelques cadeaux, dont trois bracelets en or, en un geste de bonne volonté.

Hanna Asabil était chrétien, il pratiquait régulièrement dans son église copte. C'était aussi un important « bijoutier », à la façon des courtiers égyptiens qui achètent autour d'eux tous les objets qui peuvent avoir une quelconque valeur. Asabil et les nombreux négociants comme lui étaient donc pour les villageois le lien nécessaire avec le monde extérieur. C'est ce lien avec Hanna Asabil, en particulier, qui a permis à Am Samiah de devenir l'un des plus prospères villageois de Maghagha.

☥

À la question : pourquoi tant d'antiquités se vendent sur la place du Caire ? la réponse est simple : il s'agit d'un des plus grands marchés du monde, pour toutes sortes de denrées. La ville compte autant d'habitants que Tokyo, avec seize millions dans la métropole centrale et jusqu'à vingt millions dans la journée lorsque les ouvriers et les cadres l'envahissent, venus des banlieues extérieures en train, en voiture, à bicyclette et même à pied.

La cité est connue pour le bruit continu qui y règne – le tintamarre des avertisseurs des voitures se mêle aux autres bruits de la circulation, et aux cris des vendeurs vantant leur marchandise. Les marchés de rue sont partout. Le plus vaste est le souk de Khan el-Khalili, vieux de six siècles. Il fonctionne sans doute encore comme à l'époque médiévale. On y trouve une large variété de marchandises attrayantes : épices, parfums, or, argent, tapis, cuivres, maroquinerie, verrerie ancienne et moderne, céramiques, reproductions de pièces de musée de haute qualité, vases anciens, papyrus, et bien d'autres choses encore. Une foule dense le fréquente constamment. Les camelots sont à l'affût des touristes ou de n'importe quel chaland qui pourrait se révéler une proie facile.

À l'inverse des bijouteries de province, où chaque boutique abrite un mélange de toutes sortes de marchandises, les échoppes du Caire sont bien plus spécialisées. Les articles viennent en majorité de l'intérieur de l'Égypte, mais peuvent aussi avoir été importés. Les articles les plus chers ne sont pas à l'étalage. Les vrais trésors, tels que les manuscrits trouvés à El Minya, sont rangés à part et ne sont sortis que pour des clients spéciaux dans un recoin sombre où le public n'est pas admis. Le visiteur pénètre dans le magasin et passe dans l'arrière-boutique. Une porte se referme derrière le vendeur et l'acheteur. Le café ou bien le *shai*, le thé, est servi. Ensuite le texte est furtivement apporté pour examen, permettant brièvement à son éventuel acheteur de décider de son ancienneté ou de son contenu. Nul n'a le droit de s'attarder. On est là pour faire du commerce, pas de la recherche universitaire.

☥

Hanna Asabil, originaire de la province de El Minya, avait prospéré au Caire. C'était un négociant d'objets précieux réputé habile, mais connu sur le marché pour ses prix exagérés et son caractère buté. On murmure qu'il avait acheté plusieurs maisons au Caire, dont l'immeuble de plusieurs étages où se trouvait son propre appartement dans le quartier chic d'Héliopolis au nord-est de la ville. Plusieurs négociants ayant fait affaire avec lui confirment que son appartement lui servait aussi de local pour la vente d'antiquités.

L'appartement de Hanna Asabil n'était pas ostentatoire. Comme tant d'autres au Caire à cette époque, il se trouvait dans un bâtiment délabré comportant encore quelques restes d'une élégance désuète. Comme la ville elle-même, l'immeuble avait un besoin urgent de rénovation.

Bien qu'il fût le propriétaire de l'immeuble entier, l'intérieur de son appartement n'était ni confortable, ni élégant. L'étroite entrée servait aussi de salon. La pièce principale était petite, avec un sofa couvert de coussins durs, poussé contre le mur. Devant le sofa, une petite table rectangulaire au plateau de verre, couverte de cendriers remplis de mégots. Une ampoule nue pendait du plafond. La cuisine et la salle de bains étaient exiguës et si sombres qu'un visiteur raconte avoir dû utiliser une lampe de poche.

Asabil conservait quelques-uns de ses trésors dans un coffre-fort caché dans son appartement ; il utilisait aussi parfois les appartements de certains membres de sa famille ; bien sûr, il n'en donnait jamais l'adresse à personne. Dans le coffre, parmi les objets de prix, il pouvait y avoir du mobilier archéologique, un collier d'or, des fragments de papyrus ou des rouleaux, des monnaies anciennes, et aussi de l'argent liquide.

Au petit nombre des personnes qui eurent accès à cet appartement se trouve l'antiquaire Frieda Tchacos-Nussberger, dont on reparlera puisqu'elle se révélera un des personnages clés de cette histoire. C'est dans les années 1970 qu'elle fit la connaissance de Asabil lors de ses visites au Caire.

« Hanna recevait ses clients dans un petit appartement d'Héliopolis, se souvient-elle. L'appartement était au second. Il possédait tout le bâtiment. On reconnaissait sa porte à un nombre impressionnant de verrous. C'était un appartement à la fois typiquement arabe et typiquement copte. Hanna n'y était jamais seul. Un membre de sa famille apparaissait derrière une porte, pendant qu'il offrait un thé ou un jus de fruit. Quand nous étions attendus, il nous préparait souvent notre mets préféré, une *melocheya,* une spécialité égyptienne de salade cuite, avec des pigeonneaux, qu'il servait sur une table couverte de journaux en guise de nappe. Nous mangions avec des couverts d'aluminium, et nous nous servions de nos doigts pour désosser les pigeonneaux. À eux seuls la *melocheya* et le riz qui l'accompagnait valaient le déplacement. »

Le repas était le prologue aux discussions d'affaires. Ensuite Asabil sortait les objets qu'il mettait en vente ce jour-là. « Après avoir lavé nos doigts graisseux dans la salle de bains peu ragoûtante, nous nous asseyions, prêts à examiner ce qu'Hanna avait à offrir. Du dessous des lits sortaient des cartons, ou des caisses, entourés de cordes. »

Parfois les marchandises valaient le déplacement, et d'autres fois, non. On n'était jamais sûr de la valeur d'aucun des objets proposés. Hanna jouait un jeu serré.

Il y a là un petit mystère qui a toujours frappé Frieda Tchacos-Nussberger : pas un seul des négociants du Caire ne possédait alors sa propre bibliothèque, ou ne s'inquiétait d'acquérir la moindre compétence ou connaissance historique en objets anciens. Aucun ne recherchait la provenance de tel ou tel objet en consultant des ouvrages universitaires pour en déterminer la nature ou même la valeur. On n'avait pratiquement jamais aperçu un négociant d'art au musée du Caire. « Hanna ne faisait pas exception à cette règle. »

Elle le trouvait curieux, un bon commerçant qui proposait des articles de qualité à côté de choses sans valeur. Il n'avait pas peur de demander des prix astronomiques et d'attendre des mois, et même des années en cas de réponse négative.

Frieda Nussberger fut surprise d'apprendre, bien des années plus tard, que les textes sur papyrus étaient l'une des spécialités de Hanna Asabil. Elle ne pensait pas qu'il possédait les connaissances pour évaluer un manuscrit ancien. Il devait y avoir quelqu'un, sans doute un universitaire, qui le conseillait.

Dans ce cas, l'un de ces conseillers pouvait être Ludwig Koenen, le professeur allemand qui avait enseigné à l'université de Cologne mais était passé aux États-Unis où il avait rejoint l'université du Michigan au milieu des années 1970. Parmi les Occidentaux qui vivaient au Caire ou s'y rendaient souvent, Koenen était le plus connu des négociants sérieux du Caire. Les Arabes l'appelaient « König » (roi en allemand), mais ce surnom peut aussi lui venir de la difficulté à prononcer son nom. Selon les Cairotes, son rôle n'était pas seulement d'acheter pour lui-même et pour les universités, il apprenait aussi à toute une génération de négociants égyptiens à reconnaître et à évaluer les papyrus.

Koenen était donc un familier des milieux d'antiquités du Caire et partout en Égypte où l'on pouvait soupçonner l'existence de papyrus anciens. Ses premières visites au Caire datent de la fin des années 1950. Selon le professeur Roger Bagnall de l'université Columbia, lui-même papyrologue et spécialiste de langues anciennes, « Ludwig achetait à tour de bras. L'université Yale achetait aussi, à la fois par l'entremise d'un marchand d'art new-yorkais et directement. C'est la dernière grande période où l'on a encore vu des papyrus sur le marché. Au début des années 1970, le marché s'est mis à décliner ».

Comme beaucoup de chercheurs, Koenen aimait flâner dans les boutiques et interroger les vendeurs : avaient-ils eu vent de la découverte de nouveaux papyrus en quelque lieu éloigné ? Koenen s'intéressait particulièrement aux inscriptions sur des fragments de papyrus que l'on trouvait à l'intérieur du rembourrage de papier mâché des sarcophages datant des époques ptolémaïque et romaine. Des livres, comme le codex contenant l'Évangile de Judas et un certain nombre d'autres trouvés à Nag Hammadi, possédaient des reliures qui faisaient tenir ensemble la série de cahiers de papyrus. Des fragments de papyrus portant des inscriptions pouvaient éventuellement se trouver collés à l'intérieur des masques, dans le cartonnage des sarcophages. On faisait peu de cas de ces fragments de papyrus dans l'Antiquité, mais de nos jours ils sont très recherchés. La bourre qui remplit les reliures offre aussi souvent des clés intéressantes sur la date de création du document, ou peut fournir toutes sortes de preuves historiques sur sa provenance. Koenen montrait aux marchands comment examiner l'intérieur du cartonnage, et ensuite comment en détacher soigneusement les fragments qui y avaient été collés par les anciens Égyptiens.

« Je suis persuadé que c'est lui qui a ouvert les yeux de la profession au Caire, comme l'a remarqué un de ces marchands d'art. Personne ne connaissait l'existence de ces trésors cachés auparavant. » Dans une correspondance, Koenen a reconnu avoir fréquenté Hanna Asabil, mais ne se souvient pas l'avoir entendu dire quoi que ce soit, au début ou au milieu des années 1970, sur « le livre », le codex où se trouvait l'Évangile de Judas.

Un autre nom à mentionner comme source possible de l'expertise de Asabil est celui du papyrologue Manfredi. « Hanna connaissait l'existence de gens comme Manfredi et Koenen, et il avait acquis une sorte d'instinct pour ces fragments de papyrus portant des inscriptions, continue ce marchand d'art. Il savait que nous autres négociants étions totalement incapables d'évaluer un tel trésor, mais il essayait de nous utiliser pour attirer un acheteur éventuel. »

Manfredi n'était pas coptisant, et ne s'intéressait pas à l'achat de livres coptes. Néanmoins, en aidant Asabil, il pensait obtenir de meilleurs prix sur les fragments de papyrus qu'il acquérait pour son propre compte. Interrogé au téléphone, Manfredi a reconnu qu'il avait connu Asabil au Caire, mais qu'il ne l'avait plus revu depuis 1974 ou 1975. Pourtant, Manfredi semblait être au courant de l'affaire du codex ; d'après lui, il avait été découvert dans la région d'Hermopolis, près du djebel el-Tuna. Pressé de questions plus précises destinées à lui rafraîchir la mémoire, Manfredi se montra très évasif.

En 1979, Hanna Asabil était déjà un homme riche pour un Égyptien, mais il était persuadé que les manuscrits de papyrus qu'il avait acquis de Am Samiah feraient sa fortune. En même temps, il en ignorait le contenu et ne pouvait pas vraiment les évaluer en termes pécuniaires ou scientifiques. Malgré cela, il avait la conviction d'avoir entre les mains l'un des plus grands trésors des temps modernes.

Lors d'un entretien secret au Caire en janvier 2006 avec l'un des ex-associés de Hanna, il s'avéra que Manfredi était bien la personne qui avait conseillé Asabil sur la mise à prix des textes anciens en sa possession. La somme qu'avait suggérée Manfredi, toujours selon cet informateur, était de trois millions de dollars.

☥

En sa qualité de chrétien pratiquant et de membre de la communauté copte, Hanna Asabil aurait été ravi d'apprendre que les documents étaient des livres gnostiques racontant l'histoire de Jésus dans la langue historique de sa communauté, bien que les Coptes orthodoxes aient au cours des siècles rejeté la gnose et adhéré aux écrits canoniques.

Plusieurs passages de la Bible, aussi bien dans l'Ancien Testament que dans le Nouveau, résonnent fortement dans le cœur des croyants égyptiens, surtout ceux qui vivent au Caire, puisque plusieurs importants sanctuaires de la foi copte sont situés dans leur ville. Le premier est lié à l'histoire de Moïse. Selon les croyances coptes, la synagogue Avraham Ibn Ezra, jouxtant plusieurs églises coptes du Vieux Caire, est l'endroit où le jeune Moïse serait venu prier pour demander au Seigneur de mettre un terme aux plaies qui affligeaient le peuple égyptien.

À mesure que le message chrétien se répandait parmi eux, les Égyptiens accueillirent avec ferveur le récit biblique de l'exode des Hébreux qui avaient été leurs esclaves et au sort desquels ils s'identifiaient volontiers. Les Coptes croient fermement dans le dieu des chrétiens mais ils ont aussi incorporé des passages de l'Ancien Testament dans leurs articles de foi. « Bénie soit l'Égypte, mon peuple », aiment-ils citer, se référant à Isaïe, 19, 25 dont voici la citation complète : « Bénis soient l'Égypte, mon peuple, l'Assyrie, œuvre de mes mains, et Israël, mon héritage. » La partie de la citation qui se rapporte à l'Égypte est beaucoup utilisée dans leur littérature. Elle orne par exemple la dernière de couverture du très beau livre intitulé *La Sainte Famille en Égypte*, qui a été publié par les soins d'un des principaux monastères coptes, Al Mina, situé dans le delta du Nil, non loin d'Alexandrie.

Également dans Isaïe, se trouve une prédiction selon laquelle « il y aura un autel du Seigneur au cœur du pays d'Égypte » (Isaïe 19, 19). Le passage continue : « Le Seigneur se fera connaître des Égyptiens, et les Égyptiens, en ce jour-là, connaîtront le Seigneur. Ils le serviront par des sacrifices et des offrandes, ils feront des vœux au Seigneur et ils les accompliront. » (Isaïe 19, 21) Les Coptes revendiquent l'honneur d'avoir identifié l'endroit où doit se trouver l'autel du Seigneur. Ils le commémorent au monastère Al-Muharraq à Assiout en Haute-Égypte.

De même qu'ils ont adopté les récits de l'Ancien Testament, les Coptes se sont approprié les passages du Nouveau Testament liés à l'Égypte. Ils célèbrent, en particulier, le passage de l'Évangile de Matthieu où la Sainte Famille se réfugie en Égypte pour fuir le massacre des Innocents ordonné par Hérode. On se rappelle les circonstances : Joseph et Marie craignent que le recensement n'ait été ordonné que pour retrouver le jeune Messie et lui infliger la mort. « Voici que l'ange du Seigneur apparaît en songe à Joseph et lui dit : "Lève-toi, prends avec toi l'enfant et sa mère, et fuis en Égypte ; restes-y jusqu'à nouvel ordre, car Hérode va rechercher l'enfant pour le faire périr" » (Matthieu 2, 13).

Bien que le texte biblique ne donne aucun détail sur leur itinéraire, les Coptes ont tenté laborieusement de reconstituer le cheminement suivi par la Sainte Famille durant son séjour en Égypte. Le récit copte du voyage est extrêmement détaillé. Selon cette tradition, la Sainte Famille se dirigea vers l'Égypte en contournant le Sinaï par le nord, par El Arich. Pendant le reste du voyage, elle parcourut la plaine du Nil, du nord au sud, d'Alexandrie à Assiout. De très beaux livres coptes ont été publiés qui décrivent le périple ; sur l'un d'eux, on voit Joseph, le vieux charpentier, l'époux de Marie, marchant en tête, menant l'âne par le licol dans des chemins à peine tracés, au milieu d'une immensité sauvage et sombre comme les nuits du désert.

Le monastère Al-Muharraq près d'Assiout est aussi dans la région où la Sainte Famille resta six mois, selon la tradition copte. L'endroit est à ce point révéré, dit la littérature, que les Coptes d'Égypte l'appellent « le second Bethléem ». C'est sur le site du monastère qu'un ange du Seigneur apparut à Joseph, comme il est rapporté dans Matthieu 2, 20, et lui dit : « Lève-toi, prends avec toi l'enfant et sa mère, et mets-toi en route pour la terre d'Israël ; en effet, ils sont morts ceux qui en voulaient à la vie de l'enfant. » C'est sur ces instructions, reçues en songe, que Joseph, Marie et le jeune Jésus repartirent vers la terre sainte d'Israël.

La religion copte enseigne encore que des miracles se produisent de nos jours comme autrefois. La Vierge Marie a fait des apparitions répétées en Égypte, assure-t-on. L'une d'elles, très célèbre, s'est produite en 1968. La Vierge est apparue au sommet de l'église Sainte-Marie, dans le quartier du Caire appelé Zeitoun, et y est restée plusieurs jours. Une autre visite eut lieu en 1980 près de la place Ramsès au cœur du Caire. Puis en août 2000, elle est rentrée chez elle, pour ainsi dire. Elle a été vue à l'intérieur du monastère Al-Muharraq, la dernière étape du périple en Égypte avant le retour en Palestine.

En attendant, Asabil avait en sa possession un document qui racontait un autre épisode clé dans la vie de son Seigneur, mais il était incapable de le lire. Pour le moment, ce n'était donc qu'une simple marchandise attendant d'être cédée au plus offrant.

☥

Hanna Asabil allait souvent s'asseoir dans son estaminet favori, pour fumer, boire son café, jouer au trictrac, une sorte de jacquet, et grignoter les amandes noires qu'on trouve dans tous les cafés du Caire. C'est aussi là qu'il donnait rendez-vous à certains de ses clients – parfois aussi au Nile Hilton. Dans cet hôtel luxueux – le meilleur hôtel de la ville – descendaient à l'époque les négociants européens séjournant au Caire. En pénétrant dans le vestibule, ils avaient l'impression de se retrouver au George V à Paris ou dans un club universitaire très chic de New York, où tous les clients se connaissent. Tous ceux qui faisaient négoce d'antiquités s'y croisaient.

Les manuscrits étaient cachés ailleurs. Asabil ne les emportait pas avec lui et il ne les proposait pas à tous ses clients. Il faisait de bonnes négociations par ailleurs mais, pour conclure une affaire de l'ampleur de celle qu'il imaginait, il lui fallait un meilleur réseau. Il est vrai qu'il ne parlait ni anglais, ni français, ni allemand, les langues les plus courantes parmi les égyptologues. Il ne parlait que l'arabe – ce qui ne facilitait pas l'abord de riches clients étrangers.

Pour attirer plus spécifiquement l'attention du monde universitaire, des collectionneurs privés ou des plus grands musées, Hanna n'avait pas l'entregent nécessaire. En revanche, il existait un candidat évident, un homme crédité de nombreux contacts à Londres, Paris et New York. Asabil, comme tant d'autres, avait fait pas mal d'affaires avec lui. C'était le plus important marchand d'art du Moyen-Orient, le doyen de sa profession, la réussite la plus brillante de l'après-Seconde Guerre mondiale.

Son nom était Nicolas Koutoulakis.

CHAPITRE TROIS

La trahison de Jésus

Jésus dit à Judas : « Mais, toi,
tu les surpasseras tous !
Car tu sacrifieras l'homme
qui me sert d'enveloppe charnelle ! »

ÉVANGILE DE JUDAS

Les Manuscrits de papyrus du Caire renfermaient une version pour le moins renversante de la trahison la plus célèbre de l'histoire. Pour tous les chrétiens, en effet, Jésus a été crucifié parce que l'un de ses propres disciples l'a trahi. La proposition choquante de l'évangile redécouvert est que Judas a agi sur ordre même de son maître.

Il y a peu de raisons de douter qu'une trahison ait eu lieu. Le professeur Bart Ehrman, auteur de *Lost Christianities*, observe : « Jésus fut vraisemblablement livré aux autorités par Judas Iscariote. Les historiens pensent que c'est vrai car ce n'est guère le genre d'histoire qu'un chrétien inventerait. La trahison apparaît dans toutes les traditions, et nul chrétien ne l'aurait inventée, tout cela nous montre qu'il y eut effectivement un traître à Jésus, qui devait appartenir à son entourage proche. La nature de la trahison de Judas et la raison de son acte sont des questions disputées par les théologiens et les historiens depuis des années. »

Le mot « trahison » dans le contexte du Nouveau Testament est lui-même en question. D'après le théologien William Klassen dans son livre *Judas : Betrayer or Friend of Jesus ?*, le mot grec principalement utilisé pour décrire l'action de Judas dans le Nouveau Testament est *paradidomi* et ne doit pas être traduit simplement par « trahir » mais plutôt par « livrer », « transmettre » ou « remettre ». Le mot grec ne suscite sans doute pas les échos de condamnation morale qu'il revêt dans la traduction qui en a ensuite été faite.

Le manuscrit trouvé dans le djebel Qarara était une bombe à retardement. L'Évangile de Judas convoque un nouveau témoin aux événements majeurs de l'histoire qui se terminent par la crucifixion et la résurrection de Jésus-Christ. Le texte est tout aussi proche d'un récit contemporain des événements que bien d'autres récits concernant Jésus. Il est présenté comme l'« évangile », c'est-à-dire littéralement la bonne nouvelle, de l'un des principaux acteurs du drame des derniers jours de Jésus.

Ce qui faisait l'extraordinaire importance des nouveaux papyrus, c'était leur authenticité. Car cet évangile avait été mentionné dans l'histoire dès le IIe siècle, mais on pensait qu'aucune copie n'avait subsisté. Comme l'explique le professeur Rodolphe Kasser, « c'est à l'évidence l'une des plus importantes découvertes du siècle. C'est une immense découverte parce qu'il s'agit d'un témoignage authentique ».

☥

Les contours de la vieille ville de Jérusalem se dessinent dans le paysage rocailleux que ponctuent les broussailles et les maigres oliviers. Le chemin entame sa descente à partir de l'élégante et toute nouvelle cinémathèque de Jérusalem à travers la pittoresque vallée de Hinnom, en direction de la vallée du Cédron. Ces deux principales vallées séparent les collines centrales de l'ancienne Jérusalem. La cité de David, où régna le légendaire roi David qui en fit la capitale des royaumes unifiés de Judée et d'Israël, est juste en surplomb, surmontée par le mont du Temple.

L'ardent soleil de midi abolit toute couleur, donnant à la ville des teintes de brun desséché, strié de rochers sombres. On pense que c'est ici que se trouvaient les murs du premier Temple, depuis longtemps détruit, qui avait été bâti par le fils de David, le roi Salomon.

Beaucoup ont cheminé entre ces collines. Jésus, entre autres. Plus bas dans la vallée se trouve le traditionnel Haceldama, le « champ de sang », dans l'araméen des temps bibliques. C'est ici que Judas se suicida en proie au remords, selon les récits du Nouveau Testament.

Les sites sacrés les plus connus sont tous proches. De Haceldama, le visiteur peut faire l'ascension du mont Sion, l'endroit où s'est tenue, pense-t-on, la dernière Cène. Une salle dans un bâtiment édifié par les croisés a été consacrée à la commémoration du fameux repas.

À moins d'un kilomètre, le visiteur atteint les contreforts encore debout du temple bâti par Hérode pour servir de lieu de culte aux juifs à l'époque de Jésus. C'était un bâtiment somptueux qui abritait le « saint des saints ». Les rabbins y débattaient des principes de la Loi, et c'est là que Jésus maudit les marchands du Temple. Le mur occidental du Temple est aujourd'hui considéré comme l'endroit le plus sacré du judaïsme parce qu'il commémore la destruction du Temple par les Romains en l'an 70 de notre ère.

La portion orientale du mont du Temple mène au jardin de Gethsémani à quelques centaines de mètres de là, où fut donné le fameux baiser de Judas. Le mot hébreu *Gethsémani* signifie « moulin à olives ». Sur ce lieu, aujourd'hui, se trouve un beau parc planté de vieux oliviers dont les moines franciscains ont la garde.

Plus haut sur la colline, sur la crête, c'est le mont des Oliviers. La vue sur Jérusalem est superbe. Au point le plus haut se situe le plus sacré des cimetières juifs, placé ici car les juifs ont historiquement cru que c'était l'endroit de la terre le plus proche des cieux et que l'âme, de là, pouvait s'échapper du corps plus facilement pour trouver le repos final. C'est de cette partie du mont que Jésus lui-même serait monté au ciel.

Tous ces lieux historiques démontrent la proximité que le judaïsme entretient avec la religion qu'il a engendrée, le christianisme. Jésus était juif, comme l'étaient les apôtres. Le fait que Jésus puisse être le Messie était du reste annoncé par une prophétie de l'Ancien Testament et il était essentiel que Jésus soit issu de la maison de David, et originaire de Judée, la région autour de Jérusalem, qui inclut Bethléem. Que les juifs par la suite aient été vilipendés comme les assassins du Christ est l'une des tristes conséquences de la trahison de Judas.

« En général, le nom de Judas évoque une créature démoniaque, écrit Klassen. Parfois, Judas est représenté comme la quintessence du mal sous la forme de l'hypocrisie, de la cupidité, de l'infidélité, de l'ingratitude, et par-dessus tout, de la trahison... Dans de nombreux écrits à son sujet, les auteurs s'abstiennent d'utiliser le nom de Judas et se réfèrent à lui principalement comme "le traître", impliquant que son acte de trahison est ce qui le distingue absolument parmi les douze apôtres. Son acte, jugent-ils, est un exemple unique de perversité dans l'histoire de l'humanité. »

L'enjeu est plus important qu'il n'y paraît au premier abord. L'histoire de la trahison fait partie intégrante du récit chrétien, c'est la démarche essentielle qui a conduit au procès, à la condamnation, à la crucifixion et à la résurrection de Jésus. « Si Judas n'a pas trahi Jésus, dit Ehrman, alors cela pourrait changer la façon dont les chrétiens comprennent leur relation, non seulement avec le traître, mais aussi avec le peuple que le traître est censé représenter, principalement les juifs. C'est ainsi que tout au long de l'histoire de la chrétienté, les chrétiens ont blâmé les juifs pour la mort de Jésus, et Judas est emblématique du juif qui a trahi Jésus. Si en fait Jésus et Judas s'étaient accordés sur la nature de la mission de Judas, ceci pourrait changer la manière dont il faut comprendre les relations entre juifs et chrétiens. »

Il continue : « S'il s'avère que Judas n'a pas trahi Jésus, mais a simplement fait ce que Jésus voulait qu'il fasse, cela pourrait montrer que Jésus est plus en continuité avec le judaïsme qu'en rupture. Et si historiquement Jésus ne représentait pas une rupture avec le judaïsme, cela pourrait avoir un impact significatif sur les relations des juifs et des chrétiens aujourd'hui, parce qu'ils ne représenteraient pas historiquement deux religions différentes, mais bien une seule et même religion. »

Que savons-nous réellement de Judas Iscariote ? Les références à Judas dans le Nouveau Testament sont rares. Son nom est mentionné quatre fois dans l'Évangile de Matthieu, trois fois dans Marc, quatre fois dans Luc et huit fois dans Jean.

Il faut être prudent sur ce que nous savons vraiment de Judas Iscariote. Nous n'en avons pas de description physique. Il a pu être petit ou grand, mince ou gros, barbu ou glabre. Il a pu avoir des cheveux longs ou courts, un signe particulier sur le visage. Il a pu porter le costume local ou la robe blanche. Nul ne le sait.

Judas avait de toute évidence la confiance des autres disciples. Il était leur trésorier. Cet honneur qui lui avait été accordé rendait la trahison encore plus douloureuse. Il avait aussi une particularité parmi les Douze. Tandis que tous les autres étaient originaires de Galilée, comme Jésus lui-même, qui bien que né à Bethléem grandit à Nazareth, Judas est, pense-t-on, le seul disciple de Judée, cette rude région montagneuse au sud de Jérusalem qui donna ensuite son nom à toute la province romaine. Le mot « juif » à l'origine désignait simplement une personne qui venait de Judée.

Le nom de Judas a ses racines en Judée. La plupart des spécialistes pensent que le nom Iscariote indique qu'il venait du village de Keriot, puisqu'en hébreu, *ish* signifie homme, ce qui donne *Ish-Keriot*, « homme de Keriot ». On présume que Keriot était un village des montagnes ou du piémont de Judée, au-dessus de la mer Morte, pas très loin de la ville moderne israélienne d'Arad.

Une autre hypothèse attribue le nom d'Iscariote non pas à un lieu géographique mais à la secte juive des sicaires, ou zélotes, qui étaient les derniers à résister farouchement à la domination de Rome. Ce sont les zélotes qui se suicidèrent en masse dans la citadelle de Massada lorsque les Romains achevèrent de reconquérir la province en l'an 74 de notre ère.

En ce qui concerne l'histoire de la trahison de Judas, les récits des quatre évangiles canoniques ne diffèrent guère, mais un examen plus attentif permet de relever quelques différences significatives.

Pendant longtemps l'Évangile de Matthieu a été considéré comme le premier à avoir été écrit parmi les autres évangiles qui ont été retenus dans le Nouveau Testament. Certains chercheurs modernes ont contesté cette thèse, jugeant que certains passages de Matthieu dérivent de passages similaires dans Marc, qui a dû être écrit antérieurement. Pourtant, Matthieu est toujours le premier des quatre évangiles dans toutes les traductions du Nouveau Testament.

Bien que les premières histoires de l'Église parlent d'un Évangile de Matthieu écrit en hébreu ou araméen, l'Évangile de Matthieu qui nous est parvenu du fond des siècles a sans doute été écrit à l'origine en langue grecque. Une copie de l'original de l'Évangile de Matthieu est censée avoir été plus tard découverte par saint Jérôme et traduite par lui en latin. On ne sait pas grand chose de Matthieu lui-même. Dans Matthieu 9, 9 il apparaît comme un collecteur d'impôts ou fonctionnaire public, qui est appelé à suivre Jésus : « Comme il s'en allait, Jésus vit, en passant, un homme qui s'appelait Matthieu. Il lui dit : "Suis-moi." Il se leva et le suivit. » Dans les passages correspondants de Marc (2, 14) et Luc (5, 27), le nom du collecteur de taxes est Lévi, mais la plupart des savants pensent qu'il s'agit de la même personne.

Judas entre en scène dans l'Évangile lorsque Jésus est montré « proclamant la Bonne Nouvelle du Royaume et guérissant toute maladie et toute infirmité » (Matthieu 9, 35). Jésus fait venir ses douze disciples et leur donne « autorité sur les esprits impurs, pour qu'ils les chassent et guérissent toute maladie et toute infirmité » (Matthieu 10, 1). Matthieu 10, 2-4 nomme les disciples de Jésus : « Voici les noms des douze apôtres : le premier, Simon, que l'on appelle Pierre, et André, son frère ; Jacques, fils de Zébédée, et Jean, son frère ; Philippe et Barthélemy ; Thomas et Matthieu le collecteur d'impôts ; Jacques, fils d'Alphée, et

Thaddée ; Simon le zélote et Judas Iscariote, celui-là même qui le livra. »

Judas Iscariote ne joue un rôle majeur dans le livre de Matthieu que lors des derniers jours de la vie de Jésus sur terre. Dans Matthieu 26, 2, Jésus prédit : « Vous le savez, dans deux jours, c'est la Pâque : le Fils de l'homme va être livré pour être crucifié. »

Dans la maison de Simon le lépreux à Béthanie, qui est situé juste de l'autre côté du mont des Oliviers, une femme verse du parfum sur la tête de Jésus. Ses disciples présents critiquent ce qu'ils considèrent comme une extravagance et un acte inconsidéré : « Voyant cela, les disciples s'indignèrent : "À quoi bon, disaient-ils, cette perte ? On aurait pu le vendre très cher et donner la somme à des pauvres." S'en apercevant Jésus leur dit : "Pourquoi tracasser cette femme ? C'est une bonne œuvre qu'elle vient d'accomplir envers moi. Des pauvres, en effet, vous en avez toujours avec vous ; mais moi, vous ne m'avez pas pour toujours. En répandant ce parfum sur mon corps, elle a préparé mon ensevelissement. En vérité, je vous le déclare, partout où sera proclamé cet Évangile dans le monde entier, on racontera aussi, en souvenir d'elle, ce qu'elle a fait." » (Matthieu 26, 8-13).

Immédiatement après, commence le récit de la trahison de Judas. Judas quitte d'abord ses condisciples et Jésus. L'histoire continue :

« Alors l'un des Douze, qui s'appelait Judas Iscariote, se rendit chez les grands prêtres et leur dit : "Que voulez-vous me donner, et je vous le livrerai ?" Ceux-ci lui fixèrent trente pièces d'argent. Dès lors, il cherchait une occasion favorable pour le livrer. » (Matthieu 26, 14-16)

Jésus et ses douze disciples prennent ensuite le repas que l'on appelle la Cène (Matthieu 26, 21-25). En mangeant, Jésus prédit la trahison qui mènera à sa crucifixion : « En vérité, je vous le déclare, l'un de vous va me livrer. »

Les disciples réagissent avec beaucoup de tristesse. Chacun d'entre eux questionne Jésus : « Serait-ce moi, Seigneur ? »

Il répond : « Il a plongé la main avec moi dans le plat, celui qui va me livrer. »

Le récit de la trahison se poursuit par la condamnation de Judas par Jésus, propre à cet évangile, une condamnation qui semble sans équivoque. « Le Fils de l'homme s'en va selon ce qui a été écrit de lui ; mais malheur à l'homme par qui le Fils de l'homme est livré ! Il aurait mieux valu pour lui qu'il ne fût pas né, cet homme-là ! » Mais à la lumière de l'Évangile de Judas, la condamnation n'est peut-être pas tant une condamnation qu'une lamentation sur tout ce que le traître va bientôt devoir subir.

Judas à son tour lui demande alors : « Serait-ce moi, Seigneur ? » et Jésus répond simplement : « Tu l'as dit. » Après le repas, Jésus va prier dans le jardin au pied du mont des Oliviers. Prédisant une nouvelle fois l'avenir, Jésus annonce qu'il ressuscitera d'entre les morts et retrouvera ses disciples en Galilée. Il annonce ensuite que Simon-Pierre le reniera trois fois, prédiction qui se vérifie, à la grande détresse de Simon-Pierre, dans les passages suivants.

Comme les disciples se sont endormis, Jésus leur dit : « Continuez à dormir et reposez-vous. Voici que l'heure s'est approchée où le Fils de l'homme est livré aux mains des pécheurs. Levez-vous, allons ! Voilà qu'est arrivé celui qui me livre. » (26, 45-46)

Le moment de la trahison approche (26, 47-56). Judas s'est à nouveau éclipsé. Sans prévenir, il réapparaît. Cette fois-ci, il n'est pas seul. « Il parlait encore quand arriva Judas, l'un des Douze, avec toute une troupe armée d'épées et de bâtons, envoyée par les grands prêtres et les anciens du peuple. »

Judas a un signal qu'il a arrangé avec les grands prêtres. Il va identifier Jésus en l'embrassant. Ce baiser du traître va vivre pour toujours dans l'infamie. « Celui qui le livrait leur avait donné un signe : “Celui à qui je donnerai un baiser, avait-il dit, c'est lui, arrêtez-le !” Aussitôt il s'avança vers Jésus et lui dit : “Salut, rabbi !” Et il lui donna un baiser. Jésus lui dit : “Mon ami, fais ta besogne !” S'avançant alors, ils mirent la main sur Jésus et l'arrêtèrent. »

Jésus est maintenant sur le chemin du supplice. Il va accomplir sa destinée. Sans Judas, il n'aurait pas rencontré son destin.

Le rôle de Judas aurait pu s'arrêter là, mais l'Évangile de Matthieu poursuit le récit de sa terrible fin. Le lendemain matin, Judas semble accablé par le remords. Il se repent de l'acte de traîtrise commis la veille : « Alors Judas, qui l'avait livré, voyant que Jésus avait été condamné, fut pris de remords et ramena les trente pièces d'argent aux grands prêtres et aux anciens, en disant : “J'ai péché en livrant un sang innocent." Mais ils dirent : "Que nous importe ! C'est ton affaire !" Alors il se retira, en jetant l'argent du côté du sanctuaire, et alla se pendre. » (27, 3-5)

Après en avoir discuté entre eux, les grands prêtres refusent de garder l'argent : « Les grands prêtres prirent l'argent et dirent : "Il n'est pas permis de le verser au trésor, puisque c'est le prix du sang." » Au lieu de s'approprier cet argent, ils vont acheter un terrain qu'ils affectent à la sépulture des étrangers. « Après avoir tenu conseil, ils achetèrent avec cette somme le champ du potier pour la sépulture des étrangers. Voilà pourquoi jusqu'à maintenant ce champ est appelé : "Champ du sang". » (27, 6-8)

Le rôle de Judas est terminé. Il s'est tué de sa propre main, honteux de ce qu'il avait fait.

Les deux évangiles suivants, Marc et Luc, ne modifient pas de façon significative le récit de la trahison de Judas. Ils racontent de façon similaire la vie et la crucifixion de Jésus à quelques détails près.

L'Évangile de Marc n'ajoute que peu de faits nouveaux au récit de la trahison, ce qui est compréhensible si, comme on le soupçonne maintenant, c'est la source de Matthieu et de Luc. La façon dont Judas décide de trahir est traitée brièvement, et même hâtivement : « Judas Iscarioth, l'un des Douze, s'en alla chez les grands prêtres pour leur livrer Jésus. À cette nouvelle, ils se réjouirent et promirent de lui donner de l'argent. Et Judas cherchait comment il le livrerait au bon moment. » (Marc 14, 10-11)

Lors de la dernière Cène, Jésus proclame, comme dans l'Évangile de Matthieu, que l'un de ses disciples le trahira : « "En vérité, je vous le déclare, l'un de vous va me livrer, qui mange avec moi." Pris de tristesse, ils se mirent à lui dire l'un après l'autre : "Serait-ce moi ?" Il leur dit : "C'est l'un des Douze, celui qui plonge la main avec moi dans le plat." » (14, 18-20)

Jésus condamne alors une nouvelle fois le disciple qui va le trahir dans un passage qui peut être lu de deux façons, soit comme exprimant la colère et la condamnation, soit la tristesse et l'angoisse pour celui qui doit se charger de cette besogne : « Car le Fils de l'homme s'en va selon ce qui est écrit de lui, mais malheur à l'homme par qui le Fils de l'homme est livré ! Il vaudrait mieux pour lui qu'il ne soit pas né, cet homme-là ! » (14, 21) Ce passage pourrait indiquer que c'était un horrible fardeau que de devoir trahir Jésus.

Les ressemblances continuent au mont des Oliviers. Comme dans l'Évangile de Matthieu, Judas n'est pas seul. Il arrive avec « une troupe armée d'épées et de bâtons, qui venait de la part des grands prêtres, des scribes et des anciens ». La trahison est scellée ici aussi par un baiser : « Celui qui le livrait avait convenu avec eux d'un signal : "Celui à qui je donnerai un baiser, avait-il dit, c'est lui, arrêtez-le et emmenez-le sous bonne garde." Sitôt arrivé, il s'avance vers lui, et lui dit "Rabbi". Et il lui donna un baiser. » (14, 43-45)

Il n'y a plus aucune autre mention de Judas ou de son rôle. Le reste de l'évangile fait le récit du procès, de la crucifixion et de la résurrection.

On trouvera le même genre de similarités dans le livre de Luc. Comme les Actes des Apôtres, cet évangile est dédié au « très honorable Théophile, afin que tu puisses constater la solidité des enseignements que tu as reçus » (Luc 1, 3-4). Cela se comprend puisque les deux textes sont du même auteur.

L'explication donnée ici pour la trahison de Judas est théologique : « Et Satan entra en Judas appelé Iscariote, qui était du nombre des Douze, et il alla s'entretenir avec les grands prêtres et les chefs des gardes sur la manière de le leur livrer. Eux se réjouirent et convinrent de lui donner de l'argent. » (Luc 22, 3-5)

L'Évangile de Jean est, pense-t-on, le dernier des quatre évangiles canoniques à avoir été écrit. Il ne suit pas les événements de la même façon que les trois autres, mais semble par contre avoir disposé de sources indépendantes. C'est aussi le plus sévère dans sa condamnation de Judas et des juifs dans leur ensemble, considérant les juifs comme séparés des vrais croyants. À l'époque où il a été écrit, à la fin du Ier siècle ou peut-être un peu plus tard au IIe siècle, l'histoire de Jésus n'était de toute évidence plus seulement destinée à convertir les juifs, mais à instruire un public beaucoup plus vaste composé de nombreux païens.

C'est dans le chapitre 12 qu'on trouve la première mention de Judas, six jours avant la Pâque, lorsque Jésus vient à Béthanie. Cette fois-ci, la visite inclut des détails sur la miraculeuse guérison de Lazare, que Jésus a ressuscité d'entre les morts. L'épisode du parfum, qui se passe dans la maison de deux sœurs, Marthe et Marie, contient une variante significative : c'est Judas qui pose la question du prix de ce parfum : « Pourquoi n'a-t-on pas vendu ce parfum trois cents deniers, pour les donner aux pauvres ? » (Jean 12, 4-5)

Nous savons que Judas Iscariote était chargé de la bourse des apôtres, aussi n'est-il pas étonnant qu'il veuille contrôler le coût de cette cérémonie. Pourtant, le récit se moque de ses commentaires et le tance sévèrement : « Il parla ainsi, non qu'il eût souci des pauvres, mais parce qu'il était voleur et que, chargé de la bourse, il dérobait ce qu'on y déposait. » Jésus conclut cet épisode en s'adressant à Judas et aux autres disciples : « Laissez-la ! Elle observe cet usage en vue de mon ensevelissement. Des pauvres, vous en avez toujours avec vous, mais moi, vous ne m'avez pas pour toujours. » (12, 6-8)

Lors de la Pâque, le récit continue de juger très sévèrement Judas : « (...) le diable avait déjà jeté au cœur de Judas Iscariote, fils de Simon, la pensée de le livrer. » (13, 2)

Jésus dit aux Douze : « En vérité, en vérité, je vous le dis, recevoir celui que j'enverrai, c'est me recevoir moi-même, et me recevoir c'est aussi recevoir Celui qui m'a envoyé. » Après avoir dit ces mots, un trouble s'empare de Jésus et il déclare : « "En vérité, je vous le dis, l'un d'entre vous va me livrer." Les disciples se regardaient les uns les autres, se demandant de qui il parlait. » (13, 20-22)

Simon-Pierre lui demande alors qui est le traître. « Jésus répondit : "C'est celui à qui je donnerai la bouchée que je vais tremper." » Et après avoir trempé une bouchée de pain, Jésus l'offrit à Judas, fils de Simon Iscariote. C'est alors que Satan entra en lui. Jésus lui dit : « Ce que tu as à faire, fais-le vite. » (13, 24-27)

Jésus sait parfaitement ce que Judas va faire. Le récit indique : « Aucun de ceux qui se trouvaient là ne comprit pourquoi il avait dit cela. Comme Judas tenait la bourse, certains pensèrent que Jésus lui avait dit d'acheter ce qui était nécessaire pour la fête, ou encore de donner quelque chose aux pauvres. Quant à Judas, ayant pris cette dernière bouchée, il sortit immédiatement ; il faisait nuit. Dès que Judas fut sorti, Jésus dit : "Maintenant, le Fils de l'homme a été glorifié, et Dieu a été glorifié par lui." » (13, 28-31)

Après le souper, Jésus sort, traverse la vallée du Cédron et arrive au jardin de Gethsémani. Judas connaît l'endroit car, comme le note le récit, Jésus y rencontre souvent ses disciples (18, 1-2). Dans l'Évangile de Jean, de nouveaux détails et de nouveaux noms émergent, mais l'histoire de la trahison reste essentiellement la même.

Lorsque Jésus est amené devant Ponce Pilate, la foule se moque de lui en l'appelant le « Roi des Juifs ». Mais Pilate s'en débarrasse en concluant devant la foule des Juifs assemblés : « Prenez-le vous-mêmes et crucifiez-le ; quant à moi, je ne trouve pas de crime en lui. » (19, 6) L'Évangile de Jean continue :

> Les Juifs lui répliquèrent : « Nous avons une loi, et selon cette loi il doit mourir parce qu'il s'est fait Fils de Dieu ! » Lorsque Pilate entendit

ce propos il fut de plus en plus effrayé. Il regagne la résidence et dit à Jésus : « D'où es-tu, toi ? » Mais Jésus ne lui fit aucune réponse. Pilate lui dit alors : « C'est à moi que tu refuses de parler ! Ne sais-tu pas que j'ai le pouvoir de te relâcher comme j'ai le pouvoir de te faire crucifier ? » Mais Jésus lui répondit : « Tu n'aurais sur moi aucun pouvoir s'il ne t'avait été donné d'en haut ; et c'est bien pourquoi celui qui m'a livré à toi porte un plus grand péché. » (19, 7-11)

C'est la dernière référence à Judas, bien que le nom ne soit point prononcé dans ce passage. On peut l'interpréter comme exemptant Pilate de péché, mais aussi Judas, puisque tous deux jouent un rôle dans le plan divin.

Jean ne parle pas du suicide ou de la honte de Judas, ou même du souvenir de Judas dans le « champ du sang ».

L'unique autre passage du Nouveau Testament qui concerne la mort de Judas se trouve dans Actes 1, 16-20. La version donnée dans les Actes des Apôtres de la désastreuse fin de Judas diffère grandement de celle qui se trouve dans Matthieu ; Judas lui-même est bien dénoncé comme « le guide de ceux qui arrêtèrent Jésus ». L'auteur des Actes exprime un mélange de tristesse, de vague regret et d'intense colère face à la trahison de Judas « Il était de notre nombre et avait reçu sa part de notre service. »

Dans les Actes, à l'inverse du récit de Matthieu, les grands prêtres du Temple n'achètent pas le champ de sang ; c'est Judas lui-même qui achète le champ avec l'argent mal gagné : « Or cet homme, avec le salaire de son iniquité, avait acheté une terre ; il est tombé en avant, s'est ouvert par le milieu, et ses entrailles se sont toutes répandues. Tous les habitants de Jérusalem l'ont appris ; ainsi cette terre a-t-elle été appelée Haceldama, c'est-à-dire, terre de sang. »

L'auteur des Actes est impitoyable dans sa dénonciation de Judas. « Il est écrit de fait dans le livre des Psaumes :

Que sa résidence devienne déserte
Et que personne ne l'habite. » (Actes 1, 20)

♀

Voilà donc l'histoire de Judas telle qu'elle est présentée dans les cinq premiers livres du Nouveau Testament. C'est une histoire réduite à sa plus simple expression, et pourtant la saga de Judas a résonné au cours des siècles, passant du statut de récit à celui de symbole.

« Du Moyen Âge aux temps modernes, Judas est censé représenter les juifs, explique Bart Ehrman. On a imposé aux juifs ce stéréotype de traîtres à Jésus. C'était le rôle de Judas ; il est responsable de la mort de Jésus. »

Il existe néanmoins une objection majeure à cet antisémitisme traditionnel tel qu'il s'est développé au cours des siècles. Le méfait commis par Judas, quelle qu'ait pu être sa motivation, a été *prédit* par Jésus. Les suites de la trahison étaient que le Christ allait mourir et ressusciter d'entre les morts. La trahison était l'épisode précurseur nécessaire aux événements qui devaient suivre.

« Le Nouveau Testament présente une vision ironique de Jésus marchant vers sa mort, continue Ehrman, parce que, d'une part, Jésus sait qu'il va mourir et il sait pourquoi il va mourir. Il sait qu'il doit mourir et c'est la volonté de Dieu qu'il meure. Mais d'autre part, ceux qui sont responsables de sa mort sont vilipendés. Judas, bien sûr, est vilipendé car il est l'instrument de la trahison. Mais on pourrait s'interroger : si Jésus était censé mourir, il fallait bien que Judas le trahisse, et n'est-ce pas la volonté de Dieu qu'il en soit ainsi, et Judas ne rend-il pas un service à Jésus ? »

CHAPITRE QUATRE

Les éminences grises

Les échanges et le commerce,
s'ils ne rebondissaient pas
comme du caoutchouc, n'arriveraient jamais
à franchir les obstacles que leur imposent
sans cesse les législateurs.

HENRY DAVID THOREAU

La Suisse est aujourd'hui la patrie de nombreux marchands d'antiquités, parmi les plus fameux. Entre neiges éternelles et torrents d'eau pure, les amateurs d'art y trouvent leur paradis. Grâce à sa longue tradition de neutralité, qui l'a tenue à l'écart des guerres qui ont déchiré l'Europe, le pays a su bâtir une muraille financière invisible le long de ses frontières.

Muraille qui protège non seulement l'argent mais aussi le mode de vie qui s'y rattache. Les citoyens helvétiques bénéficient d'un excellent système de sécurité sociale et d'un système de soins médicaux pour tous, ils perçoivent les salaires les plus élevés d'Europe :' jouissent de cinq à six semaines par an de congés payés. Sans aller jusqu'à prétendre que la Suisse constitue une société utopique, on peut dire qu'elle y ressemble. Les bidonvilles y sont inconnus, la pauvreté rare. La monnaie locale est l'une des plus stables du monde. Dans l'ensemble, la Suisse est un pays où la vie privée, la propriété et les bienséances font l'objet d'un respect confinant à la vénération.

La Seconde Guerre mondiale joua un rôle crucial dans le développement de la Suisse. Pendant toute la durée du conflit, les banques locales conservèrent le secret bancaire de leurs clients, quelle que soit l'identité de ceux-ci. Elles acceptèrent aussi bien les fonds de juifs cherchant à protéger leur fortune des nazis, que ceux d'officiels nazis s'efforçant de mettre leurs « trésors de guerre » à l'abri. L'armistice signé, la Suisse s'avéra la destination privilégiée des capitaux étrangers – d'origine parfois plus que douteuse. Le pays avait tiré profit de sa célèbre neutralité politique pour se transformer en centre financier prospère.

Quant au respect de la propriété évoqué plus haut, il permit à la Suisse de devenir peu à peu un centre du commerce de l'art et des antiquités. Ce qui fait que, au même titre que la Grande-Bretagne, elle a longtemps été considérée comme une plaque tournante du trafic d'antiquités. Malgré les mesures sévères prises, dans ces deux pays, afin de lutter contre les aspects illégaux de ce commerce, rien ne vint à bout de leur réputation sulfureuse. En 1995, par exemple, la police suisse fit une descente dans quatre entrepôts de Genève et y saisit un grand nombre d'objets d'art apparemment dérobés en Italie. La revue *Archeology* nous apprend que, d'après les carabiniers, ces entrepôts renfermaient plus de 10 000 pièces, d'une valeur totale estimée à 50 milliards de lires (environ 35 millions de dollars), ce qui classe cette prise parmi les plus importantes de l'histoire.

Les objets d'art de l'Égypte antique ont eux aussi transité par la Suisse. En 2002, les autorités des deux nations ont signé un accord sur la sécurité destiné à mettre un terme au trafic illégal. Moins d'un an plus tard, en 2003, les autorités suisses remirent au gouvernement égyptien deux momies, des sarcophages et des masques qui comptaient parmi les quelque trois cents pièces découvertes dans un entrepôt de la douane à Genève. S'ensuivit en Égypte une vague d'arrestations, au nombre desquelles figure celle de Tariq al-Suwaysi, chef du bureau du Parti national démocrate à Gizeh qui, des années durant, avait collaboré avec certains des plus grands marchands d'art suisses, dont Nicolas Koutoulakis. Ces arrestations concernèrent en outre d'anciens policiers, des douaniers et d'importants marchands d'art, à qui il fut reproché d'avoir exporté des antiquités en les faisant passer pour des copies trouvées dans le bazar de Khan el-Khalili, le plus grand marché du Caire.

Ce rôle d'intermédiaire pour transactions troubles tenu par la Suisse nuit à la réputation des marchands d'antiquités tout à fait respectables qui sont la majorité dans ce pays. Dans l'immédiat après-guerre, un groupe de marchands spécialisés dans les objets d'art antiques s'établit à Bâle. Groupe qui rassemblait entre autres Herbert Cahn, dont le fils dirige aujourd'hui la galerie ; George Zakos, un Grec qui avait longtemps vécu à Istanbul ; et enfin Elie Borowski, sans doute leur maître à tous. Rescapé de l'Holocauste en Pologne, son pays natal, après un passage dans l'armée polonaise, il avait trouvé refuge en Suisse pendant la guerre, où il devint, par ses propres moyens, un véritable génie en matière de découvertes archéologiques. Juif sioniste, Borowski se constitua au cours des décennies qui suivirent son installation une somptueuse collection qui servit par la suite de fonds au Musée des pays de la Bible de Jérusalem qui présente les cultures des peuples du Proche-Orient aux époques biblique et prébiblique.

Autre centre du marché des œuvres d'art antique en Suisse, Zurich accueillit Frieda Tchacos-Nussberger. Née en Égypte, celle-ci possédait la double nationalité suisse et grecque. Elle vint étudier en Europe à vingt ans et fréquenta l'École d'interprètes de Genève ainsi que l'École du Louvre. Après un très long séjour parisien, elle épousa l'artiste et joaillier suisse Werner Nussberger et s'établit comme antiquaire, achetant puis développant la galerie Nefer de Zurich. Frieda Tchacos faisait figure d'exception dans un univers masculin. Rares sont en effet les femmes qui ont réussi à se faire une place dans une profession connue pour sa dureté.

Frieda Tchacos connaissait bien le marché égyptien. En cas de négociation avec des Égyptiens ou des Arabes des pays voisins, elle disposait d'un avantage certain : elle parlait couramment l'arabe, en plus du grec, de l'anglais, du français, de l'italien et de l'allemand. Active au niveau international, elle travaillait pour de nombreux musées d'Europe, des États-Unis et du Japon, tout en faisant affaire avec quantité de collectionneurs privés.

Genève avait aussi son contingent de grands marchands d'art. Notamment celui qui devint le doyen de tous les marchands d'art opérant dans le monde arabe et au-delà : Nicolas Koutoulakis. C'est lui qui fit transiter par la Suisse (ou acheminer dans ce pays) quelques-uns des plus grands trésors du monde à destination de musées ou de clients privés d'Amérique du Nord et d'Europe.

Né en Crète, Koutoulakis aimait à rappeler le lien qui l'unissait à l'île des héros minoens. Puissant et dégarni, il avait aux yeux de ses collègues de faux airs de Zorba le Grec. Enfant, il fut grièvement blessé à un œil ; certains de ses concurrents racontent que c'est son frère qui, en tirant une flèche, serait la cause de cet accident ; son fils Manolis affirme, quant à lui, qu'il serait dû à un jet de lance-pierre. Quoi qu'il en soit, l'unique œil valide dont disposait Koutoulakis lui suffisait à distinguer les bonnes affaires des mauvaises, et lui permit d'amasser des millions de dollars. Il était connu pour transporter en permanence sur lui de grandes quantités d'argent liquide, afin de pouvoir acheter sans délai tout article qui l'intéressait. C'était là l'une des raisons de son immense popularité chez les petits marchands d'art du Proche-Orient.

Frieda Tchacos fit sa connaissance dès son arrivée à Paris, lorsqu'elle débuta ses études d'égyptologie à l'École du Louvre. Son père avait demandé à Koutoulakis d'apporter quelques présents du Moyen-Orient à Frieda. Celui-ci s'exécuta puis invita la jeune femme à dîner – huîtres et champagne – dans l'un des endroits les plus branchés de Paris : le restaurant Ruc. Après quoi il l'emmena au cabaret. Cette soirée laissa à Frieda un souvenir impérissable. « Il cherchait à m'exciter, expliqua-t-elle. C'était sa façon de faire. Je n'avais que dix-neuf ans à l'époque. »

Frieda ouvrit par la suite une galerie à Paris et connut le succès. Koutoulakis, bien que de plus de trente ans son aîné, voyait en elle une rivale, et ne comprenait pas qu'une jeune Grecque aussi séduisante puisse lui faire une si sérieuse concurrente. Les différences qui les séparaient sautaient pourtant aux yeux : Tchacos maîtrisait six langues tandis que Koutoulakis devait se débrouiller avec un grec teinté d'accent rural, un bien piètre français et un anglais très rudimentaire. Pas une fois il ne l'invita dans sa luxueuse villa genevoise.

Koutoulakis s'était lancé dans le commerce des antiquités comme de nombreux jeunes Grecs sans instruction. Neveu de Manolis Segredakis, qui possédait une boutique d'antiquités et de bibelots à son nom dans un beau quartier de Paris, il fit son apprentissage auprès de son oncle. À la mort de ce dernier, comme il ne laissait pas d'héritier, la boutique revint au jeune homme.

Koutoulakis était un marchand rusé qui rencontra bientôt ses premiers succès, non seulement en reprenant le commerce de son oncle, mais encore en parvenant à en effacer les dettes. La grande vitrine de la boutique était si poussiéreuse qu'à l'intérieur il faisait sombre. Un escalier conduisait à une mezzanine. La plupart du temps, l'entrée était encombrée d'antiquités de second ordre et de caisses encore fermées. Ayant connu une réussite certaine, Koutoulakis partit vivre à Genève avec son épouse Mireille et leurs trois enfants. En Suisse, il avait son bureau chez lui. Sa fille Daphné devait plus tard ouvrir la galerie Khnoum, dans la vieille ville de Genève. L'endroit tirait son nom du dieu égyptien Khnoum, représenté comme un homme avec une tête de bélier. Gardien des sources du Nil, il contrôlait les crues annuelles du fleuve.

À la fois intuitif et malin, Nicolas Koutoulakis possédait en outre un charme qui lui permit d'emporter plus d'une transaction. Chaque année, il s'embarquait pour une chasse au trésor. Sa première halte se faisait en général en Italie, alors grande terre d'antiquités. Il passait ensuite par la Grèce et Chypre avant de s'envoler pour la Syrie, voire de visiter Istanbul et Téhéran, puis de finir par Le Caire. Agissant avec du flair et une finesse aiguisée par ses relations avec les brocanteurs d'Égypte, de Turquie et de Mésopotamie, il acquit le coup d'œil d'un professeur et les talents de négociateur d'un marchand de bétail grec.

Certains marchands du Caire l'appelaient *louchi*, celui qui louche – sans jamais oser prononcer ce mot devant lui. « Il fallait être prudent quand on traitait avec lui, se souvient l'un d'eux. On ne savait jamais de quel côté il regardait. » Koutoulakis se fit néanmoins des contacts chez des dizaines de petits marchands – comme Hanna Asabil, au Caire –, de fournisseurs et de contrebandiers qui, avides de faire affaire avec lui, lui fournirent autant d'objets d'art qu'ils le purent.

Koutoulakis n'avait pas son pareil pour négocier une affaire à son avantage. Il bluffait ses concurrents par sa faculté à revendre au prix fort ce qui ne lui avait coûté qu'une somme modique. Il pouvait par exemple acheter au Caire (en Syrie, en Turquie ou en Iran) un objet 200 livres égyptiennes – moins de 50 dollars à l'époque – puis le revendre 3 000 dollars !

Nicolas Koutoulakis fut l'un de ceux qui façonnèrent l'essentiel du commerce des antiquités au Moyen-Orient durant l'après-guerre, et permirent aux marchands locaux de traiter avec les Occidentaux. Il avait également de bons contacts dans les capitales européennes, aux États-Unis ainsi qu'au Moyen-Orient. Dans certains cas, il hérita de contacts vieux de plusieurs siècles avec des marchands d'Égypte ou du Levant. Les Arabes l'appréciaient car il leur payait de fortes sommes, en liquide, et sans jamais poser de question. Les reçus, il n'aimait pas plus en fournir qu'en recevoir. Ses collègues décrivaient son comportement en affaires par la formule « Ni vu, ni connu ».

Les marchands de l'après-guerre, à l'instar de Koutoulakis, avaient des traits communs. Dénués pour la plupart d'instruction, ils se fiaient à leur flair pour détecter un objet d'art ou une bonne affaire. Et ils faisaient preuve d'une détermination acharnée. À en croire un observateur, « dans le business, en ce temps-là, personne ne faisait de cadeau à personne ».

Exemple du territoire troublé dans lequel évoluaient alors les marchands d'antiquités, la découverte d'un sarcophage royal de la dix-huitième dynastie dans la Vallée des Rois, en 1907. La revue *Archeology* rapporte que celui-ci fut expédié au Musée égyptien du Caire mais que, quelque part entre la restauration des pièces en 1914 et un inventaire du musée en 1931, la majeure partie du sarcophage, dont les lamelles d'or de la tranche inférieure, fut dérobée, le couvercle seul restant au Caire. Et l'article d'ajouter que le sarcophage fut acquis par Koutoulakis vers 1950. L'objet ne parvint pas à trouver un repreneur durant les années 1970, après quoi il prit la direction du Musée d'art égyptien de Munich pour restauration, aux alentours de 1980. Un autre article, paru dans l'hebdomadaire égyptien *Al Ahram Weekly*, prétend que le conservateur du musée, Dietrich Wildung, en référa aux autorités égyptiennes et offrit de le leur retourner en échange « du prêt, par le Musée du Caire, de plusieurs objets d'art ». En 1994, la fille de Koutoulakis fit officiellement don du sarcophage au Musée d'art égyptien de Munich. Les négociations se poursuivirent jusqu'à son rapatriement final au Musée égyptien du Caire, avec le concours de la famille Koutoulakis.

Sa carrière déjà bien entamée, Koutoulakis engagea, afin d'affirmer sa position au Caire, un brillant jeune homme particulièrement dégourdi – quelqu'un de sa trempe. Ayant grandi au Caire, Tariq al-Suwaysi y avait ses entrées. Il travaillait pour l'une des principales boutiques de la ville mais cherchait déjà à s'émanciper.

Il entra au service de Koutoulakis comme domestique – « il passait la serpillière, rien de plus », déclara un de ses collègues –, sa tâche consistant à tenir son patron informé. Si quelque article antique de valeur se vendait, Tariq al-Suwaysi devait le dénicher. Il n'hésitait pas à acheter les renseignements : technique qui se révéla payante, surtout pour Koutoulakis. Al-Suwaysi n'avait ensuite plus qu'à se rendre dans un bureau de poste du Caire afin de joindre son employeur par téléphone en Grèce, à Paris ou à Genève dès qu'il avait vent de l'apparition, sur la place du Caire, d'une antiquité de valeur.

« Tariq n'était pas sympathique, mais il avait beaucoup de personnalité, indique encore son collègue. Il était grand et distant. Il savait s'exprimer. Il s'habillait avec goût et avait le sens du contact. Par la suite, ses affaires l'ont enrichi et il envisageait de briguer un portefeuille de ministre dans le gouvernement égyptien. » Al-Suwaysi fit un beau mariage, bien meilleur que ce que sa position lui laissait espérer : il épousa la belle-sœur de son patron. Ainsi passa-t-il du statut de serviteur et d'employé à celui de partenaire.

En Égypte, on trouve toujours une main tendue, ainsi va la vie en affaires, et Tariq al-Suwaysi savait graisser les pattes en question avec une agilité remarquable. Il était bien introduit dans les plus hautes sphères égyptiennes. « Tariq était intelligent. Mais pas suffisamment pour faire profil bas, ça lui a coûté cher. »

Des années plus tard, nous l'avons vu, al-Suwaysi serait arrêté et jugé avec trente autres prévenus impliqués dans une énorme affaire de contrebande d'antiquités concernant près de trois cents objets d'art pharaoniques, coptes et islamiques passés d'Égypte en Suisse. Reconnu coupable en 2003, il fut condamné à une peine de trente-cinq de prison dont il fit appel. Il semble bien que, malgré son statut d'homme politique en vue, il ait dépassé les bornes de la légalité en matière d'antiquités.

☥

Il convient de mettre en perspective les scandales liés au commerce des antiquités. En ce temps-là, les marchands occupaient le *no man's land* entre deux parties en guerre. Ils faisaient office d'intermédiaires, de lien entre acheteur et vendeur – entre consommateurs occidentaux et gouvernements ou particuliers des pays d'origine des marchandises. Au cours des deux dernières décennies du XXe siècle, ces gens-là subirent des pressions colossales, notamment de la part des pays d'origine des objets anciens.

Cela dit, le commerce est aussi vieux que la civilisation. Égyptologue et consultant auprès d'établissements aussi prestigieux que le Musée de Brooklyn, le Metropolitan Museum of Art et le Musée des pays de la Bible de Jérusalem, Robert Bianchi soutient pour sa part que « tout est fluide dans le commerce des antiquités – du moins depuis les époques grecque et romaine. L'Occident y prend une part active depuis Napoléon ».

Parmi les pièces les plus anciennes retirées de leurs divers sites d'origine dans l'Antiquité, on recense au moins quinze obélisques que l'Empire romain, à son apogée, prit à l'Égypte. Obélisques qui se dressent aujourd'hui encore à Rome. Autre exemple frappant, celui des croisades : les croisés emportèrent quantité d'objets, égyptiens ou non, qu'ils croyaient dotés de pouvoirs de guérison. Le tout bien souvent avec le concours des autorités contrôlant l'Égypte. Nevine el-Aref, de l'hebdomadaire *Al Ahram Weekly*, nous apprend ainsi que le roi Louis-Philippe offrit, en remerciement de l'obélisque de la place de la Concorde, l'horloge qui trône au centre de la grande mosquée de Mohammed Ali, au Caire.

Plusieurs de ces « déplacements » s'avèrent, avec le recul, ahurissants. Ainsi de la pierre de Rosette, que les troupes de Bonaparte découvrirent en Égypte en 1799. Quand Bonaparte fut vaincu par les Britanniques, elle devint la propriété de l'Angleterre suite au traité d'Alexandrie (1801). La pierre fut alors transportée en Grande-Bretagne, où elle est conservée depuis au British Museum. C'est l'une des antiquités les plus précieuses au monde, proprement inestimable. Le gouvernement égyptien a formulé de nombreuses requêtes pour que la pierre de Rosette lui soit restituée, mais tant le gouvernement britannique que le British Museum sont restés sourds à ces demandes.

Le transfert d'une partie des sculptures du Parthénon par le comte d'Elgin constitue un autre exemple de pillage caractérisé. Thomas Bruce, septième comte d'Elgin, alors ambassadeur britannique à Constantinople, réunit une équipe d'architectes et de peintres et, à une époque où les Ottomans constituaient la puissance souveraine en Méditerranée orientale, obtint du sultan de Constantinople l'autorisation de prélever des frises en marbre. Elgin supervisait de loin ce transfert d'un très grand nombre de frises et d'autres splendeurs du Parthénon. Responsable des opérations sur place, Giovanni Battista Lusieri lui écrivit : « Rien de ce que je pourrais dire ne saurait rendre compte de leur qualité. Rien au monde n'est plus parfait que ces pièces. » Cette opération systématique perdura de nombreuses années, les objets prélevés finissant leur voyage, comme la pierre de Rosette, dans le prestigieux British Museum. Le gouvernement grec tient à ce que ces sculptures lui soient rendues. Il a également demandé au Louvre de lui restituer la célèbre *Victoire de Samothrace*.

La prise d'une inscription de la période du premier Temple dans le tunnel du roi Hezekiah à Jérusalem constitue un troisième exemple de pillage culturel. Des ouvriers travaillant dans le tunnel découvrirent une inscription en hébreu commémorant la jonction originelle des deux équipes de forage. L'inscription fut expédiée au Musée d'Istanbul, où ce précieux souvenir, étroitement lié à l'histoire des Juifs, sans aucun rapport avec les Ottomans, se trouve toujours. Les Israéliens réclament depuis longtemps qu'on leur restitue ce trésor culturel national mais ont néanmoins compris que la « légalité », en tant que telle, était du côté du gouvernement qui hérita des nombreux trésors archéologiques extraits des territoires ottomans qui forment l'actuelle Turquie.

En Amérique du Sud, dans les Andes péruviennes, la citadelle inca de Machu Picchu nous fournit un autre exemple de patrimoine culturel âprement disputé. En 1911, un historien de l'université Yale, Hiram Bingham, guidé par des autochtones, découvrit l'antique cité, après quoi il effectua trois nouvelles expéditions, avec la National Geographic Society, et mit au jour de nombreux objets et vestiges. Récemment, le gouvernement péruvien a menacé Yale d'une action en justice visant à récupérer les pièces emportées durant ces expéditions. Danna Harman, du *Christian Science Monitor,* estime que le site est « bien conservé (...) jusque dans ses palais, ses bains, ses temples, ses tombes, ses cadrans solaires et ses terrasses de culture » mais regrette que « les bols, les outils, les instruments du culte et autres objets [aient] été transférés à New Haven [dans le Connecticut, site de l'université Yale] ». Le professeur Bingham affirmait avoir agi avec le consentement du président du Pérou. Ce qui n'empêche pas aujourd'hui cet État de prétendre que les objets n'ont été que prêtés à Yale. En décembre 2005, l'université répondit par courrier aux autorités péruviennes : « Le code civil de 1852, en vigueur du temps des expéditions de Bingham, donnait à Yale le droit de possession sur les objets trouvés dès le moment de leur découverte. » La National Geographic Society a, quant à elle, fait savoir publiquement qu'elle estimait que les objets pris au cours des expéditions menées conjointement par Yale et la National Geographic Society avaient été prêtés, qu'ils appartenaient au Pérou et devaient être rendus. Les avocats du Pérou et de Yale parlementent encore.

Les campagnes visant à réclamer la « propriété culturelle » des pays ont pris de l'ampleur à partir des années 1930. Le dictateur fasciste Benito Mussolini se voulait le grand défenseur de la culture et de l'art de son pays. Grand lecteur de Dante, il se plongeait tous les matins dans les chants du célèbre poète. Voulant glorifier tous les trésors italiens, il décréta que tout ce que renferme le sous-sol de l'Italie appartient à son gouvernement, l'État constituant une partie civile dotée de droits exceptionnels.

Les règles du commerce des antiquités furent modifiées afin de distinguer le « bien » du « mal ». Cela dit, aucun critère de définition de ces notions ne fut mis au point. Tout dépendait en fait des points de vue. Les pays d'origine avaient le sentiment d'être floués lorsque des biens étaient exportés de leur territoire, sentiment renforcé par l'immense succès public, et donc financier, remporté par les musées et autres institutions bénéficiaires desdites exportations. Les pays floués réclamaient simplement une plus grosse part du gâteau.

Du monde entier, les pays « producteurs » se mirent à exiger que leur soient restitués ces articles devenus si précieux dans les mains de leurs nouveaux propriétaires. Souvent ces trésors appartenaient à l'origine à de riches particuliers mais, dans la plupart des cas, ils étaient revenus à de grandes institutions financées par les États – universités ou musées. Ironie de l'histoire, ce sont ces institutions mêmes qui, au fil du temps, avaient créé un marché pour les antiquités, du fait que ces pièces revêtaient, à leurs yeux, une grande valeur.

Une raison majeure de la valeur croissante de ces articles a été la popularité grandissante des musées : à New York, Londres ou Paris, on s'est pressé pour admirer des œuvres en provenance des pays où les civilisations antiques avaient prospéré – Israël, la Turquie, la Grèce, l'Italie, le Pérou, et au premier chef l'Égypte. Les musées et autres institutions publiques occidentales sont ainsi devenues les victimes de leur propre succès. Il s'agissait non seulement de savoir qui contrôlait la circulation des antiquités, mais aussi à qui profitaient ces expositions si populaires. Le moralisme qui gagnait le milieu n'est pas sans rappeler la célèbre formule de Samuel Johnson : « Le patriotisme est le dernier refuge d'une crapule. »

Les questions relatives au commerce des antiquités heurtent des intérêts souvent contradictoires : les droits des États, le patrimoine culturel, le patrimoine de l'humanité et le sens de la propriété privée. Les vestiges de la Rome antique appartiennent-ils aux Italiens ? À leur gouvernement ? Ou à tout un chacun ? Qu'en est-il de la culture à dominante grecque ou hellénique en des lieux autrefois régis par Rome ? L'État italien, en sa qualité de descendant de Rome, a-t-il davantage droit à ces trésors que l'État grec, lui-même héritier et diffuseur de la culture grecque et hellénique ? À moins que ces pièces n'appartiennent au premier particulier, souvent étranger, qui les a retirées du sous-sol local il y a des années, avant de les vendre ou de les offrir à une grande institution culturelle de son propre pays ?

Et les musulmans arabes qui conquirent l'Égypte au VIIe siècle et dominent aujourd'hui encore l'État égyptien, sont-ils les dignes héritiers des objets créés du temps des pharaons ? Les Coptes, descendants directs des Égyptiens de l'époque pharaonique, ont-ils aussi droit à une part de cet héritage ? Et si oui, laquelle ? *Quid* des particuliers qui déterrent des objets dans leur jardin, ou en possèdent depuis des générations ?

Questions complexes. Les individus qui servirent d'intermédiaires entre vendeurs et acheteurs, dans le cadre d'un commerce toujours plus déconsidéré, représentaient les cibles faciles de ce conflit. Si l'on parvenait à les accuser de trafic de faux, on réussirait à discréditer l'ensemble du marché.

L'Italie a récemment été le théâtre d'un cas très intéressant : les autorités locales s'en sont prises au musée Getty de Los Angeles en intentant un procès à Marion True, conservatrice de l'établissement. Elles ont fait savoir que si elles remportaient ce procès pour commerce illégal d'antiquités, elles entreprendraient pareilles démarches à l'encontre d'autres musées et collectionneurs, dont le Musée d'art de Cleveland dans l'Ohio et certains riches collectionneurs américains. Dans le même temps, les Italiens ont entamé des négociations avec le Metropolitan Museum de New York, l'une de leurs cibles, dans l'espoir d'aboutir à un accord qui leur garantirait le contrôle des objets tout en évitant un procès.

« Nous tenons à ce que ce procès ait un effet dissuasif, déclara au *Los Angeles Times* Massimiliano Quagliarella, capitaine des carabiniers. Il est important de mettre un terme au phénomène des fouilles et des exportations illégales en éliminant la demande, ce qui éliminera l'offre. »

Des lois restrictives ont été votées qui empêchent le commerce des antiquités dans de nombreux pays et interdisent l'exportation de ces objets. Ces restrictions nouvelles ébranlent le droit anglo-saxon. L'acheteur doit désormais faire la preuve de l'« innocence » de la pièce soumise à la vente devant un tribunal ou face à l'opinion publique. D'après ces nouveaux critères, de nombreux objets appartenant à des musées occidentaux devraient être renvoyés dans leur pays d'origine. Appliquées à la lettre, ces lois auraient sans doute pour conséquence de faire disparaître une bonne partie des pièces exposées dans les musées de Saint-Pétersbourg, Berlin, Paris, Londres, Madrid ainsi qu'à travers les États-Unis. L'égyptologue Robert Bianchi le constate lui-même : « De nombreux articles exposés dans les musées de par le monde ne sont pas pourvus de titre de propriété. »

☥

Au début du XXe siècle, le commerce international des objets d'art a connu une période tendue. On estime que le commerce illégal d'antiquités égyptiennes et proche-orientales brassait à lui seul 200 à 300 millions de dollars. Les volumes en question avaient nettement décru à mesure que les pays d'origine augmentaient leur pression. Pression qui, cependant, accroissait en retour la valeur des objets, surtout si l'on pouvait fournir un certificat d'origine.

Aucun pays ne sut mieux que l'Égypte faire valoir ses « droits », et aucun pays ne se montra plus agressif lorsqu'il s'agissait d'arracher un dollar à un visiteur étranger ou à une exposition étrangère.

L'Égypte proposa tout au long des années 1940 un marché des antiquités prospère et on ne peut plus légitime. Papyrus et objets d'art égyptiens s'affichaient dans tous les musées d'Occident. Ce commerce très actif eut une conséquence indirecte positive. Il permit à l'Égypte de devenir une destination touristique de premier ordre. Au début du XXIe siècle, on estime que 10 millions d'Égyptiens travaillent dans le tourisme, et que ce secteur est la principale source de devises étrangères du pays (4,5 milliards de recettes en 2001). Le nombre de touristes est passé d'un million de visiteurs en 1982 à 2,5 millions en 1993, 5,5 millions en 2001, et plus de 7 millions de visiteurs en 2005.

Zahi Hawass, directeur des Antiquités égyptiennes, définit dans un article pour *Al Ahram Weekly* les modifications du droit égyptien. D'un certain point de vue, il définit les légalités qui entourèrent le retrait de l'Évangile de Judas du sol égyptien :

« En 1951, le gouvernement fit passer une loi régulant les fouilles ainsi que le transport des objets d'art vers les musées du monde entier. Cette loi n'interdisant ni l'achat ni la vente d'antiquités, les exportations continuèrent. De nouvelles lois furent promulguées. Deux décrets de mars 1952 établirent un système concernant la vente des antiquités, et dressèrent la liste des démarches à effectuer dans le cadre de leur exportation.

« Ce n'est qu'en 1983 qu'une loi mit un terme à la vente et à l'exportation d'antiquités, poursuit Hawass. Cette loi donnait six mois aux marchands d'antiquités pour faire enregistrer les objets en leur possession, tout en stipulant clairement qu'aucune antiquité ne pouvait être vendue ni exportée.

« Toutefois, reconnaît Hawass, nous ne pouvons rien contre la vente d'antiquités aux États-Unis ou en Europe, à moins de prouver que ces statues, bas-reliefs et autres pièces, ont été prélevés illégalement dans une tombe ou une réserve. En revanche, du moment où nous disposons de preuve, nous pouvons empêcher la vente. »

Nevine el-Aref rapporte pour sa part dans le même hebdomadaire que le gouvernement égyptien avait lui-même vendu des antiquités quelques années plus tôt.

> Les opérations de sauvetage des temples nubiens terminées, le gouvernement égyptien offrit un grand nombre de monuments à des pays étrangers en récompense de leurs efforts. Ainsi le temple de Dabur fut-il donné au gouvernement espagnol, qui le reconstruisit sur une colline dans le Musée de Madrid ; le temple de Dendéra alla quant à lui au président américain Richard Nixon. Le gouvernement égyptien continua d'offrir des pièces de son héritage ou de les vendre sur le marché international jusqu'à la promulgation de la loi 117/1983 stipulant que toute antiquité d'Égypte était la propriété de l'État, et que toute exportation illégale postérieure à cette date serait considérée comme un vol.

Hawass forma un service affecté à la récupération des objets « volés », afin de tenter de retrouver ce que les Égyptiens considèrent comme leur propriété d'État. En fait, ces nouvelles lois provoquèrent un retour massif d'objets d'art en Égypte, surtout dans la mesure où les tribunaux américains avaient tendance à reconnaître la légitimité des prétentions égyptiennes.

Le droit égyptien visait les étrangers mais aussi les autochtones – les premiers impliqués dans ce commerce en Égypte. La nouvelle loi déclarait que toutes les antiquités appartenaient à l'État, et que chacune devait être signalée aux autorités.

De nombreuses familles égyptiennes conservaient une partie de leur richesse personnelle sous la forme d'antiquités – possession qui remontait souvent à plusieurs décennies, voire plusieurs siècles. Dès lors, comment les lois pouvaient-elles s'appliquer à ce type d'objets ? Ces richesses devaient-elles être remises à l'État ? Du point de vue des familles contraintes de céder ou de dissimuler des objets, une telle éventualité pouvait-elle être perçue autrement que comme un nouvel exemple de pillage ?

En des temps agités comme ceux-là, les marchands, comme Hanna Asabil, avaient toutes les raisons de privilégier le mystère. Les critères étant en évolution constante, les anciens du métier pouvaient facilement s'attirer les foudres de quelque officiel du gouvernement. Au final, Asabil ne fut pour rien dans le départ d'Égypte du codex. N'importe quel tribunal au monde aurait jugé illégale la façon dont il fut « exporté », et c'est à son propriétaire qu'incomba la tâche de le retrouver.

☥

Le négoce des antiquités est un domaine très spécialisé où les véritables experts sont rares – à peine quelques dizaines à travers le monde. Dans les années 1980, il ne s'agissait pas d'une industrie mais d'un petit commerce. Les clients y étaient naturellement plus nombreux que les marchands : les grands musées, quelques grandes universités et un certain nombre de particuliers. Leur nombre baissait encore lorsqu'il était question d'acheter les pièces les plus chères. « Il serait exagéré de prétendre qu'il existe plus d'un millier d'acheteurs potentiels pour les articles vraiment importants, m'avoua une des personnes impliquées dans les ventes. Si on fait les comptes : les musées, les particuliers, je pourrais presque vous dresser une liste d'acheteurs de mémoire. »

L'un des marchands qui traitaient avec Nicolas Koutoulakis durant les années 1980, Peter Sharrer, était un expert en matière d'art égyptien. Marchand américain vivant dans le nord du New Jersey, il écumait les marchés d'Europe et du Proche-Orient. À de multiples reprises, il lui arriva de louer une voiture avec le Londonien Jack Ogden, spécialiste des pierres précieuses, pour se rendre à Genève, après la Foire d'art contemporain annuelle de Bâle.

La villa de Koutoulakis est sise rue de Florissant, dans l'un des plus beaux quartiers de Genève. D'une superficie d'un demi-hectare environ, cette propriété était décrite par Sharrer comme « typiquement suisse avec une touche méditerranéenne, ceinte de merveilleux jardins ».

« Koutoulakis était quelqu'un d'étonnant, disait encore Sharrer. Il venait d'une famille d'agriculteurs mais avait un certain flair pour ce qui touchait aux femmes et aux antiquités. Il a eu en main certaines des plus belles pièces de notre époque. »

Selon Sharrer, l'entrée de la villa de Koutoulakis était très impressionnante. Les plafonds du hall culminaient à trois mètres cinquante. Sur la droite, la cuisine ; sur la gauche, un mélange de salon et de bureau, rempli d'objets de valeur. Le bureau donnait sur les jardins de derrière. « Les visiteurs comme moi n'avaient accès qu'à certaines parties de la maison.

« Qui que vous soyez, Koutoulakis vous jaugeait. Du seul œil qui lui restait, il cherchait à savoir à qui il avait affaire, quel genre d'homme vous étiez, quel genre de client vous seriez. Honnêtement, à chaque fois, c'était intéressant. Il avait un visage très animé, capable d'une myriade d'expressions différentes. »

Sharrer recherchait continuellement un objet qui soit dans ses moyens. Cela dit, au début de chaque rencontre s'instaure souvent une partie de bluff et de duperie. « J'ai toujours été persuadé qu'il détenait beaucoup de faux. Il vous fallait apprendre la persévérance, lui répondre "Ça ne m'intéresse pas", et le répéter. Il fallait être patient. » À l'évidence, Koutoulakis testait ses visiteurs.

Puis ce prologue se terminait, laissant place à une séance de dégustation d'un café grec épais – bien plus dense qu'un expresso. L'arrivée du café marquait la fin de ce que Sharrer appelait la « phase du toc ».

Les vraies discussions ne commençaient qu'après cette pause. Koutoulakis sortait le grand jeu. Sharrer : « C'est alors qu'il sortait ses pièces fabuleuses. J'ai dû lui rendre visite à dix ou quinze reprises et ne lui ai acheté que trois ou quatre objets d'importance. La première fois qu'il m'en a montré un d'exceptionnel, je me suis jeté dessus. Ça flattait l'offreur, à ce que j'ai compris.

« Koutoulakis cherchait à vous jauger. Qu'est-ce qui était dans vos moyens ? Aviez-vous bon goût ? J'ai persévéré. Et j'ai acheté. Pas des folies : dans les 40 000 ou 50 000 dollars. À l'époque, ça faisait quand même une somme. »

Lors de l'une de leurs rencontres, Koutoulakis présenta à Sharrer un objet sur lequel ce dernier se jeta immédiatement : une magnifique statuette en or d'Isis allaitant Horus. La déesse portait une tenue moulante, la tête surmontée d'un disque à cornes. Cette œuvre reflétait le travail d'un artisan précis et raffiné. Il ne s'agissait pas d'un faux mais d'une trouvaille d'exception. Pour citer Sharrer : « L'une des plus belles pièces de tous les temps. »

Quand celui-ci proposa d'acheter la statuette, Koutoulakis se fit méfiant. C'est lui qui avait décidé de montrer l'objet, et voilà pourtant qu'il ne savait plus sur quel pied danser. Sharrer avait le sentiment que le Grec le testait. Au bout d'un moment, Koutoulakis trancha : « Très bien, je vais y réfléchir. »

D'après Sharrer, Koutoulakis finit par le considérer comme l'acheteur de la statuette. C'était une sorte de promesse qui se concrétisa neuf mois plus tard : « Koutoulakis m'a téléphoné en disant : "Passez donc me voir." »

Sharrer débour
sa 50 000 dollars pour cette statuette, une somme considérable pour l'époque,

mais tout à fait correcte. La vente fut conclue courant 1985.

De fait, la statuette en or d'Isis achetée par Peter Sharrer s'avéra être un lien essentiel dans l'histoire de l'Évangile de Judas. Ancienne propriété de Hanna Asabil, c'était l'une des pièces qui avaient disparu de sa collection en même temps que le précieux manuscrit. La notoriété que gagnait le codex n'était pas en rapport avec son statut de relique inestimable de l'histoire du christianisme. Il était relégué au rang de simple pion dans un vol parmi les plus odieux qu'ait connus le commerce des antiquités.

CHAPITRE CINQ

Le vol

Objets apparus sur le marché
(origine supposée : Égypte) :
Collier en or
Statuette du Moyen-Empire en granit noir
Statuette en or d'Isis allaitant Horus
Manuscrit sur papyrus

Rien ne résiste aux outrages du temps. Les manuscrits découverts près de El Minya ne firent pas exception à la règle. Ces papyrus reposaient à présent au Caire, entre les mains d'un marchand incapable de les déchiffrer. On lui avait indiqué qu'ils pouvaient être rédigés en hébreu ancien. Quelques mots de grec apparaissaient certainement çà et là, mais Hanna Asabil était tout aussi démuni de ce côté-là. À sa connaissance, ces papyrus n'étaient écrits ni en arabe, ni dans une forme de hiéroglyphes qui permettraient de les dater du temps des pharaons.

Asabil eut la prudence de ne pas toucher les feuilles de papyrus, ni de tenter de les ouvrir, de crainte, ce faisant, de déchirer des fragments qui déprécieraient l'ensemble. Toutefois, il ignorait que des installations modernes de climatisation pouvaient favoriser la préservation de ce qu'il savait être un document de valeur.

Quelles qu'aient été les informations contenues dans ces papyrus, Asabil n'était pas pressé de les lire. Après tout, on courait toujours le risque d'être déçu en pareilles circonstances. En un sens, mieux valait ne pas savoir ce que racontaient les manuscrits.

Mais de toute façon, on devait les lui subtiliser avant qu'il ait eu le temps de l'apprendre.

Tout dans le vol des plus inestimables trésors de Hanna Asabil semble indiquer une opération préparée avec soin. Aucun des auteurs ne fut arrêté et, comme l'affaire remonte à plus de vingt-cinq ans, ne le sera sans doute jamais. Le larcin, qui n'a jamais fait l'objet d'un procès, se trouve désormais protégé par la prescription. Quant aux protagonistes de l'affaire, leurs souvenirs s'amenuisent.

Ces détails mis à part, les papyrus furent dérobés dans le cadre d'une opération astucieusement préparée et exécutée. Les voleurs disposaient de renseignements venant de l'intérieur. Ils n'ont pas jeté leur dévolu sur le premier appartement venu dans le quartier d'Héliopolis, au Caire. Il leur a fallu non seulement voler les objets, mais encore trouver le moyen de leur faire quitter l'Égypte incognito. Voilà qui restreint forcément la liste des suspects. Cela dit, les preuves relatives à l'essentiel du déroulement du casse se fondent sur des suppositions. Les sources se méfient de la publicité et des enquêteurs, aussi doit-on recomposer pièce après pièce le puzzle à partir des différentes versions soutenues par des individus au courant des faits. Quant à connaître la vérité tout entière, il est probable que l'on n'y réussira jamais.

Malgré tout, les sources s'accordent en grande partie sur plusieurs faits entourant le vol, et notamment sur un certain nombre d'événements ayant conduit à cette opération. Elles connaissent en outre, avec précision, le déroulement des suites de l'affaire et le processus de restitution. Processus au cours duquel l'un des plus grands marchands d'antiquités du XXe siècle intervint en personne : Nicolas Koutoulakis. Les sources concordent sur les marchés et les sacrifices nécessaires au retour des papyrus chez leur propriétaire. En revanche, les avis divergent quant à l'identité des auteurs du larcin et à leurs motivations. S'agissait-il d'un acte cupide destiné à enrichir ses auteurs, éblouis par la fortune qu'ils découvrirent ? Ou bien d'une trahison, commise par un proche de Hanna, peut-être un membre de sa famille, prêt à détrousser un parent par vénalité ? Enfin, il se peut aussi qu'à la soif de richesse se soit mêlée la soif de vengeance : tentative visant à regagner un honneur perdu, elle consistait à priver la victime de sa dignité en même temps que de ses trésors.

☥

Nicolas Koutoulakis arrivait régulièrement au Caire en compagnie de deux femmes, qui l'escortaient dans tous ses déplacements : une superbe rousse et une grande brune. La première fut tour à tour connue sous le nom de Mia ou d'Effie, certains Égyptiens l'appelant Fifi. Koutoulakis et elle entretenaient semble-t-il une relation très étroite. Bien que grecque, elle était originaire du Caire et considérée par la famille Koutoulakis comme une Cairote de naissance. Comme elle parlait l'arabe couramment, elle servait d'interprète à Koutoulakis quand celui-ci traitait avec Asabil et d'autres Égyptiens. À en croire ceux qui se souviennent d'elles, ces deux femmes étaient bonnes amies et prenaient l'avion ensemble pour aller retrouver, depuis Athènes, Koutoulakis au Caire. Certains marchands soupçonnent en outre celui-ci d'avoir utilisé ses acolytes pour rapporter à l'occasion en Grèce, à Genève ou ailleurs des antiquités. « Il savait mêler l'utile à l'agréable », indiqua l'un d'eux.

Au cours d'un de ces voyages, effectué durant les mois qui précédèrent le vol, à l'insu du marchand grec, Hanna Asabil prit Mia à part. S'adressant à elle en arabe, il lui demanda de l'aider à vendre ses marchandises, dont les manuscrits sur papyrus, et lui offrit une commission généreuse si elle lui amenait des clients. À n'en pas douter, il dut assurer Mia que Koutoulakis ne saurait jamais rien de leur arrangement.

Selon Boutros, collègue d'un parent de Asabil, ce dernier fut contacté par Mia quelques jours après cet entretien. Elle lui annonça avoir trouvé un riche client dont le yacht mouillait à Alexandrie.

L'Égyptien lui demanda quel type d'objets intéressait cet acheteur potentiel. Mia lui répondit : « Nous voulons bien examiner tout ce que vous souhaitez vendre. » Le mystérieux acheteur recherchait apparemment toutes sortes d'articles : pièces de monnaie, sculptures, verrerie ou manuscrits.

Un rendez-vous fut fixé. Excité à l'idée de conclure une vente importante, Asabil rassembla sa collection, disséminée jusqu'alors à travers Le Caire chez des parents et des amis. En cette nuit de mars 1980, pour la première fois, son catalogue entier se trouvait dans un même lieu : son appartement d'Héliopolis.

À l'heure dite, les acheteurs potentiels, Mia comprise, arrivèrent à l'appartement. Ils affirmèrent être en possession d'une grosse somme d'argent et prêts à acheter tout ce qu'on leur montrerait. Hanna Asabil leur dévoila toute sa collection. L'inventaire fut minutieux : pièces d'or, statues, textiles, bijoux, etc. Il y avait également plusieurs amulettes en faïence, des incrustations de verre de la période ptolémaïque, des statues, des textiles et de précieuses pièces d'or et d'argent d'origine grecque, romaine et byzantine.

Deux articles ressortaient du lot. Le premier était une petite statue en or massif (environ cinq centimètres de haut) représentant Isis allaitant Horus (celle-là même que Koutoulakis devait vendre à Peter Sharrer cinq ans plus tard).

Le second article était un torque sur lequel des pièces d'or romaines étaient montées en guise de pendants.

Les manuscrits sur papyrus contenant l'Évangile de Judas, inconnu et pas encore traduit à cette date, étaient eux aussi exposés dans l'appartement de Hanna Asabil.

« J'ai montré un article à cet homme en lui en indiquant le prix, expliqua le vendeur potentiel à un collègue. Il a dit "Oui" en hochant la tête. Il disait "Oui" à tout ce que je lui faisais voir. À part ça, pas un mot. Il ne marchandait pas. »

Boutros confirme ces dires, de même qu'un proche de Asabil. Les prix étaient incroyables, le rêve de tout marchand cairote, bien que ceux cités par Boutros, plusieurs dizaines de millions de dollars, soient de toute évidence exagérés.

Les visiteurs demandèrent le prix de chaque article. Ils acceptaient la réponse du vendeur et la notaient, réalisant par là même un inventaire complet. Au final, l'affaire fut conclue. Asabil leur vendrait tout ce qu'il possédait.

Pour un prix astronomique.

« Très bien, fit l'Égyptien, encore médusé par sa bonne fortune, pour ce prix-là, je vends. »

Les acheteurs précisèrent que l'argent était resté à bord du yacht, à Alexandrie. « Nous partons immédiatement le chercher », affirmèrent-ils.

☥

Le lendemain, ainsi que se le rappelle Hanna Asabil et qu'il le raconta à un collègue, son appartement fut dévalisé. Le soir du vol, guère après les faits, un voisin, qui se trouvait être un parent, trouva la porte grande ouverte. Et les trésors disparus. Le petit coffre-fort dans lequel Asabil entreposait son or personnel, l'inestimable collier en or aux motifs dorés et les manuscrits sur papyrus, avait lui aussi disparu. Hanna perdit sa collection tout entière pour avoir dérogé, dans l'espoir de réaliser une vente sans précédent, à son habitude de disséminer les articles en différents lieux.

Tout indique que la ou les personnes qui s'introduisirent dans l'appartement connaissaient très bien l'endroit. Un rapport affirme que les voleurs disposaient de clés ou de quelque autre moyen d'accès à l'appartement, car la police ne découvrit aucune trace d'effraction. L'appartement lui-même ne subit aucun dommage. La police retrouva par la suite le coffre-fort – vide – dans une rue du Caire. Un autre proche de la victime soutient une thèse différente. D'après lui, la serrure de la porte d'entrée avait été brisée.

Le gang de voleurs ne pouvait se constituer exclusivement d'étrangers, prétendent des connaisseurs des mœurs égyptiennes. Il devait y avoir parmi eux des autochtones qui savaient comment faire sortir les articles du pays.

En 1993, l'un des plus célèbres marchands d'antiquités égyptiens, ancien collaborateur de Koutoulakis dans sa jeunesse, reconnut être l'un des principaux acteurs de l'affaire devant l'un de ses collègues. Il attendait dans une voiture garée au pied de l'immeuble. Rien ne permet de dire s'il se vantait ou non.

Des proches de Hanna Asabil déposèrent plainte, une *shaqwa* ou *mahdar*, auprès de la police du Caire. Cependant, aucun article n'avait été enregistré. Et aucun acte de vente nc put être produit.

L'Égyptien ne s'en remettait pas. Il avait tout perdu. « Ça l'a ravagé », raconte un membre de sa famille. Il alla jusqu'à se retirer six mois dans un monastère copte afin de se refaire une santé mentale.

Asabil était sûr qu'on l'avait trahi. Il échafauda trois théories. Tout d'abord, il crut que ce vol avait été l'œuvre d'un proche, quelqu'un qui avait accès à son appartement. Ensuite, il se persuada qu'un agent de police, l'un de ceux qui menèrent l'enquête, était mouillé. Qui d'autre aurait en effet eu selon lui les compétences nécessaires pour organiser une opération d'une telle envergure ? Hanna se rappela enfin que la veille du vol, la jeune Grecque arabophone Mia, ou Effie, accompagnée d'un étranger lui-même sans doute grec (parlant du moins la langue), avait examiné sa collection dans son appartement.

Des semaines durant, Hanna Asabil traîna sa misère dans les rues du Caire, partageant sa peine avec le premier venu. Il jurait de se venger. Il ne sortait plus sans emporter un petit pistolet caché sous sa veste, qu'il montrait à l'occasion aux personnes de confiance. Il ne savait pas qui était impliqué dans ce désastreux cambriolage, mais son petit pistolet en disait long sur le sort qu'il réservait aux coupables si jamais il les retrouvait.

Ce comportement n'aida toutefois en rien Asabil à retrouver ce qu'on lui avait volé. Manolis Koutoulakis se souvient : « Hanna était au fond du trou. Littéralement. C'était quelqu'un de gentil. On s'était toujours bien entendus. Nous voulions l'aider. »

Asabil passa deux ans ainsi, espérant, de jour en jour, de semaine en semaine, qu'un miracle lui rapporte ses trésors. Il avait besoin d'aide et partit la chercher au sein de sa communauté copte. Il dépensa des fortunes auprès de diseuses de bonne aventure, de magiciens des rues et alla même quérir un remède magique chez des prêtres coptes.

Ces gens-là lui fournirent quantité d'incantations à prononcer. De celles qui, héritées des temps anciens, figurent dans le livre *Ancient Christian Magic : Coptic Texts of Ritual Power*. Nombre de ces incantations rappellent les chants magiques du Livre des morts. Par exemple : « Fuis, esprit détestable, le Christ te poursuit, le Fils de Dieu et le Saint-Esprit se sont emparés de toi. » Ces pratiques rituelles font aujourd'hui encore partie de la vie des Coptes en Égypte ; Asabil était quant à lui prêt à saisir la moindre occasion de récupérer son bien.

Le temps aidant, il se fit une raison. Il se considérait comme quelqu'un de pieux et de fort. Des années après le cambriolage, il déclara à un ami que « c'était la volonté de Dieu » et que Dieu était de son côté.

Au même titre que les autres antiquités, les manuscrits sur papyrus avaient disparu au cours du vol. Ils s'étaient éloignés un peu plus de leur tombe dans le désert pour se rapprocher d'un futur incertain. Néanmoins, personne ne les avait encore lus. Personne n'avait constaté leur inestimable valeur.

☥

Hanna Asabil en vint bientôt à suspecter Mia d'avoir joué un rôle de premier plan dans l'affaire. Il l'appelait *el mara el uescha*, la « sale chienne ».

Dès qu'il eut repris ses esprits, il décida d'entamer des recherches. Il estimait que Mia était l'une des responsables du cambriolage. Certitude confirmée par le fait que, selon Manolis Koutoulakis, les pièces dérobées furent ensuite récupérées indirectement grâce à elle.

Interrogée à ce sujet, la famille de Hanna fit état de l'animosité qui existait alors entre ce dernier et Koutoulakis père. Animosité liée à une statue d'Amenemhat IV, pharaon du Moyen Empire, fils de Sésostris, qui régna trente-huit ans sur l'Égypte. Asabil la vendit à Koutoulakis contre une forte somme. L'un de ses partenaires prétend que la statuette avait été estimée par un expert à 500 000 livres égyptiennes, plus de 150 000 dollars à l'époque – une vraie fortune, à l'échelle égyptienne. Consultation prise, et suite à une possible plainte de Koutoulakis, la possibilité qu'il s'agisse d'un faux se fit jour. Le Grec en était pour sa part persuadé, qui retourna la statuette au vendeur, exigeant un remboursement. Asabil accepta tout en continuant de croire à l'authenticité de l'objet.

Manolis Koutoulakis, le fils du célèbre marchand, qui l'accompagnait parfois dans ses voyages au Moyen-Orient, raconte que son père savait parfaitement à quoi s'en tenir au sujet de la statuette, et qu'il la récupéra par la suite dans le cadre d'un accord passé avec l'Égypte. Koutoulakis fit authentifier la statuette par son conseiller Dietrich Wildung – conservateur du Musée de Munich pour ce qui était des antiquités, et qui prit plus tard la direction du Musée égyptien dans la capitale allemande. Wildung indiqua avoir été à l'époque certain de l'authenticité de la pièce. Manolis

Koutoulakis ajoute de son côté qu'aucun faux connu ne provenait d'Égypte en ce temps-là. S'il s'agissait bel et bien d'un faux, poursuit-il, il devait sans doute provenir de Syrie ou du Liban, mais il n'existait aucune raison pour qu'on fasse parvenir un faux en Égypte à Hanna pour ensuite l'exporter.

En tout état de cause, les marchands égyptiens n'ont pas pour habitude de reprendre leurs faux. Le marchand qui achète un objet antique a conscience du risque. Dans ce secteur-là, inutile de vouloir négocier un avoir. D'ordinaire, l'acheteur garde sa méprise pour lui s'il achète un faux, afin de préserver sa réputation. Il peut tout à fait retourner chez le vendeur, comme si de rien n'était, et acheter un autre article de même valeur. Il prend possession de son achat, affirmant qu'il enverra l'argent sous peu. Quelque temps plus tard, il annonce au vendeur que la première statue s'est révélée être fausse et qu'il accepte la seconde comme compensation.

Cette forme de remboursement est considérée comme correcte par les deux parties. Un tort a été réparé, la relation d'affaires peut se poursuivre sans plus de récriminations.

Manolis Koutoulakis résume ainsi la situation : « Vous savez, quand on achète un faux, on passe l'éponge. C'est la règle dans nos affaires. Mais ça ne signifie pas la fin de la discussion. Au contraire, cela peut même aboutir à une nouvelle. »

Estimant la statue d'Amenemhat authentique, Asabil, en homme borné, ne permit pas qu'on lui soutienne le contraire. À en croire un de ses collègues, l'Égyptien refusa de rembourser Koutoulakis ou de lui fournir une compensation acceptable. En outre, puisque la statue avait toutes les chances d'avoir quitté le pays, Koutoulakis ne pouvait techniquement pas la lui retourner.

Quand bien même cette statue aurait été fausse, Koutoulakis ne supporta pas cette perte. Il la revendit par la suite – vente confirmée par son fils. L'acheteur, un célèbre et riche armateur grec, Theodore Halkedis, habitait un charmant appartement de Park Avenue, à New York. Celui-ci soutint plus tard, à l'instar de Hanna, que la statue – d'excellente qualité, même s'il s'était agi d'une copie moderne – était authentique. Lorsqu'un égyptologue vint lui affirmer le contraire, l'armateur refusa de l'écouter et le congédia sans délai. Entre avril 2001 et janvier 2002, quand Halkedis et son épouse Aristea présentèrent quelque deux cents objets lors d'une exposition publique exceptionnelle au Michael C. Carlos Museum de l'université Emory d'Atlanta, cette pièce figurait au catalogue, pour la seule et unique fois de l'histoire.

Hanna commit ensuite ce que l'on pourrait interpréter comme un nouveau délit à l'encontre du puissant marchand grec, ainsi que l'intéressé lui-même le raconta à certains de ses partenaires. Il proposa à Mia de traiter en son nom.

Koutoulakis exerçait un contrôle certain sur le marché. Comme le déclara un collègue : « À ce niveau-là, tous les marchands tiennent à s'assurer que la personne avec laquelle ils traitent les respecte. Si un petit marchand récupère, ou possède, un objet d'importance, le grand marchand tient à ce qu'il le lui propose à lui en priorité. Dans le cas contraire, il se doit de corriger le petit marchand. »

Si Koutoulakis a eu vent de la tentative de Hanna Asabil auprès de Mia, cela dut le mettre hors de lui. Non seulement l'Égyptien refusait d'accéder à sa requête de compensation pour la statue, mais il aggravait encore son cas en essayant d'utiliser Mia dans le but d'agrandir son cercle de clients : le genre d'erreur impardonnable selon l'éthique du milieu.

Cependant, personne ne peut raconter la version de l'histoire du point de vue de Koutoulakis. Il est mort : il ne pourra plus jamais s'exprimer sur les tensions possibles entourant sa relation avec Hanna Asabil à l'époque. Ce grand marchand d'art ne laissa derrière lui aucun compte rendu personnel du tourbillon d'événements dans lequel Asabil était pris – de fait, Koutoulakis était un homme plus attaché à la parole donnée qu'à la parole écrite. Malgré ces tensions, Manolis Koutoulakis nie toute implication de son père, indiquant au passage que ce dernier n'était pas en Égypte au moment de l'affaire.

☥

Un an et demi environ après le cambriolage, Hanna Asabil alla chercher de l'aide auprès d'un troisième personnage. Les contours de l'histoire se font plus précis à partir de ce point. Yannis Perdios, homme intelligent et cultivé, vivait à Athènes après avoir travaillé des années au Caire dans l'industrie du tourisme. Il aimait à chercher des articles insolites, et achetait ou vendait au gré de ses envies. Sa spécialité : les objets de la vie quotidienne en Grèce au XIXe siècle, sous l'autorité turque. Il gérait ses affaires avec discrétion et préférait les contacts et les arrangements les moins risqués. Sa langue maternelle était le grec, mais il maîtrisait également l'anglais et le français, et s'était plus que familiarisé avec l'arabe durant son séjour au Caire.

Perdios retournait régulièrement au Caire, en partie parce que le gouvernement égyptien exigeait de tous les étrangers qu'ils renouvellent périodiquement leur permis de séjour. Document dont Perdios ne voulait pas perdre la jouissance, du moins pas avant d'avoir vendu l'appartement qu'il possédait dans le quartier de Zamalek. C'est au cours d'une de ces visites que Asabil vint lui demander de l'aide. Perdios disposait de contacts efficaces à l'étranger, en dépit de sa réputation de discrétion. Mais surtout, l'Égyptien voyait en lui un homme de confiance qui, de plus, était en bons termes avec Nicolas Koutoulakis. Quand Asabil lui parla de sa mésaventure, Perdios accepta d'entrer en contact avec Koutoulakis. L'un des collègues communs de Asabil et de Manolis Koutoulakis exprima un grand respect pour cet intermédiaire grec, que toutes les parties estimaient honnête : « C'était un gentleman, lié d'amitié avec les deux parties ».

Rentré à Athènes, Perdios appela Koutoulakis à Genève, afin qu'il l'aide à localiser Mia. Quand il évoqua le cambriolage, Koutoulakis suggéra lui aussi que la jeune femme pouvait y être impliquée, mais se montra catégorique sur sa propre innocence.

Perdios jugea toutefois opportun de le prévenir : « Mieux vaut clarifier la situation avec Hanna, sinon vous risquez d'avoir des problèmes à votre prochaine visite en Égypte. Ne laissez pas le problème en l'état. Retrouvez cette femme. »

Et Perdios d'ajouter un avertissement des plus clairs : « N'oubliez pas que Hanna se balade constamment avec un pistolet sous sa veste ».

On ignore si Koutoulakis trouva cette hypothèse crédible. Toujours est-il qu'une série de coups de fil le persuadèrent d'accepter une rencontre. Perdios devait rejoindre Asabil et Koutoulakis au Caire, ce dernier étant censé amener Mia avec lui.

En l'état actuel des connaissances, et aux dires des différents témoins, il est tout à fait cohérent de penser que Koutoulakis éprouvait beaucoup d'affection et de pitié à l'égard de l'Égyptien, et qu'il était prêt à faire tout ce qui était en son pouvoir pour l'aider. Manolis Koutoulakis : « Si Hanna s'est tourné vers mon père, c'est parce que Perdios et lui croyaient que lui seul pouvait aider Hanna à récupérer son bien ».

D'une manière ou d'une autre, Koutoulakis parvint à convaincre Mia de se rendre avec lui au rendez-vous du Caire. Bizarrement, à en croire l'un des deux Égyptiens présents, elle amena avec elle sa fillette de douze ans – aux yeux des Égyptiens, elle cherchait à inspirer la pitié, le pardon ou un sentiment de réconciliation.

Asabil n'était pas en position de force. Il savait qu'il lui faudrait implorer la clémence s'il voulait récupérer son dû. Il ne pouvait guère se permettre quelque menace violente pour assurer sa position.

La première rencontre eut lieu dans l'appartement cairote de Perdios. Sous leur apparence sereine, les protagonistes bouillonnaient et s'efforçaient de se tirer d'une bien mauvaise passe.

L'entrevue fut brève. Koutoulakis et Mia nièrent avec force toute implication personnelle. « Nous n'y sommes pour rien », se contentèrent-ils de déclarer, ensemble et séparément.

Cela dit, tous deux promirent d'aider Hanna à remettre la main sur ses biens. Celui-ci affirma vouloir récupérer non seulement les précieux manuscrits sur papyrus, mais encore tout ce qui lui avait été dérobé.

À un moment donné, alors que Koutoulakis et l'un des participants avaient quitté la pièce, Mia confia au collègue de Hanna convié à cette rencontre que son second enfant, un fils, souffrait d'un cancer ou d'une tumeur au cerveau. Elle était nerveuse et inquiète.

La rencontre aboutit à une impasse.

☥

Au cours des mois qui suivirent, il y eut uniquement une série de coups de fil entre Athènes et Genève, puis les communications avec Le Caire se limitèrent au strict minimum.

Divers objets appartenant à la collection de Hanna Asabil avaient commencé d'apparaître sur les marchés d'Europe. Certains signes indiquaient Athènes parmi les centres d'activité. On se demanda par la suite si les objets en question n'avaient pas transité dans un premier temps par la Suisse. Avant d'être restitués à leur propriétaire, ces objets devaient être localisés, récupérés puis rassemblés dans un entrepôt commun.

Dans sa tentative de localisation des pièces volées, Koutoulakis contacta entre autres Jack Ogden, le grand spécialiste londonien des pierres précieuses, considéré, malgré son jeune âge (la trentaine), comme l'un des plus grands experts au monde en matière d'or et de bijoux précieux. Il s'apprêtait à faire paraître *Ancient Jewellery* aux Presses de l'université de Californie et du British Museum. Ogden possédait en ce temps-là sa propre boutique spécialisée dans Duke Street et Saint-James, au cœur de Londres. Réputé honnête, respectueux des lois et d'une discrétion sans égale, Ogden fut plus tard nommé directeur exécutif de la Confédération internationale de la bijouterie, et directeur de la National Association of Goldsmiths of Great Britain.

Jack Ogden : « En 1979, quelques articles en or en provenance d'Égypte faisaient leur apparition sur le marché européen. » Ce phénomène lui évoquait une autre vague d'arrivée d'objets précieux en or, d'origine égyptienne, sur les marchés internationaux pendant les années 1920 et 1930. À cette époque, les Grecs d'Alexandrie subirent une période de persécution de la part des autorités gouvernementales, et nombre d'entre eux expédièrent leurs plus précieuses possessions à l'étranger, ou bien quittèrent eux-mêmes le pays.

En 1982, Koutoulakis appela Ogden, dont il savait qu'il détenait un collier en or, ainsi que d'autres articles, notamment une statuette en or d'Isis.

Ogden s'en trouva décontenancé : il n'avait reçu ces objets que quelques semaines plus tôt.

Koutoulakis en avait été informé avant même qu'Ogden ait eu le temps d'enregistrer les pièces. « Comment diable Koutoulakis a-t-il appris que je les avais ? se demandait Ogden. Son coup de fil m'a d'autant plus surpris que je n'avais ces pièces en ma possession que depuis peu. Le collier m'était parvenu d'Athènes. Koutoulakis le savait parfaitement. Il disait s'inquiéter pour moi, pour les problèmes que cela risquait de m'attirer. » Quel qu'ait été l'informateur de Koutoulakis, il se montra suffisamment précis quant à l'identité du destinataire et à l'emplacement des objets : sa boutique londonienne.

Ogden connaissait assez bien Koutoulakis, lui ayant rendu plusieurs fois visite dans sa villa de Genève, seul ou accompagné de Peter Sharrer. « Il m'a affirmé que les pièces avaient été volées en Égypte, et que si je ne les rendais pas, la police interviendrait. Il a aussi parlé d'un pistolet. Je ne me rappelle plus notre conversation en détail, mais je sais que je me trouvais dans une position délicate. »

Ogden déclara s'être fait expédier le collier par une rousse du nom d'Effie. Elle était déjà venue lui livrer de petits articles à Londres – boucles d'oreille, petite bague, etc. Articles qu'elle avait pour la plupart achetés dans les souks du Caire, selon lui.

Cette Effie-là était-elle celle qui se faisait appeler également Mia ? Ce lien est plausible, car, à en croire une source, le prénom complet d'Effie était Efthmia. En grec, cela veut dire « joie ». Dans le langage courant, on pouvait la surnommer Effie – ou Mia. Autrement dit, si l'on s'en tient aux noms,

Effie et Mia n'étaient qu'une seule et même personne. Ogden soutient qu'Effie était rousse. Manolis Koutoulakis, vingt-neuf ans à l'époque, confirme que l'Effie de son père arborait la même couleur de cheveux. On peut donc raisonnablement conclure, mais sans certitude absolue, que la femme qui traita avec Jack Ogden était la même Effie, d'origine athénienne, qui servait d'interprète et d'assistante à Koutoulakis pendant ses voyages en Égypte.

Quoi qu'il en soit, Ogden se rappelle avoir été surpris par l'agressivité dont Koutoulakis faisait preuve dans cette affaire. Ogden ne voulait pas d'ennuis. Si les pièces venaient à être à nouveau dérobées, il ne voulait rien avoir à faire avec elles. Il était donc prêt à les restituer à leur propriétaire légitime, quel qu'il soit. A-t-il contacté Effie ou non, il ne saurait le dire, mais ce fut la dernière fois qu'il entendit parler d'elle.

Pour récupérer le collier et la statuette, Koutoulakis fit appel à Perdios. S'adressant en grec à son compatriote, il le pria de s'envoler pour Paris, où il rejoindrait son fils Manolis avant de se rendre à Londres en sa compagnie. C'est là qu'ils rencontreraient Ogden.

La visite fut brève, Ogden ne demandant qu'à rendre les objets. Manolis Koutoulakis et Perdios ne lui dévoilèrent que le strict nécessaire : à savoir que le collier et les autres objets devaient être retrouvés et restitués à leur vrai propriétaire. Manolis Koutoulakis : « Nous avons confié à Jack qu'il s'agissait d'articles volés. Ça lui a suffi. Il a eu une réaction tout à fait normale. Ma tâche consistait à identifier les objets que nous avions vus en

Égypte, afin de confirmer que c'était bien les mêmes que ceux de Londres. »

Ayant une réputation à défendre, Ogden ne fit aucun problème pour rendre les objets. Il ne fut pas informé que ceux-ci provenaient d'un appartement d'Héliopolis. Il restitua donc sans délai ni discussion le collier et la statuette en or.

« Ogden avait peur. Il voulait ne rien avoir à faire avec tout cela », raconta Perdios à un intermédiaire. À cette même époque, celui-ci fit l'acquisition d'une petite urne funéraire romaine en marbre, contre la somme de cinq cents livres, d'après Ogden. Perdios déclara l'objet auprès des douaniers grecs, la date sur le formulaire indique 1982.

Malgré ce pénible incident, Ogden resta en bons termes avec la famille Koutoulakis. Son épouse, femme très cultivée d'origine grecque, était conservatrice dans un musée, et Daphne Koutoulakis, fille de Nicolas, était non seulement une amie du couple Ogden, mais devint même la marraine d'une de leurs filles.

Perdios faisant office d'intermédiaire, Hanna et Koutoulakis pouvaient désormais prévoir une dernière rencontre, qui parachèverait la restitution des manuscrits à leur propriétaire.

☥

Les marchands d'antiquités se divisent en trois grandes catégories : les spécialistes en art antique, les spécialistes en pièces de monnaie et ceux, moins nombreux, qui se passionnent pour le charme des vieux manuscrits – domaine généralement considéré comme moins lucratif que les deux autres.

Koutoulakis était attiré par l'art antique. Il avait en outre un don en matière de numismatique, et tâtait donc à l'occasion du côté des pièces, bien qu'il s'agisse d'une passion moins rémunératrice que l'art. En revanche, il n'avait aucun goût pour les vieux manuscrits. Non seulement il n'y entendait rien, mais ceux-ci ne lui inspiraient en outre aucune confiance. Leur valeur n'était pas attachée à leur propriété physique inhérente, ni à leur forme artistique – autant de qualités visibles à l'œil nu. Au contraire, leur valeur résidait dans les mots écrits sur le parchemin ou le papyrus.

Un des problèmes spécifiques aux vieux manuscrits tient à leur fragilité. Au moindre contact, ils peuvent s'effriter. Comme d'autres marchands d'antiquités spécialisés dans les objets, Koutoulakis devait haïr l'idée qu'une simple allumette puisse réduire en cendres un investissement. En les imbibant, l'eau pouvait avoir un effet tout aussi néfaste sur les papyrus. Ainsi Koutoulakis préférait-il les objets solides, capables de résister aux éléments et à d'autres formes d'agression.

Une nouvelle entrevue avec Hanna Asabil eut lieu durant l'été 1982, bien qu'aucun des protagonistes encore vivants n'ait de souvenir de la date exacte. L'Égyptien surmonta son inquiétude à l'idée de quitter son pays pour la Suisse, territoire de Koutoulakis, et s'envola pour Genève en compagnie d'un collègue égyptien. Perdios les rejoignit comme convenu à la villa rue de Florissant.

La bâtisse fit forte impression sur Hanna. Elle était immense, se rappelle-t-il, sans commune mesure avec ce qu'il connaissait dans les rues bondées du Caire. Seuls les rois et les présidents menaient un pareil train. Il fut notamment frappé par ce qu'il appela les « yeux », postés aux quatre coins de la villa – les caméras de surveillance installées aux endroits stratégiques. En outre, Koutoulakis possédait des chiens de garde qu'il fallait attacher avant de permettre à un invité de franchir la porte d'entrée.

Au Copte et à l'Égyptien, Koutoulakis ne fit toutefois pas les honneurs de son intérieur, préférant les recevoir dans le jardin. Mia était absente. Manolis Koutoulakis aussi, selon ses propres dires.

La rencontre fut aussi brève que la précédente. Koutoulakis père, ne se départant pas de son calme, fit preuve de mesure. Il annonça avoir réussi à récupérer les précieux manuscrits, qu'il estima écrits en hébreu ancien.

Asabil se montra bien moins délicat. Le cambriolage l'avait grandement affecté, et bientôt la conversation s'anima. D'après certain compte rendu, il serait allé jusqu'à menacer Manolis avant que Perdios n'intervienne. L'intéressé soutient le contraire : « Jamais on ne m'a menacé. Hanna était au fond du trou, il avait un peu perdu la boule, mais il n'était pas du genre à proférer des menaces. »

Le temps que l'Égyptien se calme, les deux Grecs discutèrent de la situation dans leur langue maternelle. Ce qu'ils se dirent nous est connu par un autre Égyptien, un collègue de Asabil, lui aussi présent lors de la rencontre, et qui n'en perdit pas une miette. Perdios, Asabil et lui prirent un taxi pour aller chercher les papyrus, entreposés chez un homme aux cheveux blancs, qu'ils crurent être un parent de Koutoulakis. Selon Manolis, cet homme avait plus de chances d'être en fait son agent en douane – sans aucun lien de parenté.

D'une manière ou d'une autre, Koutoulakis avait réussi à mettre la main sur les manuscrits. « Seul mon père pouvait aider Hanna, explique Manolis Koutoulakis. Personne n'avait envie de mêler la police à tout ça. Du coup, ils se sont tournés vers lui. N'importe qui d'autre aurait échoué. »

Quoi qu'il en soit, Hanna Asabil venait de récupérer son dû grâce aux efforts de Koutoulakis. Cela ne serait cependant pas gratuit. D'un commun accord, les deux parties savaient que le Grec restituerait les manuscrits, mais rien de plus. C'était leur *gentleman's agreement*. Un tiers – peu importe son identité – conserverait les objets (dont le torque et la statuette en or d'Isis allaitant Horus), qui ne seraient pas, quant à eux, rendus à leur propriétaire. Cela faisait partie de l'accord. « Et ça n'est pas allé plus loin », confirma le collègue de Hanna, témoin oculaire de tout le processus, signifiant qu'avec le retour du manuscrit l'affaire fut réglée.

Manolis Koutoulakis confirme cette version des faits : « Ce qui comptait le plus aux yeux d'Hanna, c'étaient les manuscrits. Nous avions réussi à localiser à Londres les deux autres objets, mais ça faisait partie de l'accord. Mon père n'a jamais rien volé. Tout cela avait été entendu préalablement avec Hanna. »

En se fondant sur l'estimation faite par Hanna Asabil – 3 millions de dollars pour les manuscrits, 50 000 dollars pièce pour le collier et la statuette – , on peut considérer le « butin » de Koutoulakis comme une commission sur l'opération de restitution.

Manolis Koutoulakis : « Nous sommes des gens de parole. Mon père s'est efforcé d'être honnête avec Hanna, de traiter honnêtement avec lui. Il y avait un accord derrière tout cela, de l'argent a été versé. »

Selon lui, son père était une véritable « légende dans ce milieu, non pas à cause de sa fortune – du reste, nous possédons moins que ce que certains prétendent – mais de par son savoir, son sens du commerce, son audace – mais avant tout parce que c'était un homme de parole ».

À ses propres yeux, Koutoulakis avait respecté son engagement : rendre à leur véritable propriétaire les antiques manuscrits. Il avait « sauvé » Hanna.

Toujours selon Koutoulakis fils, son père coupa les ponts avec Effie suite à ces événements. À la mort du Grec, en janvier 1996, celle-ci vint présenter ses condoléances à la famille. Il n'y avait pas eu de contact entre eux depuis l'affaire, et il n'y en eut plus après le décès. On ignore où Effie vit actuellement, il nous a été impossible d'entrer en contact avec elle.

☥

L'entrevue terminée, Asabil, Perdios et l'autre Égyptien se rendirent dans le centre de Genève, le manuscrit en main. Hanna avait récupéré « le livre ». À l'invitation de Perdios, ils le mirent en lieu sûr : et que rêver de mieux en pareil cas que le coffre d'une banque suisse ? Perdios aida Hanna à remplir les documents nécessaires. Puis il ouvrit le compte au nom de celui-ci, qui en demeurait le signataire. Après quoi on déposa le codex dans le coffre – premier séjour de l'Évangile de Judas dans ce type d'endroit… mais certainement pas le dernier.

Perdios confia les clés du coffre à Asabil puis ils se séparèrent. Asabil regagna Le Caire ; Perdios fit une nouvelle halte en Suisse avant de retourner en Grèce afin de rendre visite à Frieda Tchacos-Nussberger dans sa galerie zurichoise. Il ne lui dit rien de ce qui venait de se passer, pas plus qu'il ne lui décrivit la nature des manuscrits en question. Il se contenta de demander à Frieda si elle avait un client pour des textes précieux, et lui montra à cet effet des photographies prises préalablement. Frieda entendit alors parler de ces documents pour la première fois de sa vie.

Elle sonda quelques clients potentiels mais, n'ayant que des clichés à leur montrer, personne ne donna suite, et Frieda mit un terme à ses recherches.

Quelques années plus tard, Sharrer rendit visite à Koutoulakis chez lui, à Genève, où celui-ci lui fit voir la statuette en or d'Isis. Nous le savons, le Grec se méfiait et, quoique disposé à lui montrer la statuette, il n'était pas prêt à la lui vendre. Cette attitude pourrait s'expliquer par la volonté de Koutoulakis de s'assurer qu'Interpol ne recherchait pas cette pièce. Neuf mois plus tard, Sharrer reçut le feu vert.

Les manuscrits sur papyrus avaient de leur côté quitté l'Égypte pour de bon. Hanna pouvait désormais reprendre ses activités de vendeur, mais les clients commençaient à se raréfier. S'il voulait justifier les 3 millions de dollars exigés pour les manuscrits, il lui faudrait les faire examiner, ne serait-ce que brièvement, par des spécialistes. D'un jour à l'autre, le codex allait donc passer entre les mains d'experts qui sauraient en lire le texte et le comprendre.

CHAPITRE SIX

À la loupe

Cet homme me donna l'impression
d'être très ignorant et de ne s'intéresser
qu'à l'argent. De son point de vue,
il paraissait suffisant d'ouvrir la boîte
et de déclarer : « Oui, oui, c'est du papyrus,
parlons du prix, maintenant. »

STEPHEN EMMEL

Pour Yannis Perdios et Hanna Asabil, il était nécessaire d'intéresser des acheteurs potentiels aux manuscrits, et l'une des premières personnes qu'ils songèrent à contacter fut le fameux « König » – Ludwig Koenen –, le prétendu roi des experts ès papyrus, dont le goût pour ce sujet avait plusieurs fois aidé des marchands cairotes à apprécier la valeur d'antiques fragments de papyrus. Perdios prit contact avec lui fin 1982 et lui envoya par la suite des photographies semblables à celles données à Frieda Tchacos-Nussberger l'été précédent.

Ces clichés persuadèrent Koenen de l'authenticité de la découverte. Il connaissait Hanna depuis une rencontre au Caire et le tenait pour un marchand digne de confiance. Il en vint à comprendre que plusieurs manuscrits comportaient des textes de nature biblique, rédigés en langue copte et peut-être à rapprocher des découvertes de Nag Hammadi. Dans ce cas, il s'agirait de documents tout à fait précieux, en effet. Mais pour en être sûr, Koenen devait commencer par réunir une équipe d'experts capables d'estimer l'authenticité, l'âge et le contenu des papyrus.

☥

L'équipe formée par Koenen se réunit à Genève le 15 mai 1983 au matin. Elle regroupait quelques-uns des plus grands spécialistes dans leurs domaines respectifs, prêts à examiner ce qu'ils espéraient être une découverte sensationnelle et, le cas échéant, à l'acheter.

De ces quatre personnages, trois appartenaient à l'université du Michigan (Ann Arbor), dont la bibliothèque recèle ce que l'on considère d'ordinaire comme la plus importante collection de papyrus des États-Unis. Leur chef, Koenen, était expert en papyrologie. Né en Allemagne, titulaire d'un doctorat délivré par l'université de Cologne, il enseignait depuis 1975 à l'université du Michigan et s'efforçait de développer la superbe collection locale.

Autre membre de l'équipe, David Noel Freedman, figure des plus éminentes en passe de devenir, pour citer un de ses étudiants, « le grand artisan des études bibliques américaines ». À son crédit, on portera entre autres l'édition de *The Anchor Bible Dictionary*. Sa spécialité : l'Ancien Testament.

Astrid Beck était une de ses assistantes. Elle terminait son doctorat à Ann Arbor. Médiéviste de profession, elle enseignait la religion comparée ainsi que la littérature comparée, et devait par la suite devenir directrice de la rédaction de *The Anchor Bible Dictionary* (sous la direction de Freedman) et du *Eerdmans Dictionary of the Bible*.

La présence d'un quatrième membre s'avérait nécessaire à l'expertise des textes coptes. Koenen fit appel à James M. Robinson, qui devait sa réputation en ce domaine à son travail d'éditeur général de la bibliothèque de Nag Hammadi et de secrétaire du projet dans son ensemble. Se fondant sur des renseignements fournis par Koenen, Robinson croyait lui aussi à l'authenticité de la découverte.

La bibliothèque de Nag Hammadi se compose de treize codex. Les coptologues qui ont travaillé sur cette bibliothèque estiment qu'il existe très probablement un autre manuscrit. Certains des collègues de Robinson pensaient donc qu'un codex de la bibliothèque de Nag Hammadi pouvait en avoir été extrait et demeurer caché. Robinson espérait que ces nouveaux papyrus permettraient de résoudre les énigmes de Nag Hammadi, d'augmenter ce corpus et ainsi d'accroître son prestigieux palmarès de chercheur.

Il désigna comme émissaire un étudiant du nom de Stephen Emmel. Né à Rochester, dans l'État de New York, celui-ci devait décrocher très vite après un doctorat à l'université Yale. Il travaillait alors à Rome auprès d'un des plus célèbres coptologues italiens, Tito Orlandi. Il avait en outre eu accès aux papyrus de Nag Hammadi, au Caire, et était proche de Robinson.

Ainsi se composait l'équipe constituée par Koenen.

☥

Astrid Beck s'embarqua pour l'Europe à l'aéroport international de Newark, où elle rencontra Freedman, qui arrivait de Nantucket. Koenen et sa femme les attendaient à l'aéroport de Genève. Concernant ce week-end genevois, Beck se rappelle : « Freedman et Koenen entretenaient une excellente relation professionnelle et personnelle. Ludwig était tout excité à l'idée d'acquérir éventuellement ces précieux manuscrits. »

Moins expérimenté dans ce domaine, Freedman n'en était pas moins désireux d'examiner tout texte biblique appartenant à ce corpus. Néanmoins, il se montra plus réservé : « Je n'ai participé à cette affaire qu'en collaboration avec le Dr Koenen. Nous représentions l'université du Michigan. »

Le couple Koenen et leurs passagers prirent la direction de l'Hôtel de l'Union, près de la rue de la Servette. Emmel arriva peu après de Rome.

Koenen avait mis plusieurs mois à arranger ce rendez-vous genevois. Lorsque Perdios parvint enfin à trouver les coordonnées de Koenen et le contacta depuis Athènes, ce fut pour lui annoncer qu'il pensait que les manuscrits antiques avaient une signification historique. Koenen déclara par la suite : « Il n'en fallait pas plus, mais pas moins non plus, pour me tirer de mon étude. » Koenen connaissait Hanna et, d'après les clichés qu'il avait eus sous les yeux, il était enclin à croire à l'authenticité de la découverte – le prix et la valeur intellectuelle des manuscrits restaient inconnus.

La plupart des universitaires ne sont pas des conservateurs de musée, habitués à acheter des objets ou des œuvres d'art. Ils ne font pas forcément de bons négociateurs. À l'instar de Koenen, ils peuvent avoir envie de développer les collections de leurs universités respectives, mais les ressources financières nécessaires leur font la plupart du temps défaut. En général, ils recommandent des pièces à des tiers, font office de consultants auprès de musées ou de collectionneurs privés, ou bien encore s'efforcent d'obtenir des subventions pour quelque acquisition d'importance.

D'après Freedman, l'équipe n'avait pu lever que des fonds limités. Koenen « était prêt à mettre 50 000 à 100 000 dollars », affirma-t-il, tandis qu'on lui avait promis, à lui-même, « jusqu'à 50 000 dollars pour tout manuscrit biblique présent dans le corpus ». L'université du Michigan finançait donc l'achat des manuscrits à hauteur d'environ 150 000 dollars. Personne ne savait alors quel chiffre Hanna Asabil avait en tête.

Les souvenirs d'Astrid Beck ne présentent que des variations mineures par rapport à cette version. Elle se rappelle que la Fondation Dorot, du Michigan, finançait l'équipe – c'était même l'un des principaux soutiens financiers de l'université du Michigan pour sa collection de papyrus, ainsi que du Musée d'Israël, qui abrite les fameux manuscrits de la mer Morte. La Fondation Dorot devait beaucoup à Joy Ungerleider, qui tenait ses ressources de son père, Samuel Gottesman. La famille et sa fondation avaient effectué quelques-unes des donations les plus importantes du XXe siècle en matière d'archéologie et d'histoire biblique. Ungerleider, elle, s'intéressait exclusivement aux textes bibliques. En particulier aux apocryphes chrétiens – textes religieux non retenus pour la composition du Nouveau Testament par l'Église primitive. Beck se souvient d'elle comme de « quelqu'un d'extraordinaire, un vrai soutien, une femme d'une grande sagesse, aimée de tous ».

Du côté des coptologues aussi, les soutiens existaient. Robinson se tourna vers l'un de ses associés de longue date, Harry Attridge, spécialiste du Nouveau Testament et professeur à l'université méthodiste sudiste (UMS) de Dallas. De leur point de vue, il fallait commencer par déterminer la nature des papyrus, mais Attridge était prêt à apporter son soutien à l'aventure, et il s'assura l'aide financière de la Bridwell Library de la Perkins School of Theology (UMS) – qui dispose d'un fonds de livres rares – à hauteur de 50 000 dollars. Ainsi Robinson pensait-il avoir les moyens d'acheter les manuscrits si ceux-ci s'avéraient authentiques et capitaux.

☥

Une réunion fut organisée le 15 mai en tout début d'après-midi, à l'Hôtel de l'Union. Anticipant sur les réactions des vendeurs arabes ou musulmans, les deux envoyés de l'université du Michigan demandèrent à leur jeune collègue, la seule femme de l'équipe, de ne pas prendre part à la réunion. Beck ne put faire autrement que de se soumettre. « J'étais très déçue et en colère d'être exclue de la réunion, se souvint-elle. Mais quand on m'a dit que les vendeurs étaient arabes et que cela faisait partie de leurs coutumes, j'ai préféré ne pas compromettre les négociations. »

Il s'avéra en fait qu'aucun des deux vendeurs n'était musulman. Hanna était copte ; Perdios un Grec, homme du monde, collectionneur, maîtrisant plusieurs langues étrangères.

Le marchand égyptien et son interprète grec passèrent prendre les chercheurs à leur hôtel puis les emmenèrent dans un autre établissement genevois. Des règles strictes furent établies : « Ils nous autorisaient à examiner les papyrus quelques minutes seulement, se souvient Emmel. Nous n'avions le droit ni de les photographier, ni de prendre des notes, et ils ne nous laissèrent pas emporter de papier ou de stylo. » « À part ça, ajoute-t-il, sardonique, nous avions les mains libres. »

Des deux vendeurs, c'est Hanna qui avait l'ascendant. C'est lui qui interdit toute photographie ou prise de notes, que les chercheurs durent effectuer plus tard de mémoire. Sachant à qui il avait affaire, Perdios voulait aider ces respectables Américains à identifier les documents à leur juste valeur, afin d'aboutir à un prix approprié. Hanna, lui, à en croire l'impression qu'il donna aux chercheurs, ne s'intéressait qu'à l'argent.

Perdios parlait certes couramment le grec, le français, l'anglais et l'arabe, mais Asabil ne jouissait pour sa part que d'une éducation plus rustique. Aussi la rencontre se déroula-t-elle avec une grande parcimonie de mots. Koenen : « Le Grec parlait arabe – et sûrement français, aussi. Les discussions se sont faites dans un mélange d'anglais et d'arabe de cuisine. »

L'examen eut pour cadre une chambre d'hôtel. Trois cartons semblables à des boîtes à chaussures étaient rangés sur le lit. Emmel : « Les vendeurs nous ont dit que les papyrus étaient à l'intérieur. » Le peu de soins entourant, apparemment, les manuscrits et leur transport consterna les Américains.

Le compte rendu de la séance, qu'Emmel remit deux semaines plus tard à ses collègues ainsi qu'à Robinson, ne fait pas état de tout le désarroi suscité par cette piteuse situation : « Les documents étaient conservés dans des boîtes en carton recouvertes de papier journal. » Concernant leur état futur, il ajouta : « De grands risques de détérioration sont à craindre tant que le manuscrit restera dans les mains de son propriétaire actuel. »

Au premier coup d'œil, l'authenticité des papyrus apparut comme manifeste aux membres de l'équipe. Emmel : « Pour ma part, je suis absolument convaincu, et ce depuis l'instant où j'ai découvert ce manuscrit, qu'il s'agit d'un authentique codex antique sur papyrus. La question de savoir si quelqu'un, à l'époque moderne, aurait pu en produire un faux ne se pose même pas, selon moi. » Emmel explique par ailleurs en quoi la possibilité d'une contrefaçon est hors sujet : « Non seulement il faudrait avoir à disposition un matériau authentique, du papyrus – et pas n'importe lequel : du papyrus antique, vieux à l'évidence de plusieurs siècles –, mais il faudrait en plus être en mesure d'imiter une écriture copte très primitive. Ce qui limite grandement le nombre de spécialistes à même d'y parvenir. Enfin, il faudrait savoir rédiger un texte en copte grammaticalement correct et convaincant. Ce qui réduit encore le nombre de candidats à cette tâche. »

De nouveaux examens confirmèrent l'authenticité des papyrus. Toujours selon Emmel : « Ils n'étaient pas dans un état excellent, mais le simple fait de les voir et de les toucher était excitant. »

Concernant les origines des documents, Hanna Asabil fit preuve d'une grande précision, à en croire Emmel : « D'après le vendeur, les quatre manuscrits en question ont été mis au jour près du village de Beni Mazar. » Et le rapporteur d'ajouter : « Il est difficile de savoir quel crédit porter à cette information. »

Les trois chercheurs se mirent à l'ouvrage. Une première boîte fut installée sur le lit, une autre sur un bureau et la troisième sur le secrétaire de la chambre. « J'étais très excité, se souvient Emmel. Et je n'avais pas le temps nécessaire à une première inspection en bonne et due forme. »

La diversité des documents les prit au dépourvu : textes coptes et grecs se côtoyaient. Les chercheurs décidèrent qu'Emmel se chargerait des manuscrits coptes, et Koenen des grecs.

« Un système de numérotation et de désignation des quatre manuscrits fut mis au point, en accord avec toutes les parties », nota Emmel. Son rapport mentionne avec précision ce que virent les chercheurs et la présentation des manuscrits. Le corpus grec comprenait un manuscrit biblique et un fragment d'ordre métrologique – un traité mathématique de métrologie, science des poids et mesures. Le corpus copte regroupait quelques épîtres de Paul ainsi que ce qu'Emmel appela un « codex copte sur l'apocalypse ».

Au cours du bref laps de temps qui leur fut imparti, les chercheurs s'efforcèrent de réaliser l'analyse la plus incisive possible. Le « traité de métrologie » comportait dix pages. Il fut plus tard identifié comme document expliquant comment résoudre des problèmes mathématiques, avec études de cas. Ce document, sans doute un essai mathématique de la période grecque en Égypte, contient principalement des problèmes de géométrie sans aucun lien avec la religion. Toutefois, son incorporation à l'ensemble indique – dans l'hypothèse où les manuscrits auraient tous été découverts ensemble – que l'antique propriétaire des divers papyrus devait être un homme cultivé, aux centres d'intérêt nombreux.

L'étude des documents coptes permit à Emmel de tirer quelques conclusions rapides – et provisoires. « J'ai tout de suite compris qu'il ne s'agissait sans doute pas d'un texte du Nouveau Testament – un texte canonique, s'entend. Un texte de l'Ancien Testament, peut-être, bien que cela n'ait pas été probable. Enfin, il y avait toujours la possibilité qu'il soit rédigé en grec et en copte. » Emmel décrivit le codex copte comme « le joyau de l'ensemble (...) [C'était là] un codex sur papyrus datant du IVe siècle après J.-C., d'environ trente centimètres de haut sur quinze de large, contenant des textes gnostiques ».

Emmel avait sur lui une pince fine, de celles qu'utilisent les philatélistes et, selon lui, « le meilleur outil pour des papyrus aussi fragiles ». Ainsi équipé, il put consulter la première page, puis la tourner. « Comme je ne voulais rien sortir de la boîte, de peur d'endommager une feuille, je me suis servi de ma pince. » Emmel cherchait en fait « en feuilletant au hasard, un passage [qu'il aurait] pu lire, et ainsi peut-être découvrir de quel type de littérature il s'agissait, voire trouver un titre. J'essayais de repérer des numéros de page, pour voir si le corpus avait un début, un milieu ou une fin, quelle était son importance, etc. Mais je ne m'attardais pas sur chaque page, je ne les tournais même pas entièrement : je ne voulais rien retirer de la boîte, pour la simple et bonne raison que je tenais à protéger l'intégrité physique des documents ».

Emmel dénombra ainsi entre cinquante-quatre et cinquante-six pages, estimant en outre que certaines devaient manquer. « À l'époque de la découverte du codex, il devait être en bon état, avec reliure en cuir et feuilles de papyrus complètes, les quatre marges intactes, écrivit-il plus tard.

« Malheureusement, il a été mal conservé ; seule une moitié de la reliure en cuir (sans doute la couverture) nous est parvenue, et les feuilles se sont délabrées. L'absence d'une moitié de la reliure et le fait que la numérotation s'arrête avant la soixantaine me conduisent à penser qu'une moitié du codex a été perdue ; seule une inspection plus précise permettra de confirmer ou d'infirmer cette supposition. Les textes sont rédigés dans une forme de sahidique non conventionnelle. »

Emmel avait bon espoir qu'un examen ultérieur des deux reliures restantes permettrait de connaître l'origine du codex.

L'une des étapes essentielles de l'examen d'un papyrus concerne la composition du document. Au départ, Emmel pensait avoir affaire à un codex à cahier unique, puis il en vint à conclure qu'il y en avait plusieurs. Un cahier est un papyrus contenant quatre pages de texte sur une feuille pliée. L'usage des cahiers dans la littérature paléochrétienne constitua une originalité technique par rapport aux rouleaux utilisés, à l'époque comme aujourd'hui, dans la religion juive. Ainsi déroule-t-on les rouleaux de la Torah pour les lire, après quoi on les enroule à nouveau. Avec les cahiers, c'est différent, plus à l'image du journal moderne, où une même grande feuille regroupe deux extrêmes, numérotés par exemple 1-2 et 15-16. À l'intérieur de ce cahier, on en insère ensuite un autre contenant les pages 3-4 et 13-14, et ainsi de suite.

Durant le peu de temps dont il disposait, Emmel parvint à mener une analyse relativement bonne. De toute évidence, ces manuscrits étaient importants. L'émotion le gagnait à mesure qu'il comprenait à quoi il avait affaire. Il effectuait un bond à travers les siècles qui l'amenait aux écrits d'un scribe inconnu. Il confia plus tard : « Par bonheur, je suis tombé sur une page qui comportait un titre. En copte, celui-ci signifiait Épître de Pierre à Philippe. Il s'agit d'une littérature gnostique rencontrée également dans les codex de Nag Hammadi. J'ai reconnu aussi une partie du texte, à la toute fin. Je n'ai pu que survoler le document.

« Je connaissais le contenu du texte, qui m'apparaissait clairement comme une nouvelle copie de l'Épître de Pierre à Philippe (Codex VIII de Nag Hammadi). Nous nous retrouvions donc avec deux œuvres connues de littérature gnostique, mais en poursuivant mes recherches, j'ai compris qu'une autre se trouvait là, une œuvre qui ne m'était pas familière, sauf par son genre. »

Son rapport précise l'identification de ce texte :

> Le codex contient au moins trois textes différents : la Première Apocalypse de Jacques, déjà présente, mais sous une version différente, dans le Codex VIII de Nag Hammadi (CNH VIII) ; l'Épître de Pierre à Philippe, figurant elle aussi dans CNH VIII.

Emmel tente alors d'identifier la troisième partie du codex, inconnue pour lui :

> Il s'agit d'un dialogue entre Jésus et ses disciples (du moins Judas est-il impliqué), semblable du point de vue du genre au Dialogue du Sauveur (CNH III) et à la Sagesse de Jésus-Christ (CNH III) ainsi qu'au codex gnostique de Berlin (PB 8502).

Cela dit, dans les textes gnostiques « Judas » désigne en général Judas Thomas, le frère supposé de Jésus. Aussi Emmel orienta-t-il ses suppositions sur ce frère, et il passa à côté du vrai sens de ce qu'il lisait. « Pour moi, ce devait être un dialogue gnostique inconnu jusque-là entre Jésus et ses disciples. En plus, je prenais Judas pour Judas Thomas Didyme, celui-là même qui apparaît dans l'Évangile de Thomas. La possibilité qu'il s'agisse de Judas Iscariote, le Traître, était moins probable en raison de ce que l'on sait de la littérature gnostique. »

Par la suite, il regretta son erreur, mais disposant de si peu de temps et de ressources dans cette petite chambre d'hôtel, il lui était difficile de déterminer de quel Judas il était question.

En outre, la présence de Judas Iscariote dans ce codex était inconcevable. Personne, estimait-on alors, ne pouvait écrire sur Judas le traître. Personne parmi les premiers chrétiens n'aurait eu l'audace d'exposer sa version des faits.

Koenen avait été amené à penser que Hanna Asabil accepterait une offre raisonnable. « Raisonnable » étant, on s'en doute, un terme des plus subjectifs – surtout quand il s'agit de marchander avec des Égyptiens. Koenen le savait, en Égypte, les négociations commencent la plupart du temps par une longue discussion d'ordre général autour d'une tasse de thé ou de café turc. Discussion qui aborde invariablement la question de la chasse aux trésors : qui a acheté quoi, qui a offert quoi à qui, pour quel prix, que sait-on des dernières découvertes, etc.

À cet interminable prélude succède une négociation souvent très brève, au cours de laquelle l'affaire se conclut ou non. Voici comment un marchand résume le processus : « On baisse le prix de moitié – enfin, si on en a le courage – puis on le remonte, tout en expliquant les raisons de la baisse. »

Dès le départ, l'équipe de Koenen n'était tout bonnement pas sur le même registre que les vendeurs. D'emblée, Asabil demanda 3 millions de dollars. Les Américains n'en revinrent pas. Ils s'attendaient à un premier prix de l'ordre de 50 000 à 100 000 dollars. Cette proposition, surtout pour un tel document, était proprement inouïe à l'époque.

Freedman explosa : aucun papyrus au monde ne pouvait valoir si cher. C'était surréaliste. Personne n'avait autant à dépenser pour un papyrus.

Koenen déclara par la suite : « J'ignore dans quelle mesure Hanna était sérieux. Il n'avait certainement aucune contre-offre sérieuse. »

Les Américains ne pouvaient pas suivre. Ces 3 millions de dollars dépassaient les budgets prévus par l'UMS et les investisseurs du Michigan. Même en les additionnant.

Bien que dépourvu d'expérience en matière de négociation avec des vendeurs du Moyen-Orient, Freedman prit l'initiative. Il fit sur-le-champ une contre-offre dix fois inférieure.

Contre-offre que l'Égyptien considéra comme une insulte et qui parut le décider à mettre un terme aux négociations. Perdios : « En entendant l'offre des Américains, Hanna s'est levé, de dégoût et de rage. Il a dit : "*Yalla, Yalla,* allons-nous-en. Ces gens-là ne sont pas sérieux. Ils nous font perdre notre temps." »

Perdios lui conseilla d'attendre. Le Grec s'était montré patient durant l'inspection des documents, allant jusqu'à poser quelques questions et faire preuve d'un certain intérêt quant au contenu. Asabil, lui, s'était contenté de faire les cent pas nerveusement. D'après Emmel, le Grec « semblait s'intéresser à ce que nous découvrions, sans que nous lui ayons révélé grand-chose. Nous ne voulions pas qu'il comprenne que les manuscrits valaient nettement plus que ce qu'ils en demandaient ».

Bien plus jeune que son collègue, et moins impressionné par des sommes pharaoniques lorsqu'une réputation d'universitaire était en jeu, Emmel résuma ainsi la situation dans son rapport :

> Le propriétaire demandait 3 millions de dollars pour l'intégralité. Il refusait d'envisager une réduction, prétendant être descendu de 10 à 3 millions de dollars lors d'une négociation antérieure. Il refusa également de discuter le prix des quatre articles individuellement. Il souhaite vendre les quatre manuscrits ensemble, mais les cédera sans doute séparément si nécessaire.

Cela dit, Emmel considérait cette découverte comme inestimable du point de vue historique. Son rapport se conclut ainsi :

> Je vous conseille très vivement d'acquérir ce codex gnostique. Il est d'une valeur immense, en tout point comparable aux codex de Nag Hammadi. Là encore, il s'agit de l'un des plus anciens spécimens de livre sous forme de codex ; il est tout à fait miraculeux qu'une partie de la couverture ait été préservée (...). De grands risques de détérioration sont à craindre tant que le

manuscrit restera dans les mains de son propriétaire actuel. Cet article unique doit être confié le plus tôt possible à une bibliothèque ou un musée qui sauront le restaurer, le publier et le conserver.

☥

Malgré toute sa déception, voire son écœurement, Hanna respecta les convenances. Tout ce petit monde s'en alla déjeuner ensemble, aux frais des vendeurs, qui jouèrent les hôtes. L'échec des négociations ne les empêcha pas de faire honneur à la fameuse hospitalité égyptienne.

Au cours du repas, Emmel se rendit aux toilettes où il consigna « tout ce [qu'il avait] consciencieusement essayé de mémoriser au sujet des deux manuscrits coptes ». Il parvint à noter les dimensions approximatives des pages, le titre de l'Épître de Pierre à Philippe en copte, ses impressions concernant l'écriture et le dialecte, ainsi que le numéro de la dernière page vue.

Le repas terminé, Hanna Asabil s'en retourna entreposer les manuscrits dans le coffre suisse avant de regagner Le Caire ; Perdios rentra chez lui, à Athènes. L'un comme l'autre étaient déterminés à se rendre aux États-Unis, terre d'espoirs et de possibilités, où ils pensaient réussir à vendre le manuscrit.

Du côté de l'équipe d'universitaires, Koenen éprouvait tristesse et frustration. Freedman n'avait toujours pas digéré la somme demandée. « La déception régnait, se souvint Astrid Beck, mais la cordialité prévalut. Les vendeurs sentaient bien que le prix n'était pas en rapport avec la marchandise proposée, et nous n'avions quant à nous pas les moyens de suivre. » Les chercheurs estimaient qu'il y avait une trop grosse différence entre les 3 millions demandés et le peu de soins dont étaient entourés les documents.

L'équipe se sépara. Freedman et Beck partirent rendre visite au professeur Hans Küng à Tübingen, afin de discuter du séjour qu'il s'apprêtait à faire à l'université du Michigan à l'automne 1983, au titre de professeur associé de religion. Beck devait être son assistante. Emmel s'en retourna terminer son doctorat. Koenen et son épouse partirent assister à une conférence sur la papyrologie à Naples. Comme le résuma Beck : « La réunion genevoise ne se limitait pas à cette négociation, ce qui, j'imagine, a atténué notre déception. Nous n'étions pas venus uniquement pour acheter des papyrus. »

Des années plus tard, bizarrement, aucun des membres de l'équipe ne savait ce qu'il était advenu des manuscrits. Aucun des universitaires du Michigan ne suivit le déroulement de l'affaire. En ce qui les concernait, ces documents (dont l'Évangile de Judas, pas encore identifié comme tel) étaient retombés dans l'oubli. À leur insu, ces manuscrits furent en fait acheminés en Amérique, où une nouvelle série de négociations devait se solder par un nouvel échec. Il semblait alors que la malédiction de Judas n'avait rien perdu de sa puissance. L'unique document existant dans lequel il pouvait s'exprimer allait bientôt retourner croupir – littéralement – dans la solitude d'un coffre-fort.

CHAPITRE SEPT

Les merveilles de Nag Hammadi

Jésus répondit : « Tu deviendras
le treizième (démon), et tu seras maudit
par les autres générations –
et tu régneras sur elles. »

ÉVANGILE DE JUDAS

Comme toutes les villes de la Haute-Égypte dans la vallée du Nil, Nag Hammadi se situe à proximité d'un désert brûlant, où la température avoisine les 43,5° aux rares endroits ombragés l'été. À moins de quatre-vingts kilomètres de là se trouvent les magnifiques ruines de Louqsor, dont les temples, statues et tombeaux du Nouvel Empire constituent depuis longtemps une attraction touristique majeure. Le temple de Karnak se compose de gigantesques portes et de cours à colonnades, œuvres des pharaons successifs qui veulent ainsi se montrer dignes de devenir des dieux. Sur la rive occidentale du Nil s'étend la célèbre Vallée des Rois, bordée de superbes tombeaux. En 1922, Howard Carter découvrit par hasard le tombeau de Toutankhamon, miraculeusement « oublié » par les pilleurs de tombes. Plusieurs des pharaons qui construisirent le centre religieux de Thèbes vécurent à l'époque des événements décrits dans l'Exode. Les documents sur papyrus mis au jour à Nag Hammadi remontaient pour leur part à des temps plus récents, ceux de l'Empire romain.

La découverte historique faite en 1945 près de Nag Hammadi ouvrit un champ de recherches pour les spécialistes de l'Antiquité. Les connaissances en matière de paléochristianisme en furent étendues ; les mouvements majeurs de cette nouvelle religion aux IIe, IIIe et IVe siècles après J.-C. s'en trouvèrent éclairés d'un jour nouveau. On a coutume de ranger les manuscrits de Nag Hammadi au nombre des plus grandes découvertes archéologiques du XXe siècle, juste après celle des manuscrits de la mer Morte. En fait, ces derniers furent mis au jour un an et demi plus tard, dans des grottes du désert de Judée, à Qumran.

La bibliothèque de Nag Hammadi comporte, on l'a dit, treize codex rédigés en langue copte. En général, un codex est une copie d'un texte sacré ou classique. Les premiers chrétiens les adoptèrent car ils leur offraient une plus grande capacité de stockage que les rouleaux et s'avéraient d'un usage plus commode.

On pense que ces textes furent traduits et recopiés du grec – langue dans laquelle le Nouveau Testament fut écrit à l'origine. Les chercheurs sont à peu près certains que les originaux grecs des documents coptes de Nag Hammadi furent rédigés au cours du IIe siècle, voire dès la fin du Ier – autrement dit, guère après les évangiles du Nouveau Testament.

Les codex de Nag Hammadi contiennent des textes d'inspiration gnostique. Dans *The Gnostic Bible* (2003), Marvin Meyer, titulaire de la chaire d'études du Nouveau Testament à l'université Chapman (Californie), décrit les gnostiques comme « des mystiques religieux qui proclamaient la *gnôsis*, "connaissance", comme voie de salut. En parvenant à la connaissance parfaite de soi, ils pensaient connaître Dieu directement, sans passer par les rabbins, prêtres, évêques, imams et autres dignitaires religieux ». Dans un autre ouvrage, *The Gnostic Discoveries* (2005), Meyer affirme qu'avec la découverte de la bibliothèque de Nag Hammadi « l'étude de la religion gnostique et de son impact sur la religion ancienne et moderne subit une transformation fondamentale ».

Ces manuscrits étaient pour la plupart explicitement chrétiens, en ceci qu'ils traitaient de la vie de Jésus et du sens de son message. Nombre d'entre eux dépassaient cependant le simple cadre de ses enseignements, par le biais d'un symbolisme mystique très complexe. Les gnostiques mirent au point des conceptions élaborées du Ciel, de la Terre ainsi que des personnages et événements bibliques, qui contrastent bien souvent avec celles exprimées dans le corpus de la littérature chrétienne ou dans l'Ancien Testament. Cela dit, les codex témoignent de toute l'intelligence des grands penseurs qui les rédigèrent. Ils abordent non seulement la question des démons et des anges qui peuplent le corps, mais discutent en outre des secrets intimes enfouis dans l'âme humaine.

Les chercheurs estiment que les codex de Nag Hammadi font partie des centaines, voire des milliers de documents qui circulaient à l'aube du christianisme. Les ravages du temps n'en ont épargné qu'assez peu. Dans certains cas, les autorités du christianisme orthodoxe ordonnèrent la destruction de ces textes précieux, craignant d'avoir affaire aux évangiles particuliers prêchés par les nombreuses sectes qui abondaient en ces temps anciens. Nag Hammadi fournit une mine d'évangiles jamais intégrés au Nouveau Testament.

Nombre de ces papyrus gnostiques n'avaient plus été lus depuis le IVe siècle. La plupart étaient inconnus du monde moderne. Avant cette découverte, on connaissait principalement les gnostiques par leurs critiques, que Bart Ehrman définit comme les « proto-orthodoxes », ceux qui devaient sortir victorieux de la lutte entre les diverses variétés de christianisme et former l'Église chrétienne établie – des gens comme Irénée, l'évêque de Lyon, auteur du traité *Contre les hérésies*, fustigeant les gnostiques et ce qu'il estimait être leurs croyances blasphématoires.

On trouve également dans ce corpus de nouveaux textes bibliques dont l'existence était jusqu'alors inconnue. Parce qu'ils portent la trace de nuances religieuses, les documents de Nag Hammadi nous fournissent une vue d'ensemble des pensées, espoirs et rêves des gnostiques. Ils nous ouvrent une fenêtre sur le passé – un passé qui reste en partie encore à découvrir.

L'Évangile de Judas découvert à El Minya, par exemple, était inséré dans un codex contenant plusieurs autres documents gnostiques connus depuis Nag Hammadi. Le point de vue alternatif qu'il propose du passage de Jésus sur terre situe cette œuvre dans le cadre de la tradition gnostique.

Elaine Pagels, professeur à l'université de Princeton et auteur de *The Gnostic Gospels* (*Les Évangiles secrets*, Gallimard, 1982), résume ainsi l'impact de Nag Hammadi :

> Toutes les anciennes questions – les questions originelles, si âprement discutées aux débuts du christianisme – se trouvent rouvertes : comment faut-il comprendre la résurrection ? Que penser de la participation des femmes aux fonctions ecclésiastiques et épiscopales ? Qui était le Christ, et dans quel rapport se trouve-t-il avec le croyant ? Quelles similitudes y a-t-il entre le christianisme et les autres religions universelles ?

☥

La coptologie constitue une spécialité universitaire bien étrange. Elle s'intéresse non seulement à la langue morte des Coptes mais aussi à la culture copte d'Égypte dans son ensemble, en particulier au cours des quatre premiers siècles de notre ère : histoire politique, archéologie, théologie chrétienne, philologie biblique, monachisme, égyptologie et enfin étude de l'Empire romain. Les coptologues, de par la nature de leur profession, explorent des secteurs de l'Antiquité caractérisés, du point de vue historique, par une pénurie de matériau. Durant l'essentiel du XXe siècle, l'étude des Coptes et de leur culture apparut comme sans grand intérêt aux yeux du monde moderne.

James M. Robinson, professeur à la Claremont Graduate University (sud de la Californie), compte parmi les grandes figures de la discipline. Robinson est un homme énergique, aimable, ouvert d'esprit, affable et généreux mais également en proie à d'occasionnels accès de colère. Nommé secrétaire du comité de l'UNESCO pour le projet Nag Hammadi, il eut la responsabilité du regroupement et de la dissémination des textes. Robinson en fut également l'éditeur de la version anglaise. Il rédigea l'introduction de leur première édition, puis se vit confier la narration de l'histoire de cette découverte.

C'est au hasard d'une conférence en Italie que Robinson s'intéressa à cette discipline, à partir de 1966. Ses nouveaux collègues reconnaissaient sa valeur, mais voyaient en lui un théologien plutôt qu'un coptologue. L'intéressé en convient lui-même : « Je n'étais pas un spécialiste des Coptes, et cette discipline était très compétitive. J'ai transcendé cette compétitivité. »

Lorsqu'il s'intéressa à l'univers de Nag Hammadi à la fin des années 1960, Robinson découvrit un domaine d'étude en proie au désarroi. Les chercheurs français et allemands, notamment, ne s'entendaient pas. Robinson : « Les Français et les Allemands nous jouaient la Troisième Guerre mondiale. Ils se disputaient sans arrêt. »

En administrateur pratique, Robinson en vint à tenir un rôle crucial. Les conflits étaient dus, dans une certaine mesure, à des problèmes de personnalité et de culture qu'il sut résoudre. Il prit bientôt la direction des travaux administratifs et d'organisation visant à mettre au jour les documents de Nag Hammadi. « J'étais le pragmatique de l'équipe, déclara-t-il. Je n'avais pas peur. Je savais comment faire tourner la machine. »

Dès que le projet rencontrait une difficulté, Robinson prenait l'initiative de la résoudre. Qu'il soit question de rivalité universitaire ou de manque d'argent, il avait la réponse. Il permit entre autres de réunir des fonds pour le projet, notamment grâce à l'UNESCO.

Un comité plénier général fut formé, ainsi qu'un sous-comité pour l'assemblage et la restauration des fragments de manuscrit. En plus des difficultés inhérentes au contenu des textes, chercheurs et restaurateurs étaient confrontés à d'immenses défis concernant la mise en place de ce véritable puzzle. Le sous-comité se composait de quatre membres : Robinson ; Martin Krause, éminent coptologue de l'université de Münster, qui était à couteaux tirés avec Robinson ; le professeur Rodolphe Kasser, autre grand coptologue ; et enfin Søren Giversen, un Danois (« un grand timide dont nous ne reparlerons plus », écrivit par la suite Kasser).

Les premiers temps, l'essentiel des travaux s'effectua au Musée copte du Caire, où étaient entreposés la plupart des manuscrits. Cela se passait au début des années 1970, peu après la guerre des Six Jours (1967). L'Égypte et Israël se livraient alors une guerre d'usure, durant laquelle les obus survolaient presque quotidiennement le canal de Suez, dans les deux sens. Le Caire fut souvent soumis au black-out. Robinson : « En notre absence, la guerre nous obligeait à dissimuler tous les fragments de manuscrit. »

Le travail se prolongea plusieurs années, une période dont Robinson conserve un souvenir nostalgique. Cela dit, la lenteur de l'opération l'agaçait, de même que les allées et venues des universitaires, contraints de regagner leur pays d'origine pour assurer leurs obligations professionnelles. Robinson décida de consacrer plusieurs mois de rang à la finition du travail, en compagnie de deux étudiants fraîchement diplômés de Claremont : « Nous nous sommes occupés de placer et d'assembler les fragments, ce qui n'avait rien de facile, car il fallait que les fibres horizontales et verticales concordent. »

La responsable du musée copte était Mme Samiha. Elle régulait les entrées ainsi que le nombre d'heures allouées au travail de chacun. Robinson : « Elle joua un rôle capital dans le dénombrement des fragments. Petit à petit, nous avons gagné sa confiance. En général, elle arrivait tard et s'en allait de bonne heure. J'aurais préféré que ce soit le contraire. J'ai proposé de lui payer le taxi. Elle a décliné mon offre, non sans ajouter que je pouvais quand même donner l'argent au chauffeur de taxi. C'est ce que j'ai fait. Au final, la clé fut confiée à une petite femme de ménage, et nous avons eu accès un peu plus librement aux documents. »

Robinson prit une part active à la surveillance et à l'avancement des travaux. La plupart des fragments étaient en place quand sa période de labeur intensif prit fin. À cette date, l'un des étudiants demeura sur place pour finaliser l'opération. Il s'agissait de Stephen Emmel, alors tout jeune homme. « Il est resté un an et a fait du très bon boulot, déclara Robinson. Steve touchait 100 dollars par mois et devait se débrouiller pour vivre au Caire avec cette somme. »

Robinson rencontra de nombreux problèmes d'ordre pratique. « L'UNESCO finança au sous-comité technique quatre ou cinq voyages au Caire. Le département des Antiquités nous installait à l'Hôtel Shepherds chaque fois que le comité se réunissait. Quand il ne s'agissait que du sous-comité, nous logions au Garden City House Hotel. Les membres du comité réglaient eux-mêmes leurs notes.

« Ensuite, les trois Européens refusèrent de faire le déplacement si l'UNESCO ne les finançait pas. Je leur ai donc obtenu une subvention de la Smithsonian Institution, aide qui fut versée à l'American Research Center d'Égypte, lequel s'occupait des frais du projet. »

Cette question réglée, il fallait résoudre celle du plastique transparent qui encadrait chaque page du texte ancien. « Krause copiait fiévreusement les textes, mais les feuilles commençaient à céder. » Le problème venait de la taille des feuilles : « Nous utilisions à l'époque des Plexiglas qui correspondaient en taille à une et non deux feuilles. » Robinson se chargea d'aller acheter les cadres appropriés à Zurich.

Il eut ensuite à traiter des questions plus personnelles. Robinson s'aperçut en effet que les chercheurs européens avaient tendance à travailler de façon compulsive sur des textes dont ils réclamaient l'exclusivité des droits de publication. Textes que Robinson voyait plutôt comme la propriété du monde entier. D'une façon que l'on pourrait juger égoïste, il tenait à ce que les textes dans leur langue d'origine soient publiés par l'intermédiaire du comité de l'UNESCO, dont il se trouvait être le secrétaire. Il décida de s'attaquer à ce qu'il appelait les « fiefs et monopoles universitaires » afin de donner à tous les chercheurs, et pas seulement à ceux qui travaillaient sur des fragments particuliers, le droit d'examiner et de traduire le texte.

Dans l'univers de la recherche européenne, quiconque se voit désigné pour traduire un texte, ou en obtient le droit, est d'ordinaire autorisé à le publier également. Les membres européens des différents comités n'étaient pas au courant de l'initiative de Robinson, à moins qu'ils aient refusé d'y croire sérieusement.

La crise, inévitable, survint début 1972. Robinson réussit à mettre la main sur des clichés convenables des textes et de certains fragments qu'il publia sous forme de fac-similés en même temps que parut la première édition anglaise des manuscrits de Nag Hammadi.

Robinson, ses collègues et les éditeurs fêtèrent cette parution à San Francisco fin 1972. « Les Européens en furent estomaqués. Je n'étais pas aussi inoffensif que j'en avais l'air, ironise Robinson avant d'ajouter laconiquement : L'édition *princeps*, c'est la seule qui compte. Si vous n'arrivez pas à la sortir, laissez tout tomber. »

Aussitôt, les coptologues et leur obscure matière apparurent au vu et au su de tout le monde. On se mit alors à considérer la coptologie comme la voie menant à la connaissance des origines du christianisme. Les talents et le savoir que recelait cette discipline se parèrent d'une importance jusque-là insoupçonnée.

☥

Robinson s'attela ensuite à connaître le lieu et les modalités de la découverte des documents de Nag Hammadi. Ce faisant, il fut amené à contester les conclusions du célèbre chercheur français Jean Doresse qui avait lui-même mené son enquête dans la région en janvier 1950, cinq ans après la découverte. Doresse n'était pas à proprement parler un coptologue, plutôt un spécialiste de papyrologie grecque et d'égyptologie, ancien directeur du CNRS. D'après Kasser, il « connaissait bien la région, les mœurs locales et le caractère de la population ».

Doresse fit paraître ses conclusions en 1960 dans *The Discovery of the Nag Hammadi Texts : A Firsthand Account of the Expedition that Shook the Foundations of Christianity* (*La Découverte des textes de Nag Hammadi : récit de l'expédition qui ébranla les fondements du christianisme*). Voici comment il résume l'objectif :

> Deux grandes questions nous ennuyaient encore : quelle était la nature exacte du lieu de la découverte – une tombe, païenne ou chrétienne, les ruines d'une maison ou d'un monastère ? Et dans quelles circonstances ces textes avaient-ils pu être enterrés ?

Selon Kasser, Doresse interrogea de rares témoins. Cinq ans à peine après les faits, leurs paroles furent jugées « certaines ».

Doresse, comme Kasser par la suite, remarqua que les paysans impliqués dans la découverte considéraient les papyrus comme une simple marchandise. Plus ou moins illettrés, ils étaient incapables de lire un texte – moderne ou ancien. Les précieux documents risquant de se détériorer irrémédiablement entre leurs mains « calleuses », ils tenaient à s'en débarrasser au plus tôt contre espèces sonnantes et trébuchantes.

> Les paysans qui nous accompagnaient ignoraient le réel objet de nos recherches (nous prétextions vouloir visiter les tombeaux des pharaons). Ils nous conduisirent donc de leur propre initiative jusqu'au secteur sud du cimetière où ils nous montrèrent une rangée de cavités informes.
>
> Peu de temps auparavant, à les en croire, des paysans de Hamra-Dum et de Dabba, cherchant du fumier, avaient découvert en cet endroit un grand *zir* – une jarre – rempli de papyrus reliés comme un livre. La jarre fut cassée, rien n'en subsiste. Les manuscrits, eux, furent emmenés au Caire sans que personne sache ce qu'il est advenu d'eux. Concernant le lieu exact de la découverte, les avis concordent à quelques mètres près. Le terrain lui-même ne nous apprendra rien de nouveau : ce n'est qu'ossements brisés, lambeaux de tissu et tessons de poterie.

Les codex de Nag Hammadi arrivèrent enfin au Caire où ils furent vendus à un important marchand d'antiquités, qui chercha ensuite à s'en défaire contre une forte somme. Les autorités locales eurent vent de l'affaire et saisirent les pièces. Petit à petit, le monde scientifique apprit la nouvelle.

Doresse résume ainsi la situation :

> Nous sommes à présent certains que ce n'est pas dans les ruines d'un bâtiment, monastère ou autre, que la fameuse bibliothèque fut découverte, mais bien plutôt dans une tombe très éloignée de tous les monastères locaux, située dans un cimetière que les chrétiens n'utilisent apparemment plus depuis longtemps. On ne s'étonnera pas que ces écrits aient été conservés dans une jarre. C'est en effet dans ces récipients, moins coûteux qu'un placard ou qu'un coffre dans un pays si peu boisé, que les gens avaient coutume d'entreposer leurs livres entre autres.

Et l'auteur de conclure :

> Après tous ces efforts, nous eûmes la satisfaction de déceler, dans un cimetière païen à quelques kilomètres de Chenoboskion, l'emplacement exact de l'une des plus volumineuses découvertes concernant la littérature ancienne ; de pouvoir ainsi un peu mieux situer la bibliothèque dans le cadre historique qui est le sien ; et de corroborer, à l'aide de détails concordants, les hypothèses avancées quant à son antiquité.

Robinson avait une piètre opinion du travail de Doresse : « C'est mauvais : l'œuvre d'un aventurier qui parlait aux villageois mais ne se comportait pas en chercheur rigoureux. » Aussi entreprit-il sa propre enquête, près de vingt ans plus tard, au début des années 1970. Il défendait la thèse selon laquelle cette découverte faisait partie d'une bibliothèque gnostique provenant du monastère Saint-Pacôme à Chenoboskion.

Robinson alla trouver les *fellahin* de Nag Hammadi. Il contacta plusieurs témoins qui lui demandaient la plupart du temps de repasser plus tard s'il voulait connaître toute l'histoire. Et il ne revenait jamais les mains vides : « À chacune de mes visites, j'apportais aux villageois une bouteille de whisky et un billet de dix livres. Une somme, en ce temps-là. C'était une routine. Je ne suis pas un archéologue de terrain. J'allais d'une rumeur à une autre, d'un village à un autre. »

Le récit que Robinson tira de son périple à travers la Haute-Égypte et de plusieurs mois d'un travail acharné regorgeait de complots, de querelles et même de meurtres.

Dans *Lost Christianities* (2003), Bart Ehrman affirme que l'histoire moderne des codex de Nag Hammadi débuta lorsque « sept ouvriers agricoles bédouins entreprirent de creuser la terre à la recherche de *sabakh*, un fertilisant riche en nitrate ». Le groupe était emmené par Mohammad Ali dont le cadet « heurta accidentellement quelque chose de dur avec sa pioche ». Cette chose s'avéra être un squelette humain près duquel le jeune homme découvrit une jarre d'environ soixante centimètres de haut, bouchée par un bol fixé par du bitume.

Les Bédouins surmontèrent leur réticence initiale à ouvrir le récipient pour finalement le briser dans l'espoir d'y trouver de l'or ou quelque matière précieuse. Au lieu de quoi ils durent se contenter d'un tas de vieux livres à reliure en cuir.

Dès lors, l'affaire se complique : la famille et la tribu de Mohammad Ali étaient empêtrées dans une vendetta avec un groupe d'un village voisin. Le père d'Ali avait tué un des membres dudit groupe et subi le même sort en retour. Le beau-frère d'un prêtre local emporta les manuscrits au Caire où les autorités les lui confisquèrent.

Au final, le vendeur de Haute-Égypte reçut cependant l'autorisation de céder l'un de ces inestimables documents au Musée copte contre une somme raisonnable – pas assez pour faire de lui un homme riche, mais juste ce qu'il fallait pour qu'il se taise.

Robinson parvint à établir un récit détaillé du déroulement de l'histoire. Un récit, nous l'avons vu, haut en couleurs, plein d'action, de passion et de tromperies – un véritable thriller hollywoodien.

Il comptait publier ce texte dans le cadre de l'introduction à *The Facsimile Edition of the Nag Hammadi Codices* (premier volume de la série) ainsi que dans d'autres publications. Lorsqu'il dévoila les résultats de son enquête, les deux membres européens de son sous-comité exprimèrent presque aussitôt leur opposition. Les opinions divergeaient au niveau de l'« enquête scientifique » – ce qui est acceptable et ce qui ne l'est pas quand on examine les origines de documents qui comptent parmi les plus grands trésors de l'humanité. Le principe défendu par Robinson d'un accès universel à des textes rares était lui aussi remis en question.

Les professeurs Kasser et Krause, deux des plus célèbres coptologues européens, s'attaquèrent aux découvertes de Robinson, intensifiant par là même un conflit déjà en germe entre Européens et Américains depuis le milieu des années 1970.

Dans ses carnets, Kasser nota :

> Robinson s'est rendu sur le site [de Nag Hammadi] en force, accompagné de notables égyptiens, promettant des récompenses à ses informateurs. Quelle aubaine pour eux [les *fellahin*]. Au bout de plusieurs mois, [Robinson] tenait son histoire, un vrai roman, étayée par de nombreux témoignages précis et détaillés (souvent contradictoires, certes, mais on sait distinguer le bon grain de l'ivraie), spécifiant non seulement la date et le lieu exacts de la découverte mais encore les noms des paysans (morts depuis) qui les mirent au jour, tous les détails des ventes successives (prix inclus), les querelles de famille des différents protagonistes, une affaire de meurtre au beau milieu de tout cela, des documents officiels de la magistrature locale, l'évolution des négociations et des diverses manœuvres visant à étouffer les soupçons de la police. Bref, sur la foi de ces révélations, que Robinson publia petit à petit, les développant à chaque parution dans une nouvelle revue américaine, il nous présenta une introduction avoisinant les 500 pages.

Kasser en fut bouleversé : « Krause et moi-même, bons connaisseurs de l'Égypte et des trésors d'imagination dont les *fellahin* étaient capables par cupidité, n'étions pas d'accord avec les méthodes de Robinson. Nous lui avons donc demandé de se limiter à une présentation minimum, telle que prévue par notre comité en 1970. Tout du moins, ne serait-il pas plus objectif de présenter les deux hypothèses – celle de Doresse et celle de Robinson ? »

Les conclusions de ce dernier étaient bien moins définitives que ce qu'il prétendait, à en croire les deux Européens. On pouvait légitimement se demander, fit remarquer Kasser, « dans quelle mesure un événement d'importance aussi minime pour la population locale pouvait faire l'objet de souvenirs aussi précis après tant d'années ». Selon le coptologue, on pouvait imaginer que les témoignages réunis par Robinson et son équipe n'étaient venus qu'en réponse à leur désir pressant d'établir les faits :

> J'ai longtemps travaillé dans la campagne égyptienne, chez ces gens honnêtes et généreux, mais dont la mentalité est pour le moins naïve, presque enfantine ; cette expérience me conduit à penser que les récits de la découverte ont été inspirés avant tout par le désir de satisfaire un auditoire. Les récitals publics de ces témoins, leurs déclarations enthousiastes et touchantes, n'ont fait qu'éveiller les soupçons de ceux qui ont fréquenté la campagne égyptienne.

Du point de vue de Robinson, les Européens étaient « des sales types » – expression par laquelle il les désignait, non sans exagération. Kasser et Krause cherchaient à défendre leurs intérêts. Kasser avait en sa possession l'un des codex, appartenant à la Fondation Jung de Zurich, qu'il voulait traduire. Robinson riposta par la publication d'un article intitulé « The Jung Codex : The Rise and Fall of a Monopoly » (« Le Codex de Jung : Histoire d'un monopole »).

« Je sais que Kasser n'a toujours pas digéré mon article sur le codex de Jung », déclara plus tard son auteur.

La rivalité universitaire engendrée par les manuscrits de Nag Hammadi ne devait pas s'apaiser avec le temps. Dès que la nouvelle de cette découverte se répandit chez les chercheurs du monde entier, la bataille fit de nouveau rage. Robinson et Kasser devaient d'ailleurs y prendre part pour des raisons de suprématie.

☥

Les découvertes faites à Nag Hammadi en 1945 produisirent une littérature de spécialistes des débuts du christianisme. On pense notamment aux œuvres d'universitaires tels *Lost Christianities* de Bart Ehrman, *Gnostic Discoveries* de Marvin Meyer ou *Beyond Belief* d'Elaine Pagels. Le best-seller de Dan Brown, *Da Vinci Code*, lui-même s'inspire en partie de ce corpus.

Les chercheurs disposent d'un terreau d'étude particulièrement fertile puisque les nouveaux textes à disposition comprennent des œuvres gnostiques originales jusqu'alors inconnues : l'Évangile de Thomas, l'Évangile de la Vérité, l'Apocryphe de Jean, l'Évangile de Philippe, la Première Apocalypse de Jacques ou encore l'Épître de Pierre à Philippe. Les restaurer, les assembler puis les lire et tenter de les comprendre, ce fut l'affaire de plusieurs décennies. Beaucoup de ces documents, altérés par de mauvaises conditions de conservation, ne peuvent être lus que sous forme de traduction partielle. Restaurateurs et traducteurs durent déployer des trésors d'érudition pour combler les manques.

Une autre raison explique que bien des documents gnostiques soient si difficiles à comprendre : c'est qu'il ne s'agit pas de récits comparables à ceux de l'Ancien ou du Nouveau Testament. Ces œuvres-là traitaient d'un événement particulier : les derniers jours de Jésus, la trahison de Judas, la crucifixion, la résurrection. Le nouveau corpus avait plutôt recours au dialogue, parfois entre Jésus (déjà ressuscité) et ses apôtres. Ainsi Meyer écrivit-il :

> L'Évangile de Thomas ne contient presque aucune section narrative. Jésus n'y accomplit aucun miracle physique, ne révèle la réalisation d'aucune prophétie, n'annonce aucun royaume apocalyptique sur le point de bouleverser l'ordre du monde, pas plus qu'il ne meurt pour nos péchés ni ne ressuscite le dimanche de Pâques. Sa valeur réside au contraire dans ses paroles énigmatiques, emplies de possibilités et de puissance.

Apparut ainsi une tradition évangélique tout à fait différente des canons adoptés à la fin du IVe siècle par l'Église.

De nos jours, les chrétiens jugent radicales les doctrines gnostiques. En effet, la mort de Jésus sur la croix puis sa résurrection au troisième jour n'y ont que peu d'importance, voire aucune. Dans *Les Évangiles secrets*, Pagels affirme :

> Certains gnostiques appelaient la croyance littérale en la résurrection la « foi des sots ». La résurrection, soulignaient-ils, n'était pas un épisode unique situé dans le passé : bien plutôt, elle symbolisait la façon dont la présence du Christ pouvait être vécue dans le présent. Ce qui comptait n'était pas de voir à la lettre, mais une vision spirituelle.

Les nouvelles découvertes en matière de littérature gnostique décrivent en outre une cosmologie originale. On y trouve un cadre complexe de symbolisme antique qu'un béotien mettrait des années à assimiler. Les traductions, comme les originaux, contiennent des mots grecs comme *Pleroma* (plénitude de la vie et de l'être) et *éons*, représentant toutes sortes de configurations célestes.

Une série de termes codés représentent des personnages importants ou des demi-dieux censés habiter le cosmos – par exemple Seth, Harmathoth, Galila, Yobel ou Adonaios, seigneurs des Enfers ; des anges, comme Saklas, Hormos ou Nebro ; des sommités célestes tels Harmozel, Oroiael, Daveithai ou Eleleth ; le grand esprit invisible, Barbelo, également appelé Youel et Plesithea ; ou enfin un démon, comme Nubruel. Comprendre ce bric-à-brac de symboles et de modes de pensée apparemment hors de propos nécessite une grande érudition. On y trouve en effet des considérations philosophiques d'une complexité que ne renieraient pas les talmudistes.

Les documents de Nag Hammadi sont de nature variée, ils traitent divers sujets de diverses manières. Comme l'explique Ehrman :

> Bien qu'ils aient sans doute tous été utilisés par une communauté qui leur appliquait une interprétation chrétienne, ces textes sont l'œuvre de toute une variété d'auteurs aux convictions philosophiques et théologiques multiples. Certains n'étaient par exemple en rien des chrétiens. Il est du reste intéressant de noter que l'on trouve dans quelques-uns des textes non chrétiens des traces d'une « christianisation » ultérieure. En tout état de cause, nous n'avons pas affaire à une collection homogène. Ces textes illustrent un large spectre de croyances et pratiques religieuses – gnostiques ou autres.

L'un des aspects les plus fascinants du gnosticisme tient à sa composante féminine. Les femmes jouèrent un rôle majeur chez ces premiers chrétiens. Elaine Pagels nous fait par exemple remarquer que l'Évangile de Philippe attribue à Jésus des actes et des paroles très différents de ceux du Nouveau Testament. Dans un passage, Marie-Madeleine est dite compagne du Sauveur ; l'on apprend en outre que le Christ l'aimait plus que tout autre disciple, et qu'il l'embrassait souvent sur la bouche. Pagels indique encore que l'Évangile de Marie (découvert dans le Codex gnostique de Berlin 8502, pas à Nag Hammadi) « rappelle les traditions rapportées chez Marc et Jean, que Marie-Madeleine fut la première à voir le Christ ressuscité. Jean dit que Marie vit Jésus au matin de sa résurrection, et qu'il n'apparut que plus tard aux autres disciples, au soir du même jour ».

L'un des personnages centraux du gnosticisme était Sophia – l'homologue féminin de Jésus, le féminin divin comme Jésus représentait le masculin divin. Meyer écrivit à son sujet :

> Parmi les *éons* et les manifestations du divin, on rencontre souvent certaine représentation du divin en ce monde. Dans plus d'un texte gnostique, ce personnage est Sophia, la sagesse.

Ce concept de Sophia comme déesse perdue de la sagesse découle des philosophes grecs. Ceux-ci honoraient des divinités masculines comme des divinités féminines. Le terme « philosophie » signifie étymologiquement « amour de la sagesse ».

En dehors de cette reconnaissance du féminisme et du caractère sacré de l'esprit féminin, le gnosticisme se caractérise également par une croyance – contraire tant au judaïsme qu'au christianisme « proto-orthodoxe » – opérant une distinction « entre d'une part la divinité spirituelle transcendante, entourée d'*éons* et qui n'est que sagesse et lumière, et d'autre part le créateur du monde – taxé au mieux d'incompétence et au pire de malveillance ». C'est ce que nous apprend Ehrman, qui dit encore des chrétiens gnostiques :

> Nombre d'entre eux croyaient, semble-t-il, que le monde matériel dans lequel nous vivons est au mieux atroce, au pire maléfique ; qu'il résulte d'une catastrophe cosmique ; et que les êtres spirituels qui l'habitent (les esprits humains, donc) y sont en fait pris au piège, ou emprisonnés.

Cela dit, les textes découverts à Nag Hammadi et ailleurs n'ont pas que des aspects négatifs. Et Meyer de confirmer : « Dans l'Évangile de la Vérité, le fruit de la connaissance constitue une découverte par la joie. Il signifie que c'est en soi-même que l'on trouve Dieu, que le brouillard d'erreur et de terreur s'est dissipé, et que le cauchemar des ténèbres a été troqué contre un jour radieux sans fin. »

☥

Les manuscrits mis au jour près de El Minya trois décennies après Nag Hammadi, examinés à la va-vite dans une chambre d'hôtel genevoise, contenaient un évangile abordant une dimension tout à fait originale de la Révélation. Rédigés en langue copte, gnostiques dans leur formulation, ils dégageaient une forme d'appréhension à la première lecture. L'homme à qui furent par la suite confiées leur restauration et leur traduction, Rodolphe Kasser, nous décrit ses sentiments à chaud : « C'en était à peine croyable. Jamais nous n'aurions osé espérer trouver un texte disparu. J'étais pétrifié.

« Dans ma profession, on a coutume de dire que l'on sait beaucoup de choses mais qu'en fait on ne sait rien. Sans cesse nous découvrons des choses, nous développons des théories et des explications ; puis nous mettons la main sur un texte qui dépasse, et de loin, le fruit de nos cogitations. Il nous faut être prêts à modifier nos conceptions concernant le manuscrit. C'est lui qui contrôle la situation, qui la maîtrise. »

Dès sa première rencontre, anxieuse, avec le texte, Kasser y trouva une signification exceptionnelle qui accroît encore l'impression d'un christianisme diversifié laissée par les manuscrits de Nag Hammadi. « L'importance de ce texte tient à ce qu'il ne s'agit pas que d'un nouveau manuscrit, mais d'un tout nouveau genre de document. Bien qu'intéressants, les textes gnostiques se ressemblent les uns les autres, et présentent souvent les mêmes arguments de la même façon.

« Avec l'Évangile de Judas, nous avons affaire à un auteur ancien qui scandalisa les chrétiens de son temps, et qui s'exprime dans ses propres mots. On ne peut donc pas se contenter de dire qu'il a tort ou qu'il a cherché à nous tromper. On peut analyser son texte.

« C'est incroyable. Ça me rappelle la découverte des textes de Nag Hammadi. Jusqu'alors, on ne disposait que des jugements des ancêtres de l'Église concernant les gnostiques, mais rarement des écrits de ces derniers. Du moment où les textes ont été décryptés, on a pu saisir les nuances de ce qu'affirmaient ces ancêtres par le biais des textes gnostiques. On ne pouvait plus se contenter de dire qu'ils avaient tort, puisque l'on disposait d'une image plus précise de l'ensemble.

« Les gnostiques choquaient les chrétiens catholiques parce qu'ils représentaient le Dieu de l'Ancien Testament comme le Diable – contrairement à ce que soutenait la Bible. Avec l'Évangile de Judas, c'est le Nouveau Testament qui se voit contesté, et ce sur un point important, par un document à peu près contemporain – un tout petit peu plus récent. Quelqu'un a choisi de défendre Judas. »

Pour Kasser, ce fut là une révélation, bien plus significative du point de vue professionnel que tout ce qu'il avait pu apprendre de la bibliothèque de Nag Hammadi : « C'est comme de voyager en pays inconnu. Les explorateurs ont plaisir à découvrir des paysages que personne n'a encore vus, et à comprendre des choses que l'on ne comprendra qu'après les avoir vues. On peut vivre la même chose avec un nouveau texte. Celui-ci devient votre nouvel environnement, une nouvelle façon de penser. »

CHAPITRE HUIT

Le Purgatoire

« Cette âme là-haut qui a le pire supplice,
dit mon maître, est Judas Iscariote ;
sa tête est dans la gueule ;
dehors il rue des jambes. »

DANTE, *L'Enfer*

Hanna Asabil arriva aux États-Unis en 1984 pour y vendre son codex au prix qu'il estimait justifié. Après tout, c'est en Amérique que des millions d'individus avaient fait fortune. Asabil ne parlait pas un mot d'anglais et ne comptait rester que peu de temps dans le pays, mais il avait bien l'intention de s'y enrichir lui aussi.

Il avait emporté avec lui les feuillets de papyrus enveloppés dans de vieux journaux et rangés dans une sacoche. Un collègue égyptien l'accompagnait. À l'aéroport JFK de New York, il présenta son passeport muni d'un visa américain à l'employé des services d'immigration qui le tamponna et lui fit signe de passer. C'est ainsi que Asabil se retrouva au pays de la liberté serrant contre lui la sacoche où étaient rangés les précieux papyrus qui devaient faire sa fortune. Le fragile manuscrit avait franchi l'Atlantique sans encombre et se trouvait une fois de plus sur un nouveau continent.

Au Caire, une de ses connaissances, un médecin, l'avait conseillé quant à la meilleure façon de vendre à bon prix ses manuscrits aux États-Unis. Ce médecin faisait partie de la communauté copte cairote. À l'occasion, il lui arrivait d'aider Asabil en polissant des pièces anciennes ou en restaurant et nettoyant avec des appareils de dentiste des objets anciens, des pièces surtout, pour qu'il puisse les vendre plus cher.

Dans un premier temps, Asabil avait pensé vendre les documents grâce aux contacts qu'il avait dans la communauté copte américaine. L'État du New Jersey abrite une communauté copte importante, environ trente mille personnes ayant pour la plupart immigré aux États-Unis lors de la grande vague d'immigration copte des années 1960. C'est à Jersey City qu'est situé le siège de l'Association copte américaine et l'on y trouve également de nombreuses églises très actives. Les autorités religieuses avancent le chiffre de 15 églises coptes rien que dans le New Jersey. Cedar Grove, à une demi-heure de Jersey City par la route, est le siège de l'archidiocèse de l'Église copte qui coordonne toutes les activités religieuses de la région.

Grâce aux contacts et aux recommandations obtenus au Caire, Hanna Asabil se mit en rapport avec l'église orthodoxe copte Saint-Marc de Jersey City, sur West Side Avenue. Le prêtre qui en avait la charge, père Gabriel Abdel Sayed, était, selon les termes de Josef Labib, un de ses paroissiens, une « personne très distinguée » et un véritable meneur d'hommes. Grâce à son enthousiasme et à son énergie, l'imposante bâtisse était devenue un centre pastoral et culturel dynamique au service de la communauté copte locale. Les offices sont célébrés dans deux salles gigantesques qui peuvent accueillir jusqu'à 500 personnes chacune, l'une pour les offices en arabe, l'autre pour ceux en anglais. Les jeunes nés aux États-Unis suivent généralement la messe en anglais, ceux qui arrivent d'Égypte ou d'autres pays du Moyen-Orient préfèrent la liturgie en arabe. Après la mort du père Gabriel, la rue qui longe l'église fut rebaptisée par la municipalité « Rue du père Gabriel » en son honneur.

Étant lui-même très pratiquant, Asabil établit des rapports chaleureux avec ses coreligionnaires du New Jersey. Il rencontra le père Gabriel et apparemment le prêtre l'assura de son concours. Il commença même à explorer les différentes possibilités de négocier le manuscrit et organisa une rencontre avec celui qui était, de l'avis général, le meilleur négociant en livres et en manuscrits anciens des États-Unis, Hans P. Kraus.

Plus connu dans la profession sous le surnom d'HPK, Kraus était un individu pugnace, plein de sagesse et de drôlerie, une personnalité attachante. Ses bureaux se trouvaient en plein Manhattan. Pour rencontrer quelqu'un comme Kraus, il faut une bonne connaissance du milieu des livres et des manuscrits anciens. Il est probable que Asabil fut orienté vers Kraus non seulement par le prêtre copte mais également par Yannis Perdios, un Athénien client de Kraus de longue date et qui s'intéressait essentiellement aux objets et manuscrits grecs du XIXe siècle. La fille de Kraus, Maryann Folter, qui travaillait avec son père, a confirmé la relation commerciale qui existait entre son père et John (Yannis en anglais) Perdios.

Kraus était un Juif autrichien déjà bien établi dans le commerce du livre rare lorsque l'*Anschluss* hitlérien transforma l'Autriche en État nazi à partir de 1938. Il fut arrêté avec un certain nombre d'autres juifs, d'opposants au régime et de gitans et fut incarcéré dans les camps de Buchenwald et de Dachau, en Allemagne. Par chance, cela se produisit avant que ne débute le génocide proprement dit du peuple juif. « Ce n'est que maintenant, quarante ans après, que je peux commencer à parler ouvertement de cette période horrible », écrivit-il en 1978 dans son autobiographie, *A Rare Book Saga*. « Je ne me suis rendu compte que récemment que je suis au nombre des rares prisonniers de la Gestapo à avoir survécu à deux des plus terribles camps de concentration… C'est un miracle que j'en sois sorti indemne, un miracle que j'aie survécu. »

Kraus réussit à négocier sa sortie du camp et, une fois libre, il se procura par des moyens plus ou moins légaux un visa pour les États-Unis, quittant l'Autriche avec autant d'objets de valeur qu'il pouvait en emporter. C'est aux États-Unis qu'il rencontra sa femme, Hani, dont la famille lui fournit d'importants moyens pour démarrer une nouvelle vie. Il se lança à nouveau dans le commerce de livres anciens et finit par acheter des entrepôts à Mamaroneck, dans l'État de New York, ainsi que l'immeuble où il installa son siège social, au 16 de la 46e Rue, un bâtiment de cinq étages entre la 5e Avenue et Madison, au cœur du quartier commerçant de New York.

Kraus acquit la réputation d'être un habile marchand, énergique et honnête, à la tête de la meilleure entreprise spécialisée dans les livres et les manuscrits anciens de tous les États-Unis. Son empire comprenait, outre les livres anciens, une société spécialisée dans les réimpressions et une des plus grandes collections de photographies du monde. Il avait une bonne connaissance des manuscrits coptes, ce qui explique peut-être que le père Gabriel et Asabil aient entendu parler de lui. Kraus vendit ou offrit un certain nombre des textes coptes qui figurent dans la Yale Papyrus Collection de la Beinecke Rare Book and Manuscript Library, y compris une série de textes acquis au printemps 1964 et au moins une autre série en décembre 1966.

Les négociations entre Kraus et Asabil furent en grande partie conduites par l'entremise du père Gabriel qui parlait couramment anglais. La première rencontre eut lieu dans les bureaux de Kraus à Manhattan. Kraus, alors au terme de sa spectaculaire carrière, était cloué dans un fauteuil roulant. D'après Asabil, au cours de la discussion, Kraus ouvrit un coffre-fort installé dans son bureau dans lequel étaient rangés des centaines de milliers de dollars en devises diverses.

En revanche, la fille de Kraus, qui travaillait pourtant habituellement dans la pièce attenante, ne se souvient pas d'avoir rencontré qui que ce soit, ni d'avoir été présente lors de la rencontre et elle n'a pu en retrouver aucune trace écrite. Kraus est mort aujourd'hui et il est possible qu'il n'ait pas confié les détails de sa rencontre avec Asabil et le prêtre copte aux membres de sa famille.

☥

Hanna Asabil et le père Gabriel arrivèrent au rendez-vous accompagnés d'un groupe de Coptes qui ressemblaient fort à une bande de mafieux. Hanna crut comprendre qu'ils étaient là à la demande du père Gabriel pour assurer la protection des précieux manuscrits. Ce fut une erreur fatale. Car même s'ils demeurèrent à l'extérieur de la pièce, Kraus fut persuadé qu'il s'agissait de gardes du corps armés. Bien sûr, au Caire, Asabil portait souvent une arme qu'il dissimulait sous les plis d'un ample costume, mais Kraus fut choqué de la présence de ces individus qu'il prit pour des gangsters. Il lui répugnait de discuter dans de telles conditions.

« Il n'en fallait pas plus pour dissuader mon père d'acheter les manuscrits, explique Maryann. Il refusa d'être impliqué à quelque titre que ce soit. »

Le prêtre dit quelques paroles à Kraus en anglais auxquelles ce dernier répliqua, toujours en anglais. Asabil ne put en comprendre le sens. En tout état de cause, la discussion s'arrêta avant même d'avoir commencé. Le père Gabriel s'efforça de rassurer Asabil en lui disant que les négociations n'étaient pas interrompues, mais Hanna fut très éprouvé par la fin prématurée de la rencontre.

Il accusera le prêtre, plus tard, de l'échec des négociations.

Une seconde rencontre eut lieu à 9 heures du matin le 27 mars 1984. Elle se déroula cette fois au sixième étage du Hamilton Hall sur le campus de l'université Columbia, dans le bureau de Roger Bagnall, universitaire distingué et grand antiquisant. La société Kraus n'avait pas encore renoncé à acheter les manuscrits et avait sollicité Bagnall pour qu'il estime leur valeur et leur contenu. Le mari de Maryann, Roland Folter, assistait à la rencontre ; c'est lui qui avait insisté pour qu'une étude poussée du contenu de ces nouveaux documents coptes soit réalisée. Bagnall se souvient que « l'on avait affirmé à Kraus qu'il s'agissait de manuscrits coptes du Ier siècle, ce qui était une absurdité dans la mesure où il n'existait pas de forme écrite du copte à cette époque ».

Une nouvelle loi extrêmement stricte sur la vente des antiquités venait juste d'être promulguée en Égypte mais selon Bagnall, « personne dans le milieu des manuscrits rares ne la prenait très au sérieux ».

D'après les notes prises par Bagnall, étaient présents à cette rencontre Folter, représentant la société Kraus, un prêtre copte que Bagnall a inscrit sous le nom de « père Gabriel Abd el-Sayed » et lui-même. Le prêtre était accompagné de deux hommes qui ne furent jamais officiellement présentés à Bagnall. Bagnall était convaincu qu'il s'agissait de gardes du corps mais c'étaient en fait les propriétaires des manuscrits en question, Asabil et son collègue égyptien. Ils ne prirent pas la parole une seule fois au cours de la rencontre.

Bagnall eut l'impression qu'ils n'étaient là que pour accompagner le prêtre : « Je ne me suis pas senti menacé, personne n'a sorti d'armes, ils ne semblaient absolument pas connaître la nature de ce qu'ils avaient en leur possession, au contraire. Le groupe était assez déplaisant et j'étais plutôt content de ne pas avoir à traiter personnellement avec eux ! » Bagnall se souvient également de s'être demandé s'il s'agissait bien d'un véritable prêtre ; c'était pourtant le cas.

Les hommes prirent place autour d'une table dans le vaste bureau de l'université Columbia. Divers membres de la société Kraus, ainsi que Kraus lui-même, avaient déjà vu le manuscrit, mais ils désiraient obtenir confirmation de son authenticité et avoir une idée plus précise de son contenu, ce qui serait essentiel pour déterminer sa valeur potentielle et décider de la suite à donner à l'affaire. Ce n'était pas la première fois que Bagnall était sollicité par Kraus et il avait déjà rencontré Folter.

Bien que rebuté par l'aspect peu engageant de ses visiteurs coptes, Bagnall fut extrêmement impressionné par les manuscrits, qu'il ne put observer que pendant un court instant. « Ma première réaction fut de penser qu'il s'agissait de documents provenant de Nag Hammadi ; j'en avais vu suffisamment pour savoir à quoi ils ressemblaient. À l'époque, je m'occupais de papyrus du IVe siècle. »

La rencontre dura environ une heure. Au cours de ce bref laps de temps, Bagnall parvint à identifier trois des documents. « Je crois pouvoir affirmer sous serment avoir vu trois manuscrits », affirma-t-il plus tard. Mais malgré ses certitudes, il admit qu'« il était peu probable qu'ils n'en aient apporté que trois s'ils cherchaient à en vendre quatre ».

Le prix demandé était alors d'un million de dollars. La société Kraus hésitait à cause du prix, qui représentait en 1984 une forte somme pour des papyrus, mais elle s'inquiétait également des coûts exponentiels de restauration. Il semble qu'il y ait eu quelques discussions internes, au terme desquelles la société Kraus décida de ne pas donner suite. Pour Bagnall, « Kraus a eu peur du prix ».

☥

La décision de Kraus fut un coup dur pour Asabil. Où qu'il se tourne, personne ne s'intéressait à ses papyrus anciens. Bien évidemment, comme il n'avait pas lui-même une idée très précise de leur contenu, son argument de vente reposait en grande partie sur du bluff. Un antiquisant tel que Bagnall pouvait immédiatement apprécier non seulement qu'ils étaient de grande valeur mais que ceux qui les vendaient ne s'en rendaient absolument pas compte. Asabil n'était pas du même monde que les intellectuels occidentaux raffinés auxquels il cherchait à vendre ses manuscrits.

Asabil décida de mettre les documents en sécurité dans un coffre de banque. Plutôt qu'une banque située dans les environs de Jersey City, il en choisit une de l'autre côté de New York, à Hicksville, sur Long Island, là où le père Gabriel connaissait un des employés. Hicksville, qui n'a aucun lien avec la communauté copte, est une petite ville relativement prospère située juste à la sortie de la voie express de Long Island.

Accompagné de son collègue, Asabil ouvrit un compte à la succursale de Hicksville de la Citybank, dans une galerie marchande. Les manuscrits furent placés dans le coffre 395, ouvert le 23 mars 1984, quatre jours avant la rencontre de l'université Columbia. L'adresse indiquée par Asabil est 437 West Side Avenue, Jersey City, l'adresse de l'église orthodoxe copte Saint-Marc. Asabil et son ami égyptien gardèrent les clés du coffre et rentrèrent au Caire peu après avec les clés.

Un document précieux, capable de remettre en question ce que l'on savait du christianisme primitif et même d'entraîner une réévaluation radicale du rôle d'un des apôtres, un homme que l'histoire a retenu comme le dénonciateur de Jésus-Christ, se trouvait enfermé dans un coffre-fort de banque en pleine banlieue de Long Island.

☥

Avec le recul, il est difficile de comprendre comment une contribution si précieuse pour l'histoire a pu rester quasiment oubliée au fond d'un coffre, et pour comble d'ironie, sur Long Island ! Et pourtant, pour son propriétaire, le codex était plus précieux pour le prix qu'il aurait pu en tirer que pour son contenu. Il s'était battu et avait souffert pour ce texte, il y mettait toutes ses espérances. Il avait fait l'impossible pour le récupérer, avait cédé un collier en or de grande valeur et une statuette d'Isis considérée comme une pièce de premier ordre. Qu'il ne sache pas exactement le contenu des textes n'était qu'un détail. C'était pourtant la cause essentielle des difficultés qui le poursuivaient de continent en continent. Il avait baissé son prix, passant de dix, à trois puis à un million de dollars, et il n'arrivait toujours pas à la vendre. Il était peut-être écrit qu'il ne pourrait jamais le vendre.

Asabil était croyant et il était convaincu que Dieu veillait sur lui. Le codex aurait le destin que Dieu et la providence voudraient bien lui donner. Comme le disent les musulmans, *inch'Allah*, que la volonté de Dieu soit faite.

De retour au Caire, Asabil retourna voir des diseuses de bonne aventure. Même s'il n'avait pas réussi à vendre les manuscrits, sa voyante préférée lui fit des prévisions extrêmement optimistes. Le ciel allait s'éclaircir, des rayons de soleil doux et radieux allaient bientôt illuminer sa vie. Bientôt, il se marierait et fonderait une famille. Hanna oublia sa tristesse. La voyante lui prédit que non seulement il allait fonder une famille, mais que sa femme l'aiderait à faire fructifier ses affaires.

Asabil, qui avait dépassé la cinquantaine, s'apprêtait à commencer une nouvelle vie. Il épousa peu après une Copte pratiquante, Viola, au cours d'une cérémonie orthodoxe copte. Deux enfants vinrent au monde, une fille, Maria, puis l'année d'après, un garçon, Mikhail.

La vie privée de Asabil était au beau fixe. Mais personne ne se préoccupait plus des précieux manuscrits de papyrus. Pendant seize longues années, ils allaient se désintégrer lentement dans une boîte en métal impropre à abriter de tels trésors.

Fibre après fibre, l'Évangile de Judas se décomposait.

CHAPITRE NEUF

Les universitaires sur la piste

Si on ne nous avait pas appris
comment lire le récit de la Passion,
nous aurions su dire,
à leurs seules actions, qui,
de Judas le jaloux ou de Pierre le lâche,
aimait le plus Jésus.

GRAHAM GREENE, *La Fin d'une liaison*

L'examen rapide des papyrus effectué à Genève en 1983, bien qu'apparemment oublié par l'équipe de l'université du Michigan, décida pourtant les coptologues qui avaient été contactés à agir. Après lectures des différents rapports, Jim Robinson, le spécialiste de Nag Hammadi que Ludwig Koenen avait contacté lorsqu'il avait réuni l'équipe de Genève, se montra très désireux d'acquérir le codex.

Jim Robinson avait étudié avec beaucoup d'intérêt les rapports que lui avait communiqués son associé Stephen Emmel. Il voulait acquérir les manuscrits pour ses recherches. C'était l'occasion

*Lorsque le codex de l'*Évangile de Judas *parvint aux conservateurs en 2001, il partait en lambeaux. Il fallut cinq années d'un travail minutieux pour en décrypter le contenu.*

*Judas trahit Jésus par un baiser (page de gauche). Le Nouveau Testament raconte que Judas livra Jésus dans le jardin de Gethsémani (ci-dessus), mais selon l'*Évangile de Judas*, c'est Jésus qui demanda à Judas de le trahir. Condamné à mort, Jésus porta sa croix – ce moment de la Passion est revécu chaque année par les pèlerins du Saint-Sépulchre, à Jérusalem.*

*La première fois que des spécialistes du copte examinèrent le papyrus, ils furent stupéfaits par son titre : l'*Évangile de Judas. *Il s'agissait d'un texte condamné par l'Église chrétienne primitive proposant une réévaluation radicale du rôle de Judas.*

*L'air sec du désert a préservé les papyrus de l'*Évangile de Judas *pendant 1600 ans.*
En revanche, entre sa découverte accidentelle au milieu des années soixante-dix,
et 2001, date à laquelle le travail de restauration a finalement débuté,
le manuscrit s'est gravement détérioré.

Dans le monastère Saint-Antoine, en Égypte (page de gauche),
le père Maximous El Antony examine une cellule de moine du IVe siècle.
C'est sans doute à cette période que des moines, dans une autre région d'Égypte,
*ont traduit en copte l'*Évangile de Judas *à partir de l'original grec,*
rédigeant ainsi le seul exemplaire que nous connaissions.
Dans une grotte située à une heure de marche du monastère (ci-dessus),
père Lazarus vit en ermite près des lieux où s'est développé l'hermétisme chrétien.

Après la mort du Christ, des informations concernant sa vie et son enseignemen
circulèrent dans le Proche-Orient, donnant naissance aux premières églises
et communautés religieuses chrétiennes.
Le monastère de Sainte-Catherine, situé dans le Sinaï, est une des plus ancienn
églises chrétiennes au monde (ci-dessus). Le Codex Sinaiticus (en haut à droite,
Bible grecque datant environ de 350 ap. J.-C.,
est une des plus anciennes versions complètes du Nouveau Testament.

Nul ne sait combien de textes furent détruits ou perdus au cours des siècles.
Le Codex Syriacus connut un sort différent. Ce Nouveau Testament du Ve siècl
sur parchemin (en bas à droite) fut effacé au VIIIe siècle
afin qu'un autre texte religieux y soit rédigé.

*Lorsque l'expert en copte Rodolphe Kasser découvrit l'*Évangile de Judas*,*
il déclara qu'il n'avait jamais vu un texte en si piteux état.
« Le manuscrit était si fragile qu'il s'effritait dès qu'on le touchait. »

La restauratrice Florence Darbre découpe un échantillon du codex sous l'œil de Tim Jull de l'université d'Arizona. Jull réalisa des tests au carbone 14 sur le manuscrit. De gauche à droite : Frieda Tchacos Nussberger, Rodolphe Kasser, Florence Darbre et Gregor Wurst.

Page précédente : Au sommet du mont Sinaï, des pèlerins prient à l'endroit même où, selon la Bible, Dieu parla à Moïse. C'est le christianisme orthodoxe, et non sa variante gnostique, qui finit par se propager sur l'ensemble de la planète.

*L'église suspendue, dans la vieille ville du Caire, est une église copte construite sur ce qui fut jadis le plus imposant fort romain d'Égypte (ci-dessus) ; tout à côté, dans le coin supérieur gauche de la photographie, on aperçoit le Musée copte où l'*Évangile de Judas *sera conservé après sa restitution à l'Égypte en 2009.*

d'approfondir le travail colossal qu'il avait entamé sur les évangiles gnostiques.

La petite ville de Claremont, en Californie, est le siège des Claremont Colleges, un ensemble réputé d'établissements universitaires disséminés dans toute la région : Pomona, Scripps, Harvey Mudd, Keck, Claremont McKenna et Pitzer. Les bâtiments de recherche de la Claremont Graduate University, un des meilleurs établissements de l'État, renommé pour la qualité de sa formation doctorale, sont situés à Claremont même. Au cœur des montagnes de San Gabriel, le pic San Antonio, autrefois appelé le mont Chauve, domine la ville de son sommet souvent enneigé en hiver. Avec ses pelouses verdoyantes et ses bâtiments élégants de style californien, Claremont est un des campus universitaires les plus agréables de l'ouest des États-Unis.

Claremont peut également s'enorgueillir d'un excellent programme de recherches doctorales en études des religions, couvrant aussi bien l'hébreu ancien que l'histoire du christianisme. Pendant des années, le plus célèbre professeur du département, aujourd'hui professeur émérite, fut Jim Robinson, spécialiste du christianisme primitif. Robinson est un des grands connaisseurs du Nouveau Testament. En parallèle à ses recherches sur les manuscrits de Nag Hammadi, il a fondé l'Institut de recherche sur l'antiquité et le christianisme primitif de Claremont qu'il a longtemps dirigé.

En 1984, on l'a vu, Robinson venait de parachever la première publication de la bibliothèque de Nag Hammadi par un récit détaillé (et contesté) des circonstances entourant la découverte de ces documents. Il était extrêmement désireux d'acquérir les nouveaux papyrus coptes qu'Emmel avait vus à Genève. Même s'il ne s'était pas lui-même déplacé, il avait compris à la lecture du rapport détaillé que lui avait remis Emmel que ces textes représentaient un ensemble inestimable pour la recherche historique et théologique et il était convaincu (à tort) que le bref examen qui avait eu lieu à Genève constituait le premier et seul contact que l'Occident avait eu avec ces manuscrits précieux. Robinson estimait avoir un droit naturel sur ces manuscrits, ce qui de son point de vue peut se comprendre.

Il avait joué un rôle essentiel dans la collecte et la publication des textes de Nag Hammadi, domaine dans lequel il avait acquis le statut de « grand maître » au sein de l'université américaine. C'est d'ailleurs la raison pour laquelle Koenen l'avait contacté en vue du voyage à Genève, convaincu que la réputation de Robinson et son expérience renforceraient non seulement la crédibilité scientifique mais également les moyens financiers nécessaires à un éventuel achat des papyrus.

Certains de ses rivaux seront par la suite exaspérés que Robinson se comporte en propriétaire des manuscrits, en particulier Rodolphe Kenner, qui dans un haussement d'épaules constatera : « Robinson croit que tout lui appartient », ajoutant en français : *« Qu'est-ce qu'on peut faire ? »*

Ce n'était pas non plus pour plaire à Roger Bagnall, le spécialiste des papyrus égyptiens du IVe siècle dont l'ouvrage *Egypt in Late Antiquity* est devenu un classique : « Robinson pense qu'il contrôle tout ce qui se rapporte à Nag Hammadi et il s'est mis à se comporter en propriétaire de tous les manuscrits du IVe siècle découverts en Égypte. » Bien entendu, Robinson n'avait aucune idée qu'un professeur de l'université de Columbia avait déjà examiné le codex en mai 1984 et qu'il était donc parfaitement au courant de son existence.

Robinson n'avait aucun moyen de s'assurer du contenu des nouveaux manuscrits. Cependant il se dit que si les épîtres de Jacques et de Pierre représentaient les deux tiers du codex, c'est-à-dire des versions plus ou moins fidèles de documents déjà retrouvés à Nag Hammadi, le dernier tiers encore imparfaitement identifié sur lequel figurait le mot « Judas » devait lui aussi comprendre des textes qui figuraient dans la bibliothèque de Nag Hammadi. Robinson se mit activement à la recherche du codex. Les documents coptes avaient surgi de nulle part pour disparaître tout aussi mystérieusement dans l'obscurité helvétique. Il était fatal qu'ils réapparaissent tôt ou tard et Robinson voulait être le premier à les retrouver et à les acheter. Il visait l'*editio princeps*, la publication initiale, la seule digne d'intérêt à ses yeux lorsqu'il est question de manuscrits anciens, la seule qui puisse apporter quelque prestige.

Il décida de faire circuler de façon très contrôlée dans le milieu de la coptologie l'information selon laquelle un nouveau manuscrit avait été retrouvé afin de faire surgir d'éventuels indices permettant sa localisation. Comme il l'écrivit plus tard, « J'ai parlé de la découverte pour la première fois en

1984 dans une revue confidentielle, avec une certaine prudence car mon projet d'achat imposait la discrétion. » Robinson passa l'information à Hans-Gebhard Bethge qui finissait sa thèse de doctorat sur les épîtres de Jacques à l'université Humboldt de Berlin. Bethge fit allusion dans sa thèse à des « versions parallèles » de l'épître, « non disponibles à l'heure actuelle ». Robinson mentionna également le nouveau codex au troisième congrès international des études coptes de Varsovie, en août 1984. Ces annonces discrètes ne suscitèrent aucune réaction et Robinson resta pendant des années sans savoir où se trouvaient les manuscrits.

Par ailleurs, il n'en savait toujours pas plus quant à leur contenu précis. Tout ce dont il disposait était le rapport d'Emmel et « les photographies presque indéchiffrables » que Koenen lui avait remises avant l'examen de 1983. Quelques années plus tard, un des associés de Robinson, le coptologue Marvin Meyer, qui avait passé son doctorat à Claremont sous la direction de Robinson dont il devint par la suite l'ami et le collaborateur, écrivit une introduction pour l'Épître de Jacques publiée dans le quatrième volume de la version anglaise des documents de Nag Hammadi : « Selon les informations communiquées par James M. Robinson et Stephen Emmel, il existerait une autre version en copte de l'épître sur un codex de papyrus qui à l'heure actuelle n'est ni publiée ni disponible. »

L'itinéraire du manuscrit restait dans l'ensemble inconnu et mystérieux. Robinson affirma qu'on ne lui avait jamais divulgué le nom du propriétaire du codex, « de crainte, certainement, qu'il ne soit inquiété par le gouvernement égyptien ». Et pourtant cette information était disponible auprès du professeur Koenen de l'université du Michigan puisque c'était lui qu'Hanna Asabil avait contacté en premier par l'intermédiaire de Perdios. Koenen qui avait eu affaire à Asabil au cours de ses séjours au Caire ne communiqua apparemment aucune information à Robinson sur Asabil et Robinson ne lui posa aucune question. Au Caire, Asabil avait la réputation d'être un marchand honnête, quoi que Robinson ait pu insinuer.

☥

Pendant des années, le codex demeura introuvable, à l'abri, sinon en sécurité, dans son coffre de Long Island, jusqu'à ce que Robinson apprenne que Yannis Perdios avait un lien avec le manuscrit. Son nom ne figurait pas dans le rapport d'Emmel, mais il se trouvait sur la liste des participants à la rencontre de mai 1983 que Koenen avait établie. En 1990, Robinson finit par retrouver la trace de Perdios à Athènes et ils décidèrent de se rencontrer.

Perdios habite une belle demeure au jardin fleuri dans l'élégant quartier de Paleo Psychiko. La maison est envahie par les nombreux objets de sa collection personnelle consacrée à l'art grec sous la domination turque. Le collectionneur grec distingué accueillit Robinson, confiant lui aussi que les négociations pour l'achat du mystérieux codex allaient reprendre. Néanmoins, Perdios voulant garder l'anonymat, il fut entendu que son nom n'apparaîtrait sur aucune correspondance ou publication.

Robinson fut sensible à l'élégance de la demeure de Perdios et à son hospitalité. Au cours de la discussion, les modalités d'un achat éventuel se concrétisèrent peu à peu.

Entre-temps, Robinson avait trouvé un bailleur de fonds potentiel, le Norvégien Martin Schoyen. Extrêmement cultivé, réputé pour la fermeté de son caractère et son immense fortune, Schoyen possède ce qui est sans doute la plus importante collection de manuscrits du XXe siècle, 13 500 pièces réparties sur cinq mille ans, parmi lesquelles des fragments des manuscrits de la mer Morte et des manuscrits bouddhistes célèbres. Il avait l'intention de concrétiser l'ambition de sa vie en ouvrant un musée d'objets anciens en Norvège qui serait le point de ralliement des amateurs d'histoire ancienne de Scandinavie et de toute l'Europe.

Schoyen s'engagea à financer intégralement ou en partie l'achat du codex et des documents annexes à condition que le prix en soit raisonnable. Robinson proposa d'organiser une rencontre entre lui-même, Perdios et l'éventuel commanditaire norvégien. Perdios suggéra que la rencontre ait lieu à New York.

Robinson raconte avoir demandé à Perdios pourquoi il avait proposé que la rencontre ait lieu à New York. Perdios lui répondit qu'il souhaitait rendre visite à son frère qui y habitait. « Je me suis douté, ajoute Robinson, que la véritable raison était la présence des manuscrits, car il savait bien que nous voudrions les examiner avant de nous engager et qu'au cas où la négociation aboutirait, nous voudrions les emporter. » Ce que Robinson ne savait pas c'est qu'à cette époque Perdios n'avait plus que des relations sporadiques avec Asabil. Il n'était pas en possession de la clé du coffre de Hicksville que seuls Asabil et son partenaire égyptien détenaient, ni de la signature qui autorisait l'ouverture du coffre. Qui plus est, Asabil et Perdios s'étaient entre-temps disputés. Perdios avait appris qu'Asabil avait de son côté entrepris sans le consulter d'aller voir Hans P. Kraus à New York pour lui vendre le manuscrit et il était furieux de ne pas avoir été tenu au courant. Néanmoins, les affaires sont les affaires, et Perdios avait décidé de reprendre contact avec Asabil pour lui faire rencontrer les acheteurs potentiels.

Robinson, qui attendait beaucoup de la rencontre, décida de chercher des sources additionnelles de financement. Il avait une piste au Canada, des chercheurs de l'université Laval, au Québec, avec qui il était en contact. Il s'agissait de l'équipe responsable de la publication en français des manuscrits de Nag Hammadi. Certains des grands noms de la théologie et de la coptologie enseignaient à la remarquable faculté de théologie de l'université francophone, en particulier Wolfgang-Peter Funk, respecté des Américains comme des Européens, qui avait réussi à s'enfuir d'Allemagne de l'Est pour trouver une vie meilleure à l'Ouest. Robinson espérait que l'un des principaux mécènes de l'université, la Fondation Bombardier, participerait à l'achat des documents. La famille Bombardier, à l'origine spécialisée dans la fabrication de scooters des neiges, s'était lancée dans la construction de trains à grande vitesse et d'avions à réaction vendus dans le monde entier. Mais la Fondation estima le projet trop hasardeux et l'espoir d'une participation financière canadienne s'évanouit.

Les difficultés pour publier l'Évangile de Judas étaient loin d'être terminées. Une actualité dramatique s'en mêla. « Schoyen accepta de rencontrer les vendeurs en janvier 1991, à la date qui leur conviendrait le mieux, raconte Robinson. J'étais même allé jusqu'à téléphoner à quelques hôtels new-yorkais ! Dans les derniers jours de l'année 1990, nous étions en plein préparatifs pour la rencontre lorsque le Président Bush déclara que le bombardement de Bagdad débuterait en janvier. »

Même si le président Bush n'a jamais fait de telle déclaration, préférant laisser le président Saddam Hussein dans le doute quant à ses intentions, il était néanmoins évident que des menaces de guerre se précisaient au Moyen-Orient. Les diplomates américains s'évertuaient à réunir la coalition internationale qui allait livrer la première guerre du Golfe. Le monde entier s'inquiétait et les plus pessimistes prévoyaient que l'opération ne s'arrêterait pas là et risquait de déboucher sur un conflit généralisé.

Dans le souvenir de Robinson, Perdios et Asabil étaient au nombre des pessimistes. Il reçut un message d'Athènes l'informant que « le Copte n'avait pas l'intention de quitter sa famille à la veille de la Troisième Guerre mondiale et que le voyage était annulé ». Asabil ne souhaitait pas effectuer de déplacements pendant cette période. Il était d'un naturel casanier, plus à l'aise dans son pays natal qu'à l'étranger ; il ne parlait que l'arabe et n'aimait pas voyager seul.

Lors d'un déplacement à Genève, en 1992, Robinson essaya d'organiser une autre rencontre : « Mon intermédiaire grec m'affirma qu'il allait prendre contact avec son ami copte et qu'il me tiendrait au courant, il ne le fit pas. »

☥

Robinson renouvela ses vaines tentatives à plusieurs reprises au cours des années quatre-vingt-dix. Son interlocuteur privilégié était alors Martin Schoyen. Le Norvégien se rendit à Claremont fin mars 1994 et, en août, Robinson et son épouse furent ses invités en Norvège, où Schoyen leur fit découvrir ce que Robinson appelle sa « splendide » collection de manuscrits.

Ces deux rencontres s'avérèrent bénéfiques pour les deux parties. Schoyen acheta quelque temps après des fragments des manuscrits de la mer Morte entreposés à Claremont pour cinquante mille dollars, selon Robinson. « Il y avait dix fragments, raconte Robinson. Sur chacun figurait une seule lettre. Chaque fragment d'une lettre valait donc cinq mille dollars, comme je l'expliquais ensuite à mes étudiants. »

Robinson servit alors de coursier personnel pour Schoyen afin que les fragments puissent arriver à bon port, sans interférence extérieure. Le professeur californien respecté plaça les fragments du manuscrit de la mer Morte de Claremont dans une pochette qu'il porta autour du cou de façon à ne pas être inquiété par les services des douanes ni aux États-Unis ni en Norvège et il les remit en mains propres à Schoyen.

Ce genre d'audaces est depuis longtemps monnaie courante dans le milieu des antiquaires. Récemment, le nom de Schoyen a même été évoqué à plusieurs reprises au cours d'enquêtes sur les collectionneurs. D'après le *Times*, en avril 2005, le University College de Londres a créé une commission d'enquête afin d'éclaircir l'origine des six cent cinquante bols à incantation araméens du IVe siècle prêtés par Schoyen à l'université en 1996. Le même mois, la presse se fit également l'écho de ce que Schoyen avait généreusement rendu au Pakistan des objets bouddhistes de grande valeur qu'il avait achetés sur le marché international avant de s'apercevoir qu'ils avaient été illégalement sortis de leur région d'origine, le Gilgit.

En 1997, Robinson partit enseigner à l'université de Bamberg, en Allemagne, de la fin avril au mois d'août. Pendant son séjour en Europe, il en profita pour contacter à nouveau Perdios et lui proposer d'organiser une nouvelle rencontre entre lui-même, Schoyen et le propriétaire du papyrus. Perdios contacta Asabil et l'Égyptien lui répondit qu'il était disposé à vendre. Perdios passa l'information à Robinson.

Plein d'enthousiasme, Robinson proposa plusieurs créneaux pour la rencontre : entre le 11 et le 31 août, le 8 et 19 septembre ou le 3 et 24 octobre si la rencontre devait avoir lieu aux États-Unis, et entre le 16 et 25 mai ou le 16 et 26 juillet si elle avait lieu en Europe. Malheureusement pour le Californien, la rencontre n'eut jamais lieu.

À l'insu de Robinson, Schoyen maintint des contacts directs avec différentes personnes en rapport avec les manuscrits. Lorsqu'ils refirent surface quelques années plus tard sur le marché des antiquités, le Norvégien parvint à acheter quelques feuillets des textes bibliques vendus avec le codex copte qu'il publia en Norvège dans sa collection au début des années 2000. Contrairement à Robinson, universitaire distingué mais novice dans le monde trouble du marché des antiquités, Schoyen était un spécialiste.

☥

Frieda Tchacos-Nussberger et Jim Robinson n'avaient jamais entendu parler l'un de l'autre. Robinson n'avait pas la moindre idée qu'une antiquaire suisse qui travaillait régulièrement avec les plus prestigieux musées du monde était l'amie de Perdios et connaissait Hanna Asabil. Même si beaucoup de ses collègues américains le respectaient profondément pour ses talents d'organisateur et ses connaissances en théologie, Robinson n'appartenait pas au milieu des marchands d'antiquités. Malgré toute sa détermination à retrouver le mystérieux manuscrit copte, il n'en connaissait aucun des grands noms. Il ne connaissait pas mieux ni la société ni les lois égyptiennes et ne parlait que des rudiments d'arabe, malgré ses longs séjours en Égypte suite à la découverte des manuscrits de Nag Hammadi.

Frieda Tchacos-Nussberger, en revanche, possédait toutes ces qualités. Marchande chevronnée, elle parlait l'arabe couramment et connaissait bien l'Égypte, son pays natal. Elle n'avait jamais oublié les photographies qu'on lui avait montrées lorsque Perdios avait récupéré les manuscrits par l'intermédiaire de Nicolas Koutoukalis. Elle ne tarda pas à reprendre sa quête avec des moyens d'obtenir des informations supérieurs à ceux de Robinson. Elle connaissait bien Asabil et n'eut de cesse qu'elle l'eût convaincu de quitter son douillet cocon familial. Après une si longue attente, l'Évangile de Judas allait enfin quitter sa prison de Long Island. Mais la malchance qui le poursuivait depuis sa découverte n'allait pas disparaître comme par magie du jour au lendemain. Au terme d'un périple où il avait été de jour en jour toujours plus profané, il allait affronter l'étape la plus dangereuse de son histoire.

CHAPITRE DIX

Judas en Amérique

J'avais une mission. Judas me demandait de faire quelque chose pour lui. À y réfléchir, il s'agissait de bien plus qu'une mission. Je suis convaincue que j'ai été choisie par Judas pour qu'il puisse être réhabilité.

FRIEDA TCHACOS-NUSSBERGER

Les paroles de Judas se décomposaient lentement, sans que personne ne s'en rende compte, au fond d'un des nombreux coffres d'une succursale de la Citibank, bâtiment anonyme d'un étage comme il en existe dans tous les centres commerciaux des banlieues américaines. Sur la voie express de Long Island toute proche, les voitures filaient. Le manuscrit dormait là, aussi sûrement enseveli que dans les catacombes égyptiennes où il avait reposé pendant des siècles. À un détail près. Dans le désert, l'air est sec. À Long Island, même dans un immeuble climatisé, l'humidité peut être effroyable. Pendant seize ans, sans que personne n'y touche, le codex se détériora de façon significative.

Il dut son salut à Frieda Tchacos-Nussberger.

Sa première rencontre avec l'Évangile de Judas, on s'en souvient, remontait à l'époque où il avait été volé au Caire, chez Hanna Asabil, en 1980. À cette date, il y avait plus de vingt ans que Frieda connaissait Hanna et il lui avait confié le vol dont il venait d'être victime. Hanna lui donna une description assez précise des objets volés, y compris de l'ensemble de manuscrits, dans l'espoir qu'elle puisse l'aider à les récupérer. Frieda l'écouta d'une oreille attentive. Elle connaissait Nicolas Koutoulakis et s'était liée d'amitié avec sa fille Daphnée qui allait reprendre les activités de son père après la mort de dernier. Malheureusement, cette fois-là, Frieda ne parvint pas à aider Hanna.

Après la transaction avec Koutoulakis à Genève en 1982 qui avait permis à Asabil de récupérer les manuscrits, Yannis Perdios alla voir Frieda à l'improviste dans sa galerie zurichoise. Elle expliqua à un ami qu'elle connaissait bien Perdios parce qu'il avait eu une liaison avec une personne proche d'elle, à Paris, dans les années soixante. Au début des années soixante-dix, son appartement du quartier Zamalek, au Caire, était un lieu de passage obligé pour tout visiteur. Perdios lui confia plusieurs photographies en couleur de grand format des manuscrits qu'Asabil venait de récupérer et il lui demanda si elle pouvait les aider à trouver un acquéreur. Ces photographies étaient de qualité médiocre, mais elles permettent de se faire une idée de l'état du manuscrit au début des années quatre-vingt. On ne sait pas avec précision de quand datent les clichés ni qui en est l'auteur, mais il est très probable qu'ils furent pris à l'époque où les manuscrits se trouvaient encore en Égypte.

Frieda Tchacos s'était spécialisée dans les objets et elle ne s'y connaissait pas particulièrement en manuscrits ou en papyrus. Elle répondit néanmoins qu'elle se renseignerait, par amitié pour Perdios et Asabil. Elle entra en contact avec une de ses relations, Jiri Frel, conservateur des antiquités du musée J. Paul Getty en Californie, qui lui conseilla de se mettre en relation avec Roy Kotanski, un jeune étudiant grec qui préparait une thèse de doctorat sur la Grèce antique à la Divinity School de l'université de Chicago. Elle lui envoya les photographies dans l'espoir qu'il puisse l'aider à identifier la nature des manuscrits. Kotanski réussit à fournir une description générale des deux documents rédigés en grec et effectua une première transcription de tous les textes qu'il parvenait à déchiffrer sur les photographies. Il était convaincu que certains passages étaient des extraits de l'Exode, avec des portions de la Septante, la plus ancienne version en grec de la Bible que nous connaissions. Il était beaucoup moins affirmatif quant au traité de mathématiques : « Le codex le plus important, rédigé en grec cursif tardif, semble être un recueil de prescriptions, mais comme je l'ai déjà indiqué, il ne s'agit pour l'instant que d'une supposition non vérifiée. »

Kotanski ajouta qu'il souhaiterait examiner le reste du manuscrit mais précisa que « les documents ne pouvaient pas être déchiffrés tant qu'ils ne seraient pas déroulés et classés », ce qui était bien évidemment impossible à réaliser à partir d'une photographie. Il pouvait affirmer que le plus petit codex, celui qui était « coupé au milieu, » était rédigé « en copte (égyptien), langue que je ne connais pas ». Il ajouta qu'il n'avait aucune idée de la valeur que l'ensemble pouvait avoir pour la recherche.

Kotanski informa Frieda qu'il avait envoyé les photos à Frel, au cas où ce dernier « serait intéressé ». Originaire de Tchécoslovaquie, qu'il avait quittée après le Printemps de Prague, Frel ne faisait pas l'unanimité et il fut par la suite accusé de manquer de scrupules dans sa recherche, souvent fructueuse, d'antiquités. Au milieu des années quatre-vingt, Frel fut obligé de quitter son poste au musée Getty pour des irrégularités portant sur des évaluations d'objets légués au musée.

Frieda ne revit plus les photographies pendant vingt-trois ans et elle ne devait plus avoir aucun contact avec le codex jusqu'en 1999.

☥

À cette date, Frieda reçut un étrange appel téléphonique. Quelqu'un parlant grec avec un fort accent de la campagne lui déclara qu'il avait accès à un manuscrit ancien dont il possédait également quelques photographies. Intriguée, elle lui demanda de lui envoyer les photographies. Elle se rappelle « avoir communiqué les photos à Robert Babcock, un conservateur que je connaissais à la Beinecke Library de l'université Yale. Il les examina et me rappela immédiatement pour me dire qu'il s'agissait de documents très importants qui devaient faire partie d'un ensemble de manuscrits en copte que des universitaires américains avaient eu entre les mains une vingtaine d'années auparavant. »

Un examen plus approfondi des photographies révéla un détail curieux et intriguant. Les manuscrits avaient été posés sur des journaux grecs avant d'être photographiés. Sur l'un des journaux, on pouvait lire un message destiné aux étudiants de l'université d'Athènes à propos d'un examen prévu pour le 21 octobre 1982, dix-sept ans plus tôt. Les pages de ce manuscrit avaient, selon toute probabilité, dû se trouver quelque part en Grèce à l'automne 1982, époque à laquelle on les avait photographiées.

Les antiquaires ont une excellente mémoire et Frieda ne fait pas exception à la règle. Elle se rappela parfaitement les manuscrits d'Asabil, ceux dont Perdios lui avait parlé en 1982. Elle décida de poursuivre les négociations avec le mystérieux Grec. Ils convinrent de se rencontrer quelque part en Europe.

L'intermédiaire vint au rendez-vous accompagné d'un collègue, un homme brun et basané dont le nom lui sembla être Lyosis. La conversation se déroula en grec. Frieda se souvient d'avoir ressenti une certaine méfiance vis-à-vis de ses interlocuteurs.

Les deux Grecs voulaient cent mille dollars pour le petit manuscrit. « Beaucoup trop cher, leur dit Frieda, de plus, ce n'est pas quelque chose qui m'intéresse vraiment. »

Elle se rendait compte qu'il s'agissait d'un prix exorbitant pour quelques pages d'un manuscrit dont elle n'avait aucune idée du contenu. Elle eut néanmoins l'impression que si elle sortait de l'argent liquide, elle pourrait les décider. Elle leur dit qu'elle avait de l'argent sur elle et fit une contre-proposition de vingt mille dollars, payables immédiatement. « J'étais sûre que s'ils voyaient les billets, ils se décideraient à vendre. »

Les hommes hésitaient, Frieda leur proposa vingt-cinq mille dollars, à prendre ou à laisser.

Ils acceptèrent, l'affaire était conclue.

Frieda Tchacos venait d'acheter ce qui s'avéra être les pages manquantes des manuscrits de Jebel Qarara qui avaient depuis longtemps disparu. Elle déposa les documents dans une cave spécialement équipée où ils pourraient être conservés et examinés.

Avec son flair d'antiquaire, Frieda réussit à élucider l'origine des papyrus qu'elle venait d'acquérir. Les pages du manuscrit copte ne pouvaient provenir que de deux sources, même si en cours de route, des intermédiaires avaient pu s'immiscer. L'une de ces sources était Perdios, qui représentait toujours Asabil ; l'autre, l'insaisissable Mia, ou Fifi, ou Effie, qui détenait peut-être encore des pièces volées lors du cambriolage, vingt ans auparavant.

Elle rejeta immédiatement la première solution, Perdios était trop honnête pour avoir volé quelque chose à Hanna. Il ne restait que Mia.

Grâce à des contacts en Grèce dont elle ne révélera pas l'identité, Frieda apprit que Lyosis était en fait le compagnon de Mia. Il s'agissait là d'une information capitale, du moins du point de vue de

Frieda. Entre-temps, néanmoins, Mia avait disparu dans l'arrière-pays grec et restait introuvable.

☥

La découverte des feuillets donna à Frieda ce qu'elle appelle « l'élan » pour continuer son enquête. Qu'était-il arrivé aux manuscrits d'Asabil proprement dits ? Elle reconstitua leur histoire : tout le monde connaissait l'existence de ces manuscrits, il y avait eu des acheteurs potentiels, le seul problème avait été le prix qu'Asabil en demandait.

La suite des événements se déroula de la façon suivante : « six ou sept mois plus tard, c'était les fêtes du millénaire et nous nous rendîmes en Égypte pour y fêter l'événement. J'avais décidé de téléphoner à Hanna. Je réussis à le localiser, il habitait un nouvel appartement dans Héliopolis. Je savais que les manuscrits avaient quitté l'Égypte depuis longtemps. Je lui demandais s'ils étaient encore en sa possession ou s'il les avait vendus. »

Hanna eut un petit sourire : « J'ai la clé du coffre, lui dit-il, le coffre de New York. »

Frieda lui répondit qu'elle n'était pas prête à payer trois millions de dollars, qu'à ce prix, elle ne poursuivrait pas la négociation.

« Tu as un acheteur ?, lui demanda Hanna.

— Je n'en sais rien », répondit-elle.

Frieda est convaincue que c'est à ce moment-là qu'Hanna commença à changer d'avis quant au prix qu'il demanderait. Il vieillissait, avait charge d'âmes et voulait se débarrasser du fardeau que représentaient ces rêves irréalisables. Ce que pense Frieda, c'est qu'il devait se rendre compte que les chances de vendre ce qui devait être l'objet le plus précieux en sa possession diminuaient. Les années avaient passé sans résultats. Au moment où Frieda lui rendit visite, c'était un homme brisé.

Frieda et Hanna se connaissaient depuis trente ans. Ils se parlaient en arabe et avaient suffisamment en commun pour que l'affaire aboutisse. Finalement, Frieda fit une offre dont elle garde le montant secret. Elle avoue seulement qu'il ne s'agissait pas de millions mais de centaines de milliers de dollars.

Ils décidèrent que le prix définitif serait fixé lorsque Frieda pourrait vérifier que le manuscrit existait réellement et qu'il y avait quelque chose à lire. Frieda avait l'assurance que le prix serait raisonnable.

Asabil n'était pas retourné aux États-Unis depuis seize ans, l'étape suivante consistait donc à le convaincre de s'y rendre, tâche qui s'avéra d'une grande difficulté. Hanna détestait l'avion. Il ne parlait pas anglais et ne supportait pas l'idée de devoir quitter son pays natal, l'Égypte où il se sentait si bien. En dépit de l'argent qui l'attendait au bout du voyage, il continua à traîner les pieds.

Frieda eut une idée. Elle téléphona au Caire une fin d'après-midi à l'heure où très certainement Asabil devait jouer au trictrac au café du coin. Elle avait raison, il était sorti et c'est sa femme Viola qui lui répondit.

Elles se parlèrent entre femmes : « Viola, ton mari est vieux, tu es jeune et tu as deux jeunes enfants. Crois-moi, si tu ne le décides pas à se rendre à New York, chaque année qui passe rendra le voyage plus difficile. Un jour viendra où il ne pourra plus entreprendre un tel déplacement. Je serai à New York début avril, débrouille-toi pour qu'il s'y trouve, c'est sa dernière chance et ton intérêt est qu'il la saisisse. »

Deux semaines s'écoulèrent. Un soir, alors qu'elle rentrait de sa galerie zurichoise, le portable de Frieda sonna. « Je suis prêt, lui dit Hanna, j'ai mon visa, viens me chercher au Caire, on ira ensemble à New York. »

Frieda brûlait d'impatience, mais elle refusa d'aller sans raison jusqu'en Égypte. « Pas question que j'aille te chercher au Caire, tu prends un vol jusqu'à Zurich et nous partirons ensemble pour New York. »

« Je ne veux pas prendre l'avion tout seul, lui répondit Hanna, je ne parle que l'arabe, je vais me perdre. »

Frieda resta sur ses positions mais sans elle, Hanna refusait de bouger. Début avril 2000, Frieda devait se rendre à New York pour l'inauguration des nouvelles salles consacrées à l'art chypriote au Metropolitan Museum of Art. C'était le moment idéal pour finaliser l'affaire avec Hanna, mais il se faisait encore tirer l'oreille.

« Je n'y arrive pas, tu ne peux vraiment pas venir me chercher au Caire ? » Frieda ne céda pas : « Tu demandais trois millions de dollars et tu ne peux même pas faire le voyage de New York ? Je ne vais pas t'aider, arrête de faire l'andouille » lui dit-elle en arabe.

Hanna résista encore, Frieda perdit son sang-froid et se mit en colère. Penaud, Hanna finit par céder. Le moment de vendre était arrivé.

☥

Frieda demanda à sa famille éparpillée aux quatre coins du pays de l'aider à organiser le séjour d'Asabil. Elle téléphona tout d'abord à sa sœur Deda et à son mari Alec qui habitaient Montréal. Deda avait travaillé au service des douanes et de l'immigration de l'aéroport Duval ; son mari était ingénieur et il avait été responsable de la construction des bureaux d'Olympic Airways à Montréal.

Hanna et la sœur et le beau-frère de Frieda ne s'étaient jamais rencontrés. Le couple avait néanmoins pour tâche d'accueillir Hanna à son arrivée à New York. Ils décidèrent d'utiliser le drapeau vert égyptien comme signe de reconnaissance. Hanna porterait un costume marron qui, malgré son prix, serait trop ample et mal coupé, comme tous les costumes que l'on trouve au Caire.

En fait, Deda et Alec ne purent trouver de drapeau égyptien et ils durent en confectionner un de fortune à l'aide d'un foulard vert fixé sur un manche à balai.

Lorsque l'avion d'Egypt Air se posa à l'aéroport JFK, le 3 avril 2000, Alec et Deda étaient au rendez-vous. Les signes de reconnaissance s'avérèrent efficaces, même si le foulard-drapeau ne fut d'aucune utilité car Hanna reconnut immédiatement Deda : « Vous êtes la sœur de Frieda. »

Frieda attendait avec impatience à l'hôtel Stanhope, sur la cinquième avenue. Elle reçut enfin l'appel téléphonique qui lui confirmait qu'Hanna était bien arrivé.

Le couple conduisit Hanna jusqu'à un hôtel sur Chambers Street, en plein cœur de Manhattan. L'étape suivante, après un bref repos, consistait à se rendre à la banque pour récupérer le codex. Frieda resta à New York tandis que les autres passaient prendre la fille d'Alec et Deda, Sybil, qui était mariée et vivait à Brooklyn. Deda resta dans l'appartement pendant qu'Alec et Sybil aidaient Hanna à installer dans la voiture une grande boîte en carton dans laquelle le précieux manuscrit serait déposé.

Il n'y avait qu'un problème : personne, excepté Hanna, ne s'était jamais rendu à cette banque et lui-même n'en connaissait pas l'adresse exacte. En revanche, il avait conservé, pendant ces seize années, le reçu du coffre. L'adresse n'y figurait pas mais, grâce à ce reçu, Sybil put passer quelques coups de fil qui lui permirent de localiser la banque.

Il faut une bonne demi-heure de route pour atteindre Hicksvile par la voie express de Long Island. Ils se demandaient si la banque existait encore et ce qu'ils trouveraient dans le coffre, se rappelle Deda.

Sybil trouvait que l'expédition avait quelque chose de bizarre et elle se souvient de s'être demandé pourquoi Hanna avait choisi une banque si éloignée : « Je sais plus la raison exacte, je crois que c'était à cause d'un ami ou d'une relation qui l'avait aidé auparavant. »

Tout en fumant avec nervosité cigarette sur cigarette, Hanna entra dans la banque avec Alec et se dirigea vers la salle des coffres. Deda les attendait dans la voiture sur le parking du centre commercial de cette banlieue de New York : « Ils ont mis très longtemps ; je ne me souviens plus si la banque avait changé d'adresse depuis la dernière fois où Hanna y était allé, je n'ai pas l'impression, car il semblait reconnaître les lieux ; mais je crois qu'ils avaient changé les clés des coffres. »

C'est ce qui posait problème ; la clé qu'on avait donnée à Asabil seize ans auparavant n'ouvrait plus le coffre. L'employé leur demanda de repasser dans quelques jours, mais Alec et Hanna s'y opposèrent fermement. Ils voulaient récupérer les manuscrits immédiatement. Alec expliqua à l'employé que le monsieur qui ne parlait pas anglais avait fait des milliers de kilomètres pour récupérer son bien. Au bout du compte, après bien des discussions, la banque fit venir un serrurier. D'après Deda, ils durent débourser cent dollars supplémentaires pour pouvoir ouvrir le coffre.

Lorsque enfin il réussit à ouvrir le coffre, Hanna blêmit. L'odeur du papyrus en décomposition envahit la pièce. Pendant son séjour dans le coffre, le manuscrit s'était gravement détérioré. Il était désormais en bien plus mauvais état que seize ans auparavant. Alec rangea les papyrus desséchés dans les cartons qu'il avait apportés. « Heureusement que je suis organisée et que nous avons pris ces boîtes », fit remarquer Deda.

Hanna avait l'air sombre, personne ne se parlait et le groupe rentra en silence.

De retour chez Sybil, Hanna fit une sieste. La fatigue du voyage le rattrapait.

Sybil se souvient en particulier de ce qu'il n'arrêtait pas de fumer. Les mégots s'entassaient dans le cendrier du salon et de la chambre où il se reposait. L'odeur du tabac froid envahissait l'appartement. Elle se rappelle également avoir éprouvé un immense découragement. « J'étais effondré de voir le manuscrit tellement détérioré, alors qu'il était resté si longtemps en bon état. »

Un peu plus tard, ils téléphonèrent à Frieda qui fut soulagée d'apprendre que le manuscrit existait encore mais désolée qu'il soit en si mauvaise condition.

Le lendemain matin, Frieda passa voir Hanna et elle examina le codex. Ils signèrent l'acte de vente, daté du 4 avril 2000. Il indiquait le prix et précisait que Frieda Tchacos virerait la somme quelques jours plus tard sur le compte qu'Hanna Asabil détenait à l'agence cairote de la banque American Express. De son côté, Hanna lui confirma qu'il avait récupéré les manuscrits par l'intermédiaire de Nicolas Koutoukalis à Genève.

Il demanda un peu d'argent liquide à Frieda parce qu'il voulait rapporter des cadeaux à ses enfants. Elle lui donna quelques centaines de dollars. Il prit un vol pour Le Caire le soir même.

Son deuxième séjour aux États-Unis n'avait duré qu'une journée et même s'il rentrait avec une somme importante, il était loin de ce qu'il escomptait au départ.

Hanna se retrouva au Caire, chez lui et il se rendit à l'église orthodoxe copte du quartier avec sa femme Viola pour prier en famille, comme il l'avait toujours fait. Malgré les soucis des jours précédents, il éprouvait une certaine satisfaction. Il n'avait certes pas réalisé ses rêves de richesse, mais il avait réussi à vendre l'encombrant objet. Il n'avait donc pas entièrement perdu son temps avec cette histoire et il en était enfin débarrassé.

☥

Les manuscrits de papyrus étaient réduits à des fragments fragiles. Si rien n'était entrepris pour les restaurer de toute urgence, ils pouvaient se retrouver aussi dénués d'intérêt que des grains de poussière sur le rebord d'une fenêtre. Pendant les années qu'Asabil en avait été le propriétaire, les papyrus s'étaient détériorés au point de perdre presque toute leur valeur.

Dès l'instant où elle posa son regard sur les papyrus, Frieda Tchacos se sentit investie d'une mission : « J'avais pu les soustraire à des gens qui n'en connaissaient pas la valeur et ne savaient pas comment s'en occuper. Je voulais les protéger et les confier à ceux qui sauraient les déchiffrer et les préserver. Je voulais les sauver. Je pris progressivement conscience qu'une force me poussait à agir. Avec le recul, je me rends compte que j'ai fait des erreurs, mais, ajoute-t-elle après une profonde inspiration, j'étais guidée par la Providence. »

Une fois légalement propriétaire du codex, Frieda loua une voiture avec chauffeur et monta jusqu'à New Haven, dans le Connecticut, là où se trouvent l'université Yale et la prestigieuse Beinecke Rare Book and Manuscript Library. La bibliothèque abrite une des plus importantes collections au monde de livres rares et de documents exceptionnels, y compris un ensemble important de papyrus coptes, certains acquis par l'intermédiaire de H. P. Kraus, le négociant en manuscrits new-yorkais.

À Yale, Frieda se rendit chez Robert Babcock, un des conservateurs qui l'avait conseillée pour l'achat des premiers feuillets et elle lui confia les manuscrits, en lui demandant si la bibliothèque serait éventuellement intéressée par leur achat à un prix qu'elle assura être « très raisonnable ».

« Je me sentais soulagée parce que je savais que les manuscrits se trouvaient entre les mains de personnes compétentes qui sauraient s'en occuper. Puis je suis repartie et j'ai attendu qu'on m'appelle pour me dire ce qu'ils contenaient. »

Quelques jours plus tard, Frieda s'apprêtait à quitter les États-Unis pour la Suisse lorsqu'elle reçut un appel de Babcock. « J'étais dans un taxi en route pour l'aéroport Kennedy quand mon portable se mit à sonner. Le professeur Babcock semblait extrêmement exalté et il me dit : "Frieda, c'est incroyable, c'est incroyable, ce sont des documents exceptionnels." Il était survolté, "c'est fantastique, Frieda, il y a le nom de Judas, le codex s'achève sur le mot Judas. C'est une découverte extraordinaire, exceptionnelle !" »

Babcock lui expliqua qu'à son avis, il s'agissait de l'Évangile de Judas Iscariote. « Je ne savais pas de quoi il parlait, je ne connaissais rien aux évangiles, admet Frieda, mais son exaltation était palpable. On en resta là et je rentrai à Zurich. »

Yale resta en possession des manuscrits pendant quelques mois au cours desquels le conservateur ne resta pas inactif. Un deuxième professeur de Yale participa à l'étude, Bentley Layton, collègue de Babcock et antiquisant, que beaucoup considèrent comme le plus grand coptisant des États-Unis. Layton, qui, comme Rodolphe Kasser, a assuré la présidence de l'Association internationale des études coptes, a procédé aux premières identifications de la fin du codex, celles que son ancien étudiant, Stephen Emmel, n'avait pas eu le temps d'examiner.

Harry Attridge qui venait d'être nommé professeur à Yale et qui deux ans plus tard allait devenir le président de Yale Divinity School examina lui aussi les documents déposés à la Beinecke Library en compagnie de Babcock et de Layton. Il était très enthousiaste à l'idée d'étudier les textes qu'ils supposaient être ceux qu'il avait espéré faire acheter dix-sept ans plus tôt, alors qu'il était encore professeur à la Southern Methodist University.

Il restait quand même à éclaircir la question de la provenance des manuscrits. Yale est un des établissements universitaires américains les plus prudents et les plus scrupuleux pour ce qui concerne l'origine des documents et de multiples précautions y sont prises pour s'assurer de la légalité des acquisitions, au point de décourager les donateurs potentiels.

La Beinecke Library garda en sa possession les précieux manuscrits de papyrus d'avril à août 2000, sans faire d'offre. Babcock souhaitait acquérir le codex mais les juristes et les dirigeants de l'université avaient des objections par rapport à l'origine et aux droits de propriété du document. Au bout du compte, la direction de Yale prit la décision de ne pas acheter les manuscrits, eu égard à d'éventuelles complications juridiques.

Le professeur Roger Bagnall, de l'université de Columbia, est au nombre des experts qui se rendirent à Yale et eurent l'occasion d'examiner les manuscrits. D'après lui, la seule raison qui décida Yale à ne pas les acheter fut le manque de certitude quant à la légalité de leur provenance.

Frieda Tchacos reçut un rapport sur le manuscrit rédigé par un professeur de Yale en août 2000. On y sent une fébrilité à peine contrôlée à chaque page. Il y est indiqué qu'il a finalement été possible de procéder à l'identification des différentes parties de ce codex gnostique unique et extraordinaire. À propos des deux premières parties, la première Apocalypse de Jean et l'épître de Pierre à Philippe, le rapport indique que "Les manuscrits de Nag Hammadi étaient incomplets et le présent codex comble certaines lacunes… (il en résulte que certaines parties de ce texte sont uniques)… Ce sont les manuscrits de Nag Hammadi (les V et VIII respectivement) qui avaient révélé ces deux textes et permis leur publication et dans les deux cas, le texte de Nag Hammadi était le seul dont nous disposions jusqu'à aujourd'hui. »

Plus loin, le rapport parle de l'Évangile de Judas, disparu depuis longtemps. Il y est indiqué que « le texte était totalement inconnu de l'époque moderne. La partie qui a pu être déchiffrée (la fin du codex) suggère que l'ensemble du texte serait un dialogue entre Jésus et Judas Iscariote et elle s'achève sur un compte rendu de la "trahison" de Judas. »

La conclusion de rapport ne laisse aucun doute : « Il s'agit de toute évidence d'une découverte [...] importante [...] de la magnitude de celle de Nag Hammadi. » Le rapport s'achève sur une mise en garde concernant l'état de délabrement du manuscrit : « Le papyrus est dans l'ensemble extrêmement fragile et nécessite de toute urgence un travail de conservation. » Cela ne faisait que confirmer de façon plus impérieuse encore ce qu'avait écrit Stephen Emmel dix-sept ans auparavant, à ceci près que la situation était maintenant beaucoup plus inquiétante.

En dépit de l'importance évidente du codex, Yale décida de ne pas investir dans un des plus précieux manuscrits de notre époque et Frieda Tchacos-Nussberger en resta propriétaire. Elle avait déboursé une somme considérable, probablement plusieurs centaines de milliers de dollars et la charge financière était au-dessus de ses moyens. Il lui fallait vendre le document à quelqu'un qui aurait les moyens d'effectuer les coûteux travaux de restauration.

Cet acheteur, elle finira par le trouver, mais il fallait d'abord que le codex maudit subisse de nouveaux outrages avant que ne s'achève son incroyable odyssée. Une fois encore, les aspects les plus sordides du marché des antiquités allaient apparaître au grand jour.

CHAPITRE ONZE

Le législateur de Lyon

Jésus dit (à Judas) : « Sépare-toi des autres
et je te dirai les mystères du Royaume.
Il sera possible que tu y parviennes,
mais au prix de beaucoup d'afflictions. »

ÉVANGILE DE JUDAS

Le législateur arriva d'Orient et devint l'évêque chrétien de la ville de Lugdunum, ainsi nommée « la brillante » en raison d'une divinité solaire celte. Située au confluent de deux rivières, le Rhône et la Saône, la cité qui devait devenir Lyon représentait pour les Romains la voie d'accès à la Gaule ; avec la Bourgogne toute proche, la région est toujours un axe de communication essentiel.

On pense qu'Irénée est né à Smyrne dans ce qui est aujourd'hui la Turquie et qu'il a vécu approximativement entre les années 120 et 202. Au cours de cette période cruciale pour le christianisme qu'est le IIe siècle, Irénée, plus que quiconque dans l'histoire, contribua à définir les principes fondateurs et le système théologique de la jeune église dite « universelle », c'est-à-dire catholique. Il fut d'abord prêtre, puis évêque et finalement, après sa mort, un saint reconnu aussi bien par l'Église catholique que celle qui allait devenir l'Église orthodoxe d'Orient.

De nombreux lecteurs contemporains seront peut-être surpris d'apprendre que le christianisme ne possédait ni doctrine ni Bible « définitives » dans les premiers siècles de son histoire. Il fallut plus de trois cents ans, en effet, pour que l'ensemble des textes qui constituent le canon du Nouveau Testament soit officieusement reconnu comme le corpus de base de la littérature sacrée de l'Église catholique. Avant le deuxième siècle, écrit Elaine Pagels dans *Les Évangiles gnostiques*,

> De nombreux évangiles circulaient parmi les multiples communautés chrétiennes, ceux de Matthieu, Marc, Luc et Jean mais aussi l'Évangile de Thomas et l'Évangile de vérité, ainsi que de nombreuses autres traditions secrètes, mythes ou poèmes attribués à Jésus ou à ses disciples.

Marvin Meyer souligne que :

> La constitution du Nouveau Testament en tant que Bible chrétienne fut un lent processus qui prit plusieurs siècles. Ce n'est qu'au Concile de Trente, en 1545, que l'Église catholique romaine décida d'établir la liste définitive des livres bibliques canoniques, à laquelle il est impossible d'ajouter ou d'enlever quoi que ce soit.

Au premier temps du christianisme, les croyants étaient régulièrement victimes de persécutions perpétrées par les autorités romaines. L'empereur Marc Aurèle, né à la même époque qu'Irénée et, de l'avis général, un grand empereur, gouverna au nom de la « Pax Romana » qui ordonnait le monde civilisé mais il n'hésita pas, à l'occasion, à mater ce qu'il appelait « l'obstination » de ces nouveaux chrétiens et de leur Église, créant ainsi des martyrs aux quatre coins de l'empire. Néanmoins, les fidèles de Jésus-Christ étaient loin de constituer un bloc monolithique.

Le monde du christianisme primitif est extrêmement turbulent. Dans cet univers d'une grande diversité circulaient non seulement les quatre Évangiles qui figurent aujourd'hui dans la Bible mais une trentaine d'autres, chacun prétendant détenir la vérité. Tous s'accordaient sur les grandes lignes de la vie de Jésus, mais ils divergeaient sur des événements historiques particuliers ou sur l'ordre des différents épisodes du récit biblique. Certains proposaient, à partir de faits identiques, des interprétations doctrinaires divergentes.

Chacune de ces sectes proposait une variante de la doctrine chrétienne. Parmi les points de débat, la question de la divinité de Jésus-Christ était une question centrale : dans quelle mesure était-il humain, dans quelle mesure était-il divin ? La Trinité existait-elle ? Le Christ pouvait-il être distingué de Dieu ou bien en faisait-il partie, et dans ce cas, comment pouvait-il faire l'expérience d'un destin humain comme la crucifixion ? Est-ce que le Christ, comme il l'avait lui-même proclamé, était venu pour accomplir la loi judaïque et les visions prophétiques d'Isaïe et des autres prophètes ? Quelle était sa relation aux Juifs et à la perspective messianique telle qu'elle fut d'abord exprimée dans la Torah ? Les réponses à des questions de ce type provoquaient non seulement des schismes douloureux au sein de la chrétienté mais aboutissaient aussi à des controverses d'une extrême complexité qui s'efforçaient de réconcilier certaines doctrines tout en en excluant d'autres.

Le professeur Bart Ehrman est l'auteur de plusieurs ouvrages consacrés à ces croyants différents. Les disciples de Carpocrate, par exemple, élaborèrent une théologie qui justifiait des mœurs sexuelles libres à condition qu'elles soient pratiquées « dans le cadre de la religion, qui préconise que tout doit être mis en commun parmi le peuple de Dieu », allant jusqu'à échanger leurs épouses lors des cérémonies religieuses. La justification théorique était que puisque Dieu est maître de toute la création, nul ne peut prétendre posséder quoi que ce soit, pas plus l'âme que le corps d'une autre personne. Ehrman souligne qu'au nom de la religion, les disciples de Carpocrate « préconisaient toutes sortes d'expériences physiques comme faisant partie de leur projet de salut ».

Les autres sectes n'étaient pas forcément aussi exotiques. Parmi les plus importantes, on trouve les valentiniens, les marcionites, les ébionites et plus tard les ariens. Chacune se choisissait son équipe dirigeante chargée de définir pourquoi et comment Jésus pouvait être considéré comme le Messie, de quel type de Messie il s'agissait, de quelle façon il convenait de l'adorer.

Ainsi, les marcionites suivaient l'exemple de Marcion, un adepte de Jésus originaire de la région de la mer Noire. Marcion vouait une grande admiration aux écrits de Paul ; il en était en quelque sorte le disciple. Il insista sur la différence que Paul a décrite dans l'Épître aux Galates entre la loi judaïque et l'Évangile de Jésus. Ehrman explique que, pour les marcionites,

> L'Évangile apporte la bonne nouvelle de la délivrance. Il met en jeu l'amour, la compassion, la grâce, le pardon, la réconciliation, la rédemption et la vie. La Loi, en revanche, représente la mauvaise nouvelle qui rend nécessaire, précisément, l'Évangile. Elle met en jeu des commandements sévères, la faute, le jugement, le ressentiment, le châtiment et la mort. La Loi est donnée aux Juifs. L'Évangile est apporté par le Christ.

Marcion décida que le même Dieu ne pouvait pas être à la fois responsable de l'Ancien et du Nouveau Testament. Il affirma donc qu'il n'y avait pas un, mais deux dieux. Jésus, le nouveau Dieu, venait sauver les gens du dieu vindicatif juif.

Marcion précisa ensuite que Jésus n'appartenait pas au monde physique. S'il était lui-même Dieu, ou s'il était de nature divine, il ne pouvait pas être en même temps de nature humaine. Il n'en avait que l'apparence. Les dieux ne meurent pas. Ils ne souffrent pas.

Comment Jésus pouvait-il vivre sur la terre, puis être livré et mourir ? La réponse était évidente : c'était impossible.

Un deuxième groupe important se situait à l'autre extrémité du spectre théologique, les ébionites. Ils insistaient au contraire sur les racines juives du christianisme. Selon Ehrman, ils étaient convaincus que :

> Jésus était le Messie juif envoyé par le Dieu juif au peuple juif en accomplissement des écritures. Ils croyaient également que pour faire partie du peuple de Dieu, il était nécessaire d'être Juif. Par conséquent, ils observaient le sabbat, mangeaient casher et pratiquaient la circoncision.

Ces conflits occupent une place considérable dans le Nouveau Testament, sous la forme, par exemple, de débats entre les Apôtres (qui étaient tous d'origine juive et circoncis) à propos de la nécessité d'être circoncis pour être admis dans la communauté des croyants. Les apôtres décidèrent que plus que les manifestations physiques, c'était la foi et la croyance qui constituaient les exigences essentielles.

Mais les ébionites ne partageaient pas cet avis. Ils prétendaient, comme l'explique Ehrman, que le Christ était le fils de Dieu non pas « à cause de sa nature divine ou de son immaculée conception, mais parce qu'il avait été "adopté" par Dieu pour être son fils. La crucifixion de Jésus était le "sacrifice ultime" qui permettait de mettre un terme aux sacrifices rituels pratiqués dans le Temple. »

Pour les ébionites, le texte essentiel était l'Évangile de Matthieu, des quatre Évangiles celui qui est le plus imprégné de judaïsme et qui semble avoir été rédigé à l'intention d'un public essentiellement juif. Les ébionites n'acceptaient pas les écrits de Paul, dont l'incroyable zèle missionnaire avait propagé le message du Rédempteur à travers le monde, non seulement chez les Juifs mais aussi chez les gentils, et cela en grande partie en expurgeant la religion de ses exigences les plus pénibles, comme la circoncision ou les lois alimentaires, ce qui facilitait la conversion à la nouvelle foi.

Parmi les chrétiens gnostiques, la secte des caïnites s'écarta radicalement du judaïsme. Ils étaient convaincus que l'Ancien Testament était entièrement faux et que le Dieu de l'Ancien Testament était un faux dieu. Ils pensaient également qu'il fallait réévaluer certains personnages de l'Ancien Testament et ils prirent à rebours l'opinion généralement admise sur plusieurs figures centrales de la Bible. Ils portaient par exemple un jugement positif sur Caïn plutôt que sur Abel, d'où leur nom, les caïnites.

☥

Pour comprendre comment autant de mouvances religieuses ont pu proliférer à partir des paroles d'un seul prophète, il convient de prendre en considération les années qui suivirent la mort de Jésus-Christ. Au début, ses fidèles étaient tous juifs. Le message christique s'inscrivait dans la tradition messianique juive et était perçu par les disciples et les fidèles de Jésus comme son accomplissement. Il en résulta que Jérusalem se retrouva au centre de la nouvelle religion qui allait prendre le nom de christianisme.

Il est généralement admis que Jésus serait mort au cours de ce qui correspond à l'an 30 de l'ère chrétienne. Dans les premiers temps, ceux qui croyaient à sa divinité n'étaient considérés que comme une secte juive de plus. Les apôtres, comme le montrent les Évangiles canoniques, se considéraient comme des Juifs qui auraient rencontré le Messie et croiraient en lui. Au sein de la religion chrétienne naissante, il se produisit des conflits idéologiques entre les défenseurs du judaïsme et ceux qui en condamnaient certains aspects. D'une certaine façon, les chrétiens s'opposaient moins à la puissance de la Rome païenne, qu'à la façon, qu'ils jugeaient corrompue, dont on pratiquait à l'époque le judaïsme.

Moins de dix ans après la mort du Christ, un rabbin appelé Saul de Tarse, qui comptait parmi les adversaires les plus acharnés du Messie, eut une révélation divine alors qu'il se trouvait sur la route de Damas. Il embrassa alors avec enthousiasme l'idée que Jésus était le Messie et il devint, sous le nom de Paul, une figure essentielle dans la propagation du message chrétien. Un de ses grands mérites est d'avoir facilité l'accès de la nouvelle religion aux gentils.

Paul partit pour son périple apostolique de Césarée, port de Judée. La ville était depuis l'an 6 la résidence administrative des gouverneurs romains de la province et c'est là que se trouvait le quartier général des forces militaires romaines en poste dans la région, la célèbre Dixième Légion. Un immense temple païen à la gloire de Jules César avait été érigé sur les hauteurs qui dominaient le nouveau port. La ville construite à l'initiative du roi Hérode abritait dans sa partie sud des bâtiments publics et un palais royal. C'est là que fut baptisé un des premiers gentils à se convertir, un centurion romain du nom de Corneille (Actes des apôtres 10, 1-5 et 25-28).

C'est à Césarée que plus tard l'histoire du christianisme fut écrite et préservée, à partir du IIIe siècle, et c'est là qu'un philosophe et traducteur réputé, Origène, rédigea les éditions hexaples de la Bible. Dans ces temps reculés, Origène, Pamphile, Eusèbe (que l'on considère comme le fondateur de l'histoire de la chrétienté) et bien d'autres arpentaient les rues de la ville romaine, œuvrant sans relâche à explorer les complexités de la nouvelle foi et à réunir les textes qui pourraient servir à convertir au christianisme de nouveaux adeptes.

De Césarée, Paul se rendit à Chypre, en Grèce, en Turquie et dans d'autres régions orientales et septentrionales du bassin méditerranéen. Grâce à ces efforts ininterrompus, la nouvelle religion chrétienne prit de plus en plus d'autonomie et s'éloigna de ses origines judaïques. Elle était par définition ouverte à tous et non seulement aux Juifs, accueillant tous ceux qui acceptaient Jésus comme le Christ, même si Jésus avait déclaré dans son Sermon sur le Montagne qu'il n'était pas venu pour abolir mais pour accomplir la Loi judaïque. Paul contribua à définir le cadre qui rendrait la nouvelle religion plus accessible. Les apôtres mettaient en place une nouvelle forme de fraternité, celle que le Nouveau Testament appelle l'Israël du Seigneur, fondée sur la conviction que non seulement Jésus est le Messie, mais qu'il peut offrir la vie éternelle à ceux qui ont foi en lui.

En l'an 60, six ans avant la révolte des Juifs contre l'autorité romaine, Paul fut arrêté et ramené à Césarée. En tant que citoyen romain, il exigea d'être jugé à Rome. Il s'agit là, selon le point de vue, soit d'une erreur fatale, soit d'une idée d'inspiration divine. Lorsqu'il fut enfin jugé à Rome, il fut condamné à mort et exécuté.

La plupart des historiens affirment aujourd'hui qu'à cette époque, les Évangiles n'avaient pas encore été rédigés. Les épîtres de Paul sont parmi les premiers documents chrétiens que nous connaissions. Vraisemblablement, les Évangiles ainsi que plusieurs autres textes apocryphes étaient en cours d'élaboration.

Quelques années plus tard, la révolte en Judée et le conflit qui s'ensuivit pour le contrôle de la Terre sainte provoquèrent la chute de Jérusalem. La rébellion juive débuta en 66. Les Juifs subissaient avec rancœur le joug romain et en particulier les tentatives faites pour restreindre leurs libertés religieuses et imposer les dieux romains dans l'enceinte même du temple de Jérusalem. Les Romains ne réussirent à venir à bout des Juifs et à reprendre le contrôle de la Judée qu'au prix d'efforts considérables et grâce aux nombreuses troupes qu'ils firent venir de tout l'Empire.

La Judée fut la première province romaine à déclencher une véritable rébellion contre l'autorité romaine. Dans un premier temps, stimulés par leur foi, les Juifs marquèrent plusieurs succès. Il fallut quatre années aux Romains pour écraser les rebelles. Il y eut des dizaines de milliers de victimes et des dégâts considérables. Le conflit s'acheva par le siège et la destruction de Jérusalem en 70.

La terrible défaite des Juifs contre les Romains eut des conséquences sur le développement du christianisme et sur la façon dont les Juifs et d'autres peuples considéraient les croyances essentielles du messianisme juif. Les Juifs se retrouvèrent sans patrie, des milliers d'entre eux furent tués ou expulsés. Beaucoup interprétèrent ces événements comme la volonté de Dieu.

Une deuxième révolte se produisit à peu près à la même époque, mettant également face à face des Juifs et des Romains, mais cette fois à Alexandrie, en Égypte. Une importante communauté juive s'était développée à Alexandrie parce qu'Alexandre le Grand avait promulgué une charte garantissant aux Juifs protection et sécurité. En 68, les Romains essayèrent d'y imposer les mêmes restrictions religieuses qu'en Judée. Les Juifs d'Alexandrie, comme ceux de Jérusalem, se révoltèrent. La tradition copte affirme que l'apôtre Marc fut tué au cours du soulèvement.

La double défaite que les Romains avaient infligée aux Juifs eut des répercussions sur les auteurs des quatre Évangiles canoniques. Pour les fidèles de Jésus, la chute du Temple de Jérusalem confirmait la volonté divine de punir les Juifs pour leur rejet du message christique. Judas, le traître, allait peu à peu devenir le symbole de ce refus délibéré d'accepter le Christ comme le Messie.

La nouvelle religion accueillait dorénavant de nombreux gentils parmi ses adeptes. Et au fur et à mesure que la parole christique se propageait loin de Judée, la figure de Judas prit de plus en plus d'importance. Jésus avait été trahi par Judas. Judas n'était pas seulement juif, il symbolisait l'opposition juive à la propagation de l'Évangile de Jésus.

C'est vers cette époque que de nombreux fidèles de la nouvelle Église chrétienne ressentirent la nécessité d'unifier les différents courants en une religion unique et cohérente. Au cours du chaotique IIe siècle, marqué par les rivalités entre de nombreuses sectes chrétiennes, un homme s'imposa comme celui qui pourrait définir ce qui serait par la suite jugé acceptable ou non par le christianisme, l'évêque Irénée, qui œuvrait aux limites occidentales de l'Empire romain.

☥

La mission d'Irénée était de fournir aux communautés chrétiennes naissantes, en Gaule comme dans le reste du monde, un cadre théologique orthodoxe. Il allait laisser une trace profonde en définissant la base des doctrines qui seront adoptées 140 plus tard par le concile de Nicée en 325, donnant ainsi naissance à la Sainte Église.

Ce que nous savons de cette formidable figure religieuse provient principalement de ses écrits qui sont le plus souvent complexes et difficiles à comprendre, bien que cela puisse être imputable à la piètre qualité des traductions qui ont circulé de siècle en siècle jusqu'à nos jours. Il est presque certain qu'il ne reste aucune trace des écrits d'Irénée dans leur langue d'origine, le grec. Il fut ensuite traduit en un latin que certains chercheurs jugent lourd et maladroit. Quelques textes furent traduits en arménien mais comme pour les textes en latin, seule la traduction, et non l'original grec, subsiste.

De son avant-poste gaulois, Irénée observa un christianisme certes chaotique mais débordant d'énergie. Sans que rien ou presque ne puisse l'arrêter, son influence se propageait dans l'ensemble du monde connu. Une religion se constituait. Néanmoins, il n'y avait encore aucune église organisée pour décider, même de façon arbitraire, de ce qui constituerait la doctrine, et de ce qui en serait exclu. Irénée était loin d'être le seul à vouloir imposer un dogme et des règles aux innombrables sectes. Elaine Pagels précise qu'à partir de l'an 200,

> la situation n'était plus la même. Le christianisme était devenu une institution dirigée par une hiérarchie à trois niveaux, les évêques, les prêtres et les diacres, qui se considéraient comme les gardiens de la « vraie » foi. La majorité des églises, au sein desquelles l'église de Rome jouait un rôle essentiel, rejetèrent tous les autres courants comme étant des hérésies.

Le destin d'Irénée était de tracer des limites. Il écrivit dans une lettre :

> Voici la règle de notre foi, la base de l'édifice, le fondement de notre conduite : Dieu, le Père, increé, insaisissable, invisible ; Dieu unique, créateur de tout, c'est le premier article de notre foi. Quant au second, le voici : c'est le Verbe de Dieu, le Fils de Dieu, Jésus Christ, notre Seigneur… et le troisième article, le voici : le Saint

Esprit, par qui les prophètes ont prophétisé, et les pères ont appris les choses de Dieu, et les justes ont été conduits sur le chemin de la justesse ; et qui à la fin des temps fut donné d'une nouvelle façon à l'humanité, sur toute la terre, rétablissant l'union entre Dieu et les hommes (*La Prédication des apôtres et ses preuves ou la foi chrétienne*, Desclée de Brouwer, 1977).

Irénée chercha à unifier la chrétienté autour d'un ensemble de textes approuvés par tous. Il affirma qu'il ne pouvait pas y avoir plus de quatre Évangiles. Le nombre n'était pas choisi au hasard : il y a quatre vents, quatre directions. Pour Irénée, ces éléments étaient d'importance capitale. Il devait par conséquent y avoir quatre Évangiles. Il dressa la liste des quatre Évangiles acceptables : Matthieu, Marc, Luc et Jean et affirma qu'ils étaient d'inspiration divine. Ils formeraient par la suite les Évangiles canoniques.

Irénée voyait des hérésies partout. Son texte le plus célèbre est un ouvrage en cinq volumes intitulé *Adversus Haereses, Contre les hérésies : Réfutation de la prétendue gnose au nom menteur*. Une autre traduction de ce titre est *De la détection et réfutation de la gnose au nom menteur*.

Après avoir établi plus ou moins clairement pour lui-même ce qu'était l'hérésie (sans pour autant avoir proposé de définition précise), il se mit à poursuivre avec détermination et application ceux qui se rendaient coupables d'hérésie, c'est-à-dire ce qui à ses yeux était de l'hérésie.

Parmi les différents courants chrétiens dissidents, Irénée éprouvait une horreur particulière pour les gnostiques. Le gnosticisme constituait une mouvance populaire et puissante au sein du monde chrétien en pleine expansion mais encore persécuté. Irénée se mit à combattre la théorie gnostique, blasphématoire à ses yeux, qui affirmait que l'âme de chaque homme abrite une connaissance secrète. Selon Pagels,

> Les chrétiens gnostiques exprimaient leurs conceptions d'une façon que les orthodoxes ne pouvaient pas accepter. Par exemple, certains textes gnostiques mettent en doute le fait que la souffrance, le travail et la mort résultent du péché originel qui, dans la conception orthodoxe, souille la perfection de la création. D'autres font référence à la dimension féminine du divin, définissant Dieu comme Père et Mère. D'autres encore suggèrent qu'il convient d'appréhender la résurrection du Christ de façon symbolique et non littérale.

Selon Ehrman, « les gnostiques détiennent une connaissance grâce à laquelle ils peuvent s'arracher à l'existence matérielle ». Il définit ainsi les principes de bases communs à la plupart des sectes gnostiques :

> Il s'agit de chrétiens qui sont convaincus que le monde dans lequel nous vivons est un monde mauvais, et [certains pensent que] l'existence matérielle est mauvaise en soi parce que le monde a été créé par une divinité mauvaise ou de rang inférieur.

Le but de la religion gnostique était d'échapper aux contingences matérielles du corps.

L'influence gnostique fut sensible dans l'ensemble du monde chrétien. Il existait des sectes gnostiques non seulement dans la vallée du Nil qui traverse l'Égypte sur des milliers de kilomètres, mais également sur les collines arides d'Antioche, dans les villes côtières d'Alexandrie et Césarée, sur tout le pourtour méditerranéen et même aux confins de l'Empire, à Lyon, là où l'évêque Irénée se faisait le gardien de la foi. La théologie irénéenne mettait l'accent sur l'unité de Dieu alors que de nombreux gnostiques divisaient Dieu en une série d'« éons », chacun de nature sainte et divine, et en de nombreux êtres ou pulsions spirituelles impures et iniques.

Il s'en prit en particulier aux valentiniens, une secte qui observait les enseignements de Valentin. Selon les explications de Marvin Meyer,

> Pour le gnosticisme valentinien, le Christ et le verbe (le logos) sont des êtres éternels (des éons) et Jésus a été envoyé pour apporter le salut et la connaissance. Il y a là un parallèle avec le verbe fait chair de l'Évangile de Jean. Mais… les valentiniens proposaient un processus radicalement différent de salut par la connaissance et l'image d'un père inconnaissable qu'ils situaient dans un royaume céleste de lumière, le plérome, ou plénitude. Les chrétiens traditionnels ne se trompaient pas lorsqu'ils estimaient que les valentiniens étaient radicalement différents d'eux.

En fait, les valentiniens représentaient plus un mouvement intellectuel qu'un courant religieux doctrinaire ; ils recouraient fréquemment aux allégories et appréciaient les spéculations théologiques les plus diverses. Valentin lui-même était un chef éloquent qui, comme l'a écrit le professeur Bentley Layton de Yale dans *The Gnostic Scriptures*, « cherchait à élever la théologie chrétienne au même degré d'érudition que la philosophie païenne ». On trouvait des écoles valentiniennes dans tout l'Empire romain, de Rome à la Gaule et l'Égypte, et même jusqu'en Mésopotamie. En général, les érudits valentiniens délivraient un enseignement réservé à leurs élèves, mais ils entretenaient également de bons rapports avec les communautés locales en allant prier dans leurs églises et en utilisant les mêmes livres de prières. Leur objectif n'était pas seulement de propager la foi mais de faire progresser la réflexion. Ils constituaient un ensemble hétérogène cultivé.

Le mouvement perdura jusqu'au VIIe siècle, mais Layton souligne que, dès l'an 160, « les opposants à l'école valentinienne commencèrent à dénoncer le mouvement et cherchèrent à l'exclure de l'Église ». Les valentiniens ne prirent pas la peine de répondre en détail aux accusations dont ils faisaient l'objet, y compris quand on les décrivait comme des « loups déguisés en agneaux ». Bentley explique que « selon leur théologie mythique… les intentions ultimes de Dieu prévoyaient de détruire les non-chrétiens et de limiter l'accès des chrétiens ordinaires (c'est-à-dire leurs opposants) à un paradis de seconde classe où ils resteraient pour toujours, non pas en compagnie de Dieu le père mais seulement avec l'artisan du monde ».

On estime que la plupart des documents gnostiques furent à l'origine rédigés en grec à l'époque d'Irénée, c'est-à-dire, approximativement, entre 100 et 200. Jusqu'en 1945, date à laquelle les textes de Nag Hammadi furent découverts, les seules informations que nous possédions sur les gnostiques provenaient dc leurs adversaires les plus acharnés, en particulier Irénée, qui était par ailleurs un pourfendeur des valentiniens.

Pour autant, les gnostiques constituaient un mouvement prospère et composite, fort d'une foi inébranlable dans la vérité des concepts qu'ils avançaient. Comme le souligne Pagels,

> Les gnostiques qui rédigeaient et faisaient circuler ces textes ne se considéraient pas comme des « hérétiques ». La plupart de leurs textes utilisaient une terminologie chrétienne qui portait la trace indéniable de l'héritage judaïque. De nombreux écrits affirmaient détenir des connaissances secrètes concernant Jésus, inaccessibles à la multitude qui formait ce qu'au cours du IIe siècle on se mit à appeler l'« Église catholique ».

Il était difficile à cette époque de savoir avec certitude qui avait raison à propos de Jésus.

Lorsque les documents de Nag Hammadi furent publiés au cours de la deuxième moitié du XXe siècle, on crut qu'ils allaient modifier de façon substantielle notre compréhension du christianisme primitif. Les gnostiques pouvaient dorénavant s'exprimer directement, il n'y avait plus à filtrer leurs propos par les analyses qu'en avaient données leurs ennemis jurés. Leurs systèmes de pensée constituaient une révélation. Un certain nombre de chercheurs étaient convaincus que ces manuscrits avaient le pouvoir de faire chanceler des croyances chrétiennes vieilles de plusieurs siècles. Un des premiers livres publiés sur ce nouveau corpus de littérature gnostique fut, on l'a cité, un ouvrage de l'universitaire français Jean Doresse intitulé *La Découverte des textes de Nag Hammadi : récit de l'expédition qui ébranla les fondements du christianisme*.

Mais malgré tout le battage autour d'une remise en question profonde du christianisme moderne, l'attente suscitée par Nag Hammadi tourna court. Le christianisme traditionnel se débarrassa de la prétendue menace gnostique d'un haussement d'épaule : « Je ne pense pas qu'aucun de ces documents puisse ébranler la foi, avança Ehrman. Je suis convaincu que les gens vont continuer à croire, quels que soient les documents mis au jour. »

Quoi qu'il en soit, les documents avaient une valeur inestimable. Pour la première fois, on pouvait les voir, les lire et les apprécier en eux-mêmes et non à travers le regard critique de lecteurs des IIe, IIIe et IVe siècles qui avaient leurs propres conflits d'intérêt idéologiques et théologiques et qui, à l'instar d'Irénée, devaient forcément exprimer cette pensée de façon biaisée.

Les textes gnostiques furent défendus par quelques universitaires. Il était désormais possible de conduire des recherches sur un IIe siècle qui s'avérait riche en perspectives inédites, stimulantes et surtout plus complètes sur le christianisme primitif. Roger Bagnall décrit la réaction des milieux universitaires lorsque les textes gnostiques commencèrent à être lus :

> Si l'on considère la situation des études religieuses en tant que discipline universitaire dans les années 1960 et 1970, on s'aperçoit qu'on y trouvait essentiellement des gens avec une formation théologique, souvent avec une culture religieuse profonde et qui étaient en porte-à-faux avec cet aspect de leur vie. D'un point de vue technique, les textes de Nag Hammadi étaient bien sûr hérétiques, condamnés par les Pères de l'Église. Certes, un chercheur parfaitement détaché du christianisme n'aurait pas éprouvé la nécessité de se situer par rapport à ces textes, mais de tels chercheurs étaient rares. Si vous lisez Elaine Pagels, vous constatez le résultat : les gnostiques sont présentés de façon positive, comme une évolution possible du christianisme qui en aurait fait une religion beaucoup plus accueillante, agréable et moins stricte que notre orthodoxie rigide.

Historiquement, ce sont les proto-orthodoxes et les orthodoxes qui l'ont emporté et leurs perspectives ont prévalu lors de la fondation de l'Église et de la tradition théologique que nous appelons le christianisme. Les perspectives gnostiques furent en règle générale exclues de ce vaste courant intellectuel et théologique. Irénée avait bien fait son travail. Il permit une fusion de l'Ancien et du Nouveau Testament. Le christianisme canonique trouva un équilibre entre le divin et l'humain, entre le goût du récit et les exigences de la foi. Il définit les relations entre l'homme et Dieu, entre Juifs et chrétiens par rapport aux prophètes de jadis, à la satisfaction de l'Église. L'Église devint une puissance établie. Le christianisme se transforma en religion dominante de l'Occident.

Parmi les manuscrits gnostiques vilipendés par Irénée se trouvait l'Évangile de Judas :

> D'autres encore disent que Caïn était issu de la Suprême Puissance, et qu'Ésaü, Coré, les gens de Sodome et tous leurs pareils étaient de la même race qu'elle : pour ce motif, bien qu'ils aient été en butte aux attaques du Démiurge, ils n'en ont subi aucun dommage, car Sophia s'emparait de ce qui, en eux, lui appartenait en propre. Tout cela, disent-ils, Judas le traître l'a exactement connu, et, parce qu'il a été le seul d'entre les disciples à posséder la connaissance de la vérité, il a accompli le « mystère » de la trahison : c'est ainsi que, par son entremise, ont été détruites toutes les choses terrestres et célestes. Ils exhibent, dans ce sens, un écrit de leur fabrication, qu'ils appellent « Évangile de Judas » (*Contre les hérésies,* livre I, édition d'Antoine Beltrano).

Pour comprendre le sens des commentaires d'Irénée, il faut savoir que *Sophia* représente la sagesse, ou en termes gnostiques, l'âme du monde. Judas était « le seul d'entre les disciples à posséder la connaissance de la vérité ». Comment ? Pourquoi ? Irénée n'a pas souhaité développer plus précisément la nature de l'hérésie gnostique.

Irénée avait-il lu l'Évangile de Judas ? Nous n'en avons aucune preuve. Mais la vérité est qu'il n'était pas nécessaire qu'Irénée ou qui que ce soit ait lu l'Évangile de Judas pour le condamner. Le titre de l'Évangile suffisait, affirment les spécialistes. Comme le confirme l'éminent coptologue Rodolphe Kasser, « le titre est en soi blasphématoire. »

Et Stephen Emmel ajoute « le titre indique clairement que Judas, le traître, n'aurait pas dû écrire d'Évangile... C'est pourquoi on peut suggérer qu'Irénée n'avait pas besoin d'en dire beaucoup. Le titre suffit à le condamner. »

Ehrman élargit la perspective :

> Depuis les premiers temps du christianisme, il était clair qu'un des disciples de Jésus avait trahi. On sait avec une certitude presque absolue qu'il s'agit là d'une tradition historique. Jésus a très certainement été livré aux autorités par Judas Iscariote. La raison pour laquelle les historiens en sont presque certains, c'est qu'aucun chrétien n'aurait inventé ce genre d'histoire.

☥

Malgré tous les efforts d'Irénée pour établir une religion orthodoxe, la nouvelle foi n'avait toujours pas reçu d'approbation officielle. Les chrétiens continuaient d'être victimes de persécutions. Elles culminèrent sous le règne de l'empereur Dioclétien (245-313). Dans les premiers temps, la politique de Dioclétien fut modérée, mais, à partir de 284, au cours des dernières années de son règne, il organisa une effroyable série de persécutions de chrétiens. Grâce à l'érudit chrétien Eusèbe qui rédigea une série de récits insoutenables de martyres, nous possédons une abondante documentation sur le traitement brutal auquel les chrétiens furent soumis. Malgré l'abdication de Dioclétien en 305, la vague de persécutions ne prit fin qu'avec l'exécution de Pierre, évêque d'Alexandrie, en 311.

La vie de saint Athanase, né vers 295 à Alexandrie, reflète bien les incertitudes de l'époque. Il apparut dans le sillage du christianisme proto-orthodoxe propagé par Irénée. À cette époque, le christianisme était bien implanté en Égypte parmi les gens du peuple. Il s'était propagé depuis Alexandrie vers le sud par la vallée du Nil et les Coptes ainsi que de nombreux Grecs qui vivaient en Égypte l'avaient adopté. En 313, Constantin officialisa la religion et les chrétiens purent pratiquer leur foi en toute liberté.

Athanase prit part au concile de Nicée en 325 et fut nommé évêque à l'été 328. Il se révéla être un défenseur vigoureux du christianisme orthodoxe. Pour des raisons non éclaircies, Constantin le fit venir à Byzance en 335 puis l'exila à Trêves, à la frontière allemande. Lorsqu'il revint en Égypte deux ans plus tard, Athanase se mit à tenir des propos très critiques à l'égard de ce que l'on appelait l'« hérésie arienne », doctrine considérée avec bienveillance par le nouvel empereur d'Orient,

Constantin II, le fils de Constantin. Le combat entamé par Irénée continuait. L'hérésie arienne repose sur la conviction que la naissance de Jésus n'a rien à voir avec Dieu, parce que Dieu est tout-puissant et qu'il a précédé Jésus. Cette théorie avait pour origine un prêtre du nom d'Arius, lui aussi d'Alexandrie, comme Athanase. Jésus est le fils de Dieu, mais il n'est pas lui-même Dieu, affirmait cette doctrine, hérétique selon la définition proto-orthodoxe et combattue sans relâche par la jeune Église catholique de plus en plus populaire.

Athanase consacra sa vie à combattre tout ce qui pourrait contrecarrer les décisions prises au concile de Nicée. Il fut arrêté et envoyé en exil à trois reprises. Pendant trente années, il vécut une existence faite de conflits et d'incertitude, tandis que différents courants rivalisaient pour prendre le contrôle du christianisme.

C'est dans ce contexte agité des années 330 à 380 que fut définitivement mis en place le canon chrétien, étape décisive vers l'élaboration d'un corpus unique de textes saints admis par tous les chrétiens. Athanase joua un rôle clé dans la réalisation de cette unification. Dans sa trente-neuvième épître datée de 367, il définit ce qui est acceptable et ce qui ne l'est pas. Il y donne son approbation officielle au Nouveau Testament tel qu'il était déjà plus ou moins constitué.

Sa lettre, communiquée à toutes les églises chrétiennes d'Égypte, définit le canon comme suit :

> Ce sont en effet : les quatre Évangiles, selon Matthieu, selon Marc, selon Luc et selon Jean. Puis après ceux-là, les Actes des Apôtres et les

Épîtres appelées catholiques, au nombre de sept, que voici, une de Jacques ; deux de Pierre, puis trois de Jean ; après cela, une de Jude. De plus, il y a quatorze épîtres de l'apôtre Paul inscrites dans l'ordre suivant : une aux Romains, puis deux aux Corinthiens ; après cela, aux Galates, et puis aux Éphésiens, ensuite aux Philippiens et aux Colossiens, après cela, deux aux Thessaloniciens et celle aux Hébreux et aussitôt deux à Timothée, une à Tite et la dernière, celle à Philémon, et encore l'Apocalypse de Jean.

« Voici les fontaines du salut, que ceux qui ont soif l'étanchent avec les paroles vivantes qu'elles contiennent, conclut Athanase. Là seulement se trouve la doctrine sainte. »

Comme Irénée, il condamna également avec virulence ceux qui selon les critères proto-orthodoxes étaient des hérétiques. Ses paroles semblent avoir été dirigées avant tout contre les gnostiques, ceux qui :

> ... ont fabriqué des livres qu'ils appellent livres des tables, dans lesquels ils montrent des étoiles auxquelles ils donnent des noms de saints... et par là ils se sont attiré un double reproche : ceux qui ont écrit ces livres, pour s'être perfectionnés dans une science mensongère et méprisable ; et quant aux ignorants et aux simples, pour les avoir, par de mauvaises pensées, détournés de la vraie foi établie en toute vérité et honnêteté en présence de Dieu.

Sur la façon dont il avait défini les Écritures, il ajouta : « Que nul n'y ajoute ou n'en retranche quoi que ce soit. Car en en parlant le Seigneur fit honte aux Sadducéens et leur dit "Vous êtes dans l'erreur, si vous ne connaissez pas les Écritures." Et Il admonesta les Juifs, leur disant "Cherchez dans les Écritures, car c'est de Moi qu'elles témoignent." »

Grâce à l'Épître d'Athanase, l'Église possédait une définition plus précise de ce qui était acceptable par les églises chrétiennes, ainsi que quelques indications sur ce qui ne l'était pas. Il n'y a pas de preuve qu'il y ait eu de véritables campagnes de répression contre la littérature dissidente ou hérétique. En revanche, tout ce qui se trouvait hors du cadre défini par l'épître d'Athanase fut jugé, dans le meilleur des cas, « apocryphe » et franchement hérétique lorsque le texte exprimait un net désaccord avec la doctrine dominante. Il n'y a par ailleurs aucun indice irréfutable que des autodafés aient été organisés. Les spécialistes divergent sur ce point. David Brakke, auteur d'*Athanasius and the Politics of Ascetecism* affirme que « d'après ce qu'on en sait, Athanase n'a certainement pas décrété que les ouvrages "hérétiques" devaient être brûlés. Il a simplement indiqué qu'il fallait les rejeter, ne pas les lire ni s'en servir. »

De toute façon, de quels moyens aurait disposé Athanase pour faire respecter un tel décret ? Brakke avance la réponse suivante :

> Aucun, ou presque. Certes, dans sa lutte contre les opposants d'Alexandrie, il semble qu'il eut recours à la violence (des voyous qui brutali-

saient les gens), mais ce n'est pas avec ce genre de procédés qu'il aurait pu forcer tous les chrétiens d'Égypte à utiliser la même Bible et à ne plus lire les autres textes ou à s'en servir. En tant que patriarche d'Égypte, Athanase nommait les évêques de tout le pays, il lui suffisait donc de nommer ceux qui étaient d'accord avec lui et de révoquer les membres du clergé qui se servaient d'ouvrages « hérétiques ».

Il ajoute :

Mais surtout, Athanase pouvait compter sur son impressionnante autorité personnelle. Il était évêque depuis 328 et avait résisté à de multiples tentatives visant à le destituer de son poste, y compris plusieurs décrets impériaux d'exil, pour l'Allemagne par exemple. Il avait fermement défendu la Foi nicéenne contre ses opposants ariens et, au tout début de sa carrière, il avait cherché à établir de bonnes relations avec les prestigieux moines du désert. Pour les chrétiens d'Égypte, c'était un héros, et s'il a obtenu quelque succès (et il est difficile de savoir dans quelle mesure il en eut) dans ses tentatives visant à convaincre les fidèles d'adopter le dogme et de se débarrasser des ouvrages « hérétiques », il le doit avant tout à son autorité naturelle.

Brakke suggère une explication extrêmement simple à la disparition des Évangiles proscrits :

La raison principale de leur disparition est que les copistes cessèrent de les recopier, au cours des premiers siècles de notre ère puis au Moyen Âge. Les copistes professionnels copiaient les livres à la main, uniquement à la demande d'un client et lorsqu'ils étaient payés. Si un ouvrage chrétien était déclaré inutile, voire dangereux sur le plan théologique, les commandes se faisaient rares et certains copistes peuvent même avoir refusé de les copier. La plupart des manuscrits d'ouvrages chrétiens que nous possédons n'ont pas été recopiés par des copistes professionnels indépendants mais par des monastères et il est évident que les supérieurs des congrégations monastiques n'autorisaient pas la copie d'ouvrages « hérétiques ». Aux premiers siècles de notre ère, en particulier, les matériaux nécessaires à la confection de livres et le service des copistes étaient onéreux, et donc, si la demande s'arrêtait, un ouvrage pouvait disparaître.

L'Évangile de Judas est au nombre des textes à avoir ainsi disparu. Il en existait, semble-t-il, très peu d'exemplaires et personne n'y avait accès. Ils étaient matériellement introuvables. L'exemplaire qui a miraculeusement été retrouvé dans les années 1970 en Moyenne-Égypte était une version en copte que le hasard (ou la grâce de Dieu, diront certains) avait préservé.

À partir du IIIe siècle, on ne mentionna plus l'Évangile de Judas qu'à de très rares occasions dans la vaste littérature chrétienne. Il devint l'un des manuscrits oubliés de l'histoire. Néanmoins, malgré les siècles, sa capacité à offusquer les fidèles demeurait intacte en raison de la version particulière qu'il propose de la crucifixion et des jours qui précédèrent le procès de Jésus. Disait-il vraiment que Judas n'avait fait qu'obéir aux ordres de Jésus ? Pouvait-il sérieusement affirmer que Jésus avait demandé à Judas de le livrer aux autorités afin que son destin s'accomplisse ? Comment pouvait-il prétendre que Judas était le disciple préféré de Jésus ?

Ces questions allaient rester de vaines spéculations si l'évangile ne cessait de se dégrader comme il l'avait fait au cours des vingt années qui avaient suivi sa réapparition. Le message de Judas tombait progressivement en poussière. Et ce n'était pas le seul danger qui le menaçait.

CHAPITRE DOUZE

L'affaire Ferrini

Dans l'Évangile de Judas,
Judas ne fait pas le mal, il fait le bien.
Judas permet à Jésus que son corps soit sacrifié
afin de libérer son esprit. Judas est le seul
à comprendre qui est véritablement Jésus.
Il comprend le sens de la mission christique
et le sens de la révélation secrète de Jésus.
C'est en se fondant sur sa connaissance
de la vérité qu'il livre Jésus aux autorités.
La nature de Judas est ainsi entièrement inversée
par rapport au Nouveau Testament.

BART EHRMAN

Par une belle journée ensoleillée, début septembre 2000, Frieda Tchacos-Nussberger partit de New York pour se rendre à Yale où le précieux papyrus l'attendait dans trois grandes boîtes noires. L'échange avec les experts fut des plus brefs. « Je n'ai même pas vérifié ce qu'il y avait dans les boîtes. Un ami avait appelé un taxi, il m'a dit : "Prends ça et file." Il était consterné de voir le manuscrit s'en aller. Et je suis partie, le cœur serré. »

« C'est alors que j'ai commis une des plus grosses erreurs de ma vie. »

Elle revint à New York avec un des plus prestigieux trésors culturels de notre époque. L'objet en sa possession était à la fois d'une extrême fragilité et d'une importance historique considérable. Et c'était à elle qu'il incombait de décider du sort de l'Évangile de Judas.

En fait, Frieda avait déjà pris la décision qui allait précisément décider du sort des manuscrits. Elle pensait avoir trouvé un acheteur. La perspective de les vendre l'angoissait, mais elle savait qu'elle n'avait pas le choix et se rassurait en pensant que celui qui les achèterait devrait forcément prendre les mesures nécessaires à leur conservation. Les coûts de restauration pouvaient atteindre des sommes bien au-delà de ses moyens. « Je me sentais sonnée. Comment ma petite personne pouvait-elle assumer une telle charge ? Il s'agissait d'un projet monumental qui dépassait mes possibilités. Quoi qu'il en soit, j'étais soulagée car j'avais récupéré le manuscrit. »

Avec le recul, elle reconnaît qu'elle aurait dû en parler à son ami de Yale : « Il était au courant, il m'aurait ouvert les yeux, mais ce marchand que j'allais rencontrer dans l'Ohio, ce Bruce Ferrini, avait exigé le secret absolu. »

Le lendemain, elle arriva seule à l'aéroport JFK, très agitée. Sans lâcher ses boîtes, elle donna sa carte d'embarquement et monta à bord. Mais l'avion avait une avarie et, après une ou deux heures d'attente, le vol fut annulé.

La compagnie leur trouva un vol de remplacement à l'aéroport LaGuardia, à une demi-heure de là. Les passagers montèrent dans un bus. Frieda, consciente de l'enjeu historique, surveillait avec inquiétude ses grosses boîtes noires : « Je ne les lâchais pas. Je craignais que les cahots n'abîment les manuscrits ou ne les détruisent. »

À LaGuardia l'avion qui les attendait était une petite navette de trente places et les agents de la sécurité lui interdire de monter à bord avec les boîtes. Devant son insistance, ils lui assurèrent que les boîtes seraient en parfaite sécurité. Elle finit par céder. L'Évangile de Judas et les autres manuscrits se retrouvèrent dans la soute à bagages de l'avion. Elle aurait bien voulu dormir, mais elle ne pouvait pas s'empêcher de penser aux dégradations que devaient subir les papyrus.

Elle se rendait à Cleveland, dans l'Ohio. Depuis le début, Frieda était confrontée à la difficulté de trouver un acheteur. Elle avait pignon sur rue et comptait parmi ses clients les plus importants musées et les plus riches collectionneurs du monde. Elle désirait bien évidemment trouver une institution appropriée qui pourrait restaurer, traduire et si possible exposer le codex qu'elle voulait vendre. C'est pour ces raisons qu'elle avait d'abord songé à la prestigieuse Beinecke Library de Yale en raison de son excellente réputation.

Elle fut ensuite contactée par un marchand installé à Londres qu'elle connaissait depuis des années, Bill Veres, spécialisé en numismatique et en objets anciens, mais pas en manuscrits. Néanmoins, il lui expliqua qu'il était sur le point de s'associer à un spécialiste en manuscrits de l'Ohio nommé Bruce Ferrini.

Veres était venu voir Frieda à Zurich en 2000. Ils avaient eu une première discussion très cordiale au cours de laquelle il lui avait parlé de Ferrini, lui demandant si elle avait quelque chose à vendre. Se doutant déjà que Yale risquait de faire faux bond, elle avait parlé des manuscrits coptes.

Maintenant que Yale avait refusé d'acheter les manuscrits, l'intérêt que leur portait Ferrini s'avérait providentiel. On avait assuré à Frieda qu'il avait une situation financière excellente et qu'il proposerait une somme confortable pour les manuscrits qu'elle détenait.

Bruce Ferrini, ancien étudiant de Kent State University, dans l'Ohio, avait des origines italiennes et amérindiennes. Il s'était d'abord essayé au métier de chanteur d'opéra. Quand il s'avéra qu'il ne réussirait pas dans cette profession exigeante, il se reconvertit dans les livres anciens et les manuscrits de la Renaissance. Ferrini devint un marchand de premier plan, un des rares installés dans le Midwest, la région des grandes plaines. Veres confirma sa bonne réputation et les facilités qu'il aurait pour faire restaurer les manuscrits et faire en sorte qu'ils puissent être exposés.

À ce qu'en disait Veres, Frieda crut comprendre que Bill Gates, le P-DG de Microsoft, était un des clients de Ferrini. Elle eut l'impression qu'ils étaient très amis ou qu'il était son fournisseur attitré en antiquités. Frieda connaissait Veres de longue date et elle lui faisait confiance. Elle avait l'impression qu'elle avait enfin trouvé une bonne solution, aussi bien pour elle que pour le codex.

Veres ne fit aucune allusion au principal client de Ferrini, James Ferrell, de crainte qu'elle n'aille le trouver pour voir combien il était prêt à mettre et qu'elle traite directement avec lui. Ferrell est un homme d'affaires américain lui aussi du Midwest dont le hobby est de collectionner les œuvres d'art et les antiquités. Il est le P-DG de Ferrellgas, une société installée à Liberty, dans le Missouri, une des plus importantes entreprises de propane au monde. Ferrell avait hérité de la société de son père et l'avait fait prospérer, l'introduisant Bourse en 1994.

Ferrini, dont on avait dit à Frieda qu'il ressemblait à « un ancien joueur de rugby » attendait Frieda à Cleveland. À cause de la panne, il avait dû patienter pendant des heures. Les présentations faites, ils se rendirent chez lui, à Akron, dans sa Mercedes. Bill Veres, l'intermédiaire qui était entre-temps devenu l'associé de Ferrini, était déjà arrivé.

La première impression que Frieda ressentit en découvrant l'imposante demeure de Ferrini fut négative. Elle était gigantesque, mais vulgaire et tape-à-l'œil. « Ça ne ressemblait pas à la demeure d'un marchand de manuscrits de la Renaissance. C'est le genre de maison conçue pour en mettre plein la vue, pour épater le visiteur, mais pas pour y vivre. Ma première réaction fut de me demander comment un marchand de manuscrits, en principe un intellectuel, pouvait habiter une maison digne d'Hollywood. »

« Quand je vis sa chambre, au premier étage, je me suis dit, personne n'a jamais vécu ici. Et pourtant, ma sonnette d'alarme ne s'est pas déclenchée. »

Ferrini lui affirma que son client allait arriver dans quelques jours. D'après Veres, Ferrini était très enthousiaste : « c'est un extraverti, une personnalité qui peut s'emballer très vite » lorsqu'il a l'intuition qu'une « bonne » affaire est à portée de la main, et celle-ci ne pouvait guère être meilleure. Ferrini était très impatient de signer le contrat. Il organisa une conférence téléphonique avec son avocat new-yorkais, Eric Kaufman et l'avocat de Frieda, lui aussi à New York.

La société que Ferrini avait montée et qu'il utilisait pour effectuer la transaction s'appelait Nemo. « *Nemo* signifie "personne" en latin » se souvint Frieda après coup, le nom était bien choisi.

Les négociations furent rondement menées. Les deux marchands se mirent d'accord sur la somme de deux millions cinq cent mille dollars. Veres pensait que Ferrini aurait pu faire baisser le prix s'il l'avait voulu, car Frieda était très impatiente de vendre. Ils finalisèrent les détails du contrat et Frieda et Ferrini sortirent dîner pour fêter la vente.

Malheureusement pour Frieda, une clause capitale n'avait pas été précisée dans le contrat. Elle avait omis de spécifier qu'elle resterait en possession des manuscrits de papyrus tant qu'elle n'aurait pas été intégralement payée. Ce fut une erreur gravissime.

Le jour suivant, le 9 septembre 2000, Ferrini remit à Frieda deux chèques post-datés, l'un d'un montant de 1 250 000 dollars, daté du 15 janvier, l'autre, de la même somme, daté du 15 février. Ils avaient convenu de cette modalité afin de donner à Ferrini le temps de réaliser la vente du manuscrit.

« Je n'avais plus rien à faire là. J'étais soulagée et confiante quant à l'avenir des manuscrits. Je leur ai tout laissé et n'emportai que les chèques. Je n'avais même pas de reçu. » Plutôt léger de la part d'une femme d'affaires de réputation internationale.

À peine le contrat signé, Frieda reprit la route de l'aéroport de Cleveland d'où elle s'envola pour New York. De là, elle prit un avion pour Zurich. Il ne lui avait fallu que quelques jours pour vendre le manuscrit. C'était en soi mauvais signe. Un mariage signé avec tant de précipitation ne pouvait que mal tourner.

☥

Ferrini avait un grand projet. Il avait prévu pour l'Évangile une sortie spectaculaire au Japon. Mais il lui fallait d'abord réussir à le vendre à Ferrell, le magnat du propane. Frieda ne croyait pas trop à la piste Bill Gates dont on lui avait parlé. Veres affirme que Gates a bien été envisagé, mais il n'y a jamais eu de relation entre Gates et Ferrini.

Quoi qu'il en soit, Ferrell avait décidé de monter une véritable collection et, en 1999, il avait signé un accord avec Ferrini « aux fins d'enrichir la collection Ferrell de manuscrits ». De fait, Ferrell était devenu un des principaux clients de Ferrini et leur coopération s'étendit à d'autres domaines, pièces anciennes, manuscrits, œuvres d'art et objets divers. Un système de comptabilité directe fut mis au point pour permettre à Ferrell de garder le contrôle du processus de vente et définir de quelle façon Ferrini entrerait en possession des sommes qui lui étaient dues.

Avec l'approbation de Ferrell, Ferrini commença à explorer de nouveaux domaines. Comme Veres était spécialisé dans les pièces anciennes, il fit découvrir tout un nouveau pan d'activités au marchand de manuscrit de l'Ohio et à son client. Ferrini et Veres s'étaient rencontrés grâce au conservateur des pièces anciennes du Ashmoelan Museum d'Oxford.

Veres se rendit spécialement dans l'Ohio en février 2000 pour finaliser l'arrangement dont Ferrini et lui-même espéraient beaucoup. Veres résuma par la suite le rôle qu'il avait joué auprès de Ferrini dans un mémo destiné à Frieda :

> 18 février 2000
> Je vais à Akron pour la première fois pour mettre au point un arrangement avec Ferrell-Ferrini. Grâce à mes contacts, j'apporterai les marchandises, Ferrell apportera les fonds, Ferrini réalisera les ventes.

Ce même mois de septembre, Veres arrive à Akron quelques jours avant Frieda afin de régler avec Ferrini les derniers détails concernant la vente de l'Évangile. Le mémo raconte la suite des événements : « Ferrini était euphorique. Quoi qu'on en dise, les sommes en jeux [sic] tournaient la tête. »

Veres et Ferrini conçurent un premier projet pour tirer profit des manuscrits. Ferrini connaissait du monde au prestigieux Museum of Art de Cleveland. Michael Bennett, conservateur des antiquités, et plusieurs autres conservateurs passèrent voir Ferrini, et Ferrini et Veres se rendirent eux aussi au musée.

Veres resta à Akron après le départ de Frieda. Comme il l'indique dans son mémo, « Je reste à Akron pour voir Ferrell lorsqu'il viendra examiner la marchandise en espérant qu'il achètera le tout. »

Ferrini avait un plan très ambitieux. Il lui avait donné comme nom de code « Projet Premier Mot ». À l'automne 2000, Ferrini prépare un calendrier extrêmement serré pour que le projet puisse démarrer début 2002.

Envoi d'un communiqué à la presse en janvier 2001 pour révéler l'existence de l'Évangile de Judas. Début du travail sur la photographie, la conservation et la traduction. Conférence de presse en février 2001.

Première exposition publique en novembre ou décembre 2001. Elle aurait lieu au Toppan Printing Museum de Tokyo. Il faudrait préparer un catalogue.

En janvier 2002, publication du « Premier Mot », une édition en fac-similé suivrait quelques mois plus tard. Ferrini prévoit de faire appel aux plus grands spécialistes ou aux institutions les plus réputées, chacun ayant des tâches spécifiques. Il y aurait par exemple :

— « Une équipe pour s'occuper de la restauration », qui devait comprendre des universitaires de l'université du Michigan, de Duke University ou du British Museum ;

— « Une équipe pour effectuer la traduction », dirigée par Elaine Pagels de Princeton University, une des grandes spécialistes des évangiles gnostiques, avec d'autres universitaires d'Harvard ou de la Morgan Library de New York ;

— « Une équipe pour procéder à l'évaluation du contexte et du contenu théologique, le gnosticisme, Nag Hammadi » toujours avec Elaine Pagels et l'université d'Harvard ;

— « Une équipe pour réaliser un film documentaire » qui décrirait l'ensemble du processus ;

— « Une équipe pour photographier la traduction et une autre pour photographier le facsimilé », ce dernier projet étant préparé par la firme japonaise Yoshodo spécialisée dans les livres rares ;

— « Une équipe pour créer du sensationnel et de l'épique : le récit de la découverte, de la restauration, de la traduction, de la publication », dirigée par Ferrini lui-même ainsi que par Dorothy Shinn, critique d'art et d'architecture dans le journal local, le *Akron Beacon Journal* ;

— « Une équipe pour préparer l'exposition et le catalogue au Toppan », supervisée par Yoshodo et Ferrini ;

— « Une équipe pour effectuer une évaluation contextuelle, théologique et historique de Jésus, Judas et des premiers chrétiens », qui devait être organisée par le Ashland Theological Seminary, mais le nom de cette institution est suivi d'un point d'interrogation.

Un autre expert fut consulté, Charles W. Hedrick, professeur à la Southwest Missouri State University. Spécialiste du copte et membre de l'équipe de Nag Hammadi et du projet UNESCO qui supervisa l'opération, Hedrick était ami et ancien collègue du professeur James M. Robinson de Claremont, en Californie.

Les rêves ambitieux de l'équipe Veres-Ferrini pour exploiter au mieux l'Évangile de Judas et les autres manuscrits tournèrent court.

James Ferrell arriva quelques jours plus tard avec son conseiller financier, Theresa Schekirke, présidente de la société Ferrell Capital. Quelqu'un prit la très étrange décision de placer les manuscrits dans un congélateur. Mario Roberty raconte que « Ferrini lui expliqua fièrement qu'il avait pensé à cette "technique" afin de séparer les pages "sans abîmer le manuscrit" ! Tous les spécialistes qui furent au courant de la "technique" Ferrini furent abasourdis et scandalisés. » Les expertises ultérieures déterminèrent que le séjour dans le congélateur avait contribué à "accélérer la détérioration" des documents. »

Le magnat du propane se rendait à Akron avec un ordre du jour sensiblement différent de ce qu'avait prévu Ferrini. Si l'on en croit Veres, « il n'était pas disposé, semble-t-il, à procéder à de nouvelles acquisitions. J'ai découvert plus tard que cette mauvaise humeur était due à des irrégularités comptables dont Theresa Schekirke s'était aperçue. » Ferrell a fait savoir par l'intermédiaire de Schekirke qu'il se refuse à tout commentaire quant à sa relation avec Ferrini.

Les procès-verbaux n'indiquent pas à quelle date Theresa Schekirke s'est rendu compte qu'il y avait ce qu'elle a estimé être des irrégularités dans la comptabilité de Ferrini. Dans son mémo, Veres écrivit, bien plus tard : « Sans que j'en sache rien, à cette date, c'est-à-dire septembre 2000, Schekirke découvre des anomalies relatives à l'achat des papyrus et à la gestion du portfolio que Ferrell avait confié à Ferrini. La vente ne se fait pas. » En fait, les procès-verbaux révèlent que Ferrell et Ferrini s'intentèrent réciproquement un procès environ deux ans plus tard avant de mettre un terme à leur collaboration. Ferrell exigeait de Ferrini des documents comptables précis que Ferrini affirmait avoir fournis.

Les documents relatifs aux procès ont été mis sous scellés avec l'accord des deux parties, mais en fait, très peu concernent Frieda ou l'Évangile de Judas. Ce que les documents révèlent, c'est que la relation entre Ferrell et Ferrini était en train de changer. Bill Veres, qui se trouvait chez Ferrini à Akron lors de la visite de Ferrell et Theresa Schekirke remarqua la transformation : « L'opinion de Ferrell sur Ferrini s'était brutalement modifiée et je suis certain que rien n'aurait pu le faire changer d'avis, quelle que soit la valeur de ce qui était à vendre. »

Ferrini essaya de vendre les manuscrits par d'autres moyens. Parmi les acheteurs potentiels qu'il contacta, il y eut Martin Schoyen, le client de Robinson. Schoyen raconta en détail à Ferrini les négociations qui avaient eu lieu en 1983 au moment où Robinson avait envoyé Stephen Emmel à Genève. Il lui apprit également qu'en 1990, Asabil avait « plus ou moins » accepté de vendre les manuscrits pour 986 000 dollars, vente qui devait se conclure lors de la rencontre de New York annulée en raison de la guerre du Golfe. Il suggéra à Ferrini de vérifier qu'il y avait bien tous les papyrus. D'après Veres, Schoyen préparait le terrain en vue de faire à Ferrini une offre ridicule du même montant que celle d'Asabil, c'est-à-dire d'un million et demi de dollars de moins que ce qu'il s'était engagé à payer à Tchacos, ce qui aurait représenté une perte colossale pour le marchand de l'Ohio.

Ferrini se retrouvait dans une situation financière délicate. Il devait des centaines de milliers de dollars à différentes personnes et seule la vente du codex pouvait éponger ses dettes. En l'espace de quelques mois, la bonne soirée qui avait suivi la vente du codex ne fut plus qu'un souvenir, et les rapports entre Frieda, son avocat Mario Roberty et Ferrini s'envenimèrent.

Quelques jours après la visite de Schekirke à Akron, Veres mit Frieda au courant de la rupture entre Ferrell et Ferrini et des difficultés financières de ce dernier. Frieda commença à craindre que les deux chèques post-datés ne puissent être honorés. Elle serait flouée de deux millions et demi de dollars et Ferrini resterait en possession des manuscrits.

Frieda avait déjà prévu d'aller voir son avocat, Mario Roberty. Roberty vit à Bâle, où il a fait ses études, une ville d'art et de culture. Il est l'exemple typique du « mélange » suisse, qui combine harmonieusement les principales langues du pays et l'influence des cultures française, allemande et italienne. Par ailleurs, il a étudié à l'université de Columbia, à New York et maîtrise parfaitement l'anglais.

Frieda rencontra Roberty le 15 septembre, dès son retour. Ensemble, ils traversèrent la Suisse pour se rendre à une réunion à Lugano, magnifique ville située au bord d'un lac dans la partie italienne au sud du pays. L'automne était arrivé et colorait d'éblouissantes tonalités rouge et ocre les feuillages des forêts qui bordaient la route.

Pendant le trajet, Roberty examina le contrat que Frieda avait signé aux États-Unis. Il repéra tout de suite le problème. Il lui dit : « Tu as fait une énorme bêtise. »

En arrivant près de Schwyz, Frieda lui demanda : « qu'est-ce que tu me conseilles ? – Il faut récupérer les manuscrits. »

C'est à Schwyz que pendant quatre ans Roberty avait été élève au collège de Jésuites Maria Hilf, la Protection de Marie. Là, chaque matin, avec ses condisciples, il avait subi de longs moments de *silencium*, grâce auquel le corps enseignant espérait que les élèves bénéficieraient de la protection de la Vierge Marie s'ils essayaient de se représenter le calvaire de Jésus en route vers sa crucifixion et résurrection. Ironiquement, c'était pour permettre que les paroles de Judas le traître, condamné par l'Église catholique balbutiante dix-huit siècles auparavant, puissent à nouveau voir le jour qu'il se retrouvait au même endroit.

Roberty était conscient que Frieda pouvait très bien ne jamais voir un centime de l'argent que Ferrini lui devait et il comprit qu'il fallait mettre au point un plan imparable. Pour commencer, il sortit un dictaphone afin que Frieda enregistre sa version des faits. La bataille pour récupérer du manuscrit avait commencé.

Les difficultés financières de Ferrini ne faisaient que s'aggraver, mais comme la plupart des marchands d'art et d'antiquités du monde entier, il fit le pèlerinage jusqu'à Bâle pour se rendre à l'un des plus prestigieux salons artistiques et culturels du monde. Cet automne-là, Cultura 2000 avait pour thème l'art antique, classique, asiatique, précolombien, ethnographique et européen. La manifestation se déroulait du 14 au 22 octobre 2000 et Ferrini occupait un stand au premier étage dédié presque exclusivement à des manuscrits enluminés du Moyen Âge. C'est là que Roberty organisa la rencontre.

Il estimait qu'il était préférable d'obtenir sa coopération plutôt que de l'affronter directement. Il suggéra à Frieda de confier à Ferrini, en gage d'amitié, un certain nombre de pièces en dépôt. Dans une lettre ultérieure, Roberty indique que Ferrini avait reçu « un certain nombre d'objets en dépôt au nom de Nefer AG (la société de Frieda Tchacos). Nefer AG recevra avant la fin de l'année un relevé des pièces vendues, ainsi qu'une liste des objets pour lesquels une prolongation du dépôt est demandée. »

Même si Roberty possédait sa propre fondation caritative, Maecenas, spécialisée dans les projets liés à l'art et aux antiquités, il suggéra de monter une nouvelle fondation entièrement indépendante pour s'occuper exclusivement du codex, dotée, dans le cadre de la loi helvétique, d'un capital initial de cent mille dollars apporté à part égale par Tchacos et Ferrini. Ferrini ne dit pas non, il réfléchissait à la proposition, peut-être dans l'espoir d'arriver à vendre les documents en sa possession.

La conciliation n'ayant rien donné, fin 2000, Roberty essaya une méthode plus radicale de récupérer les manuscrits. Les deux parties se rencontrèrent à New York en décembre pour mettre au point un accord qui permettrait à Frieda de récupérer ses manuscrits. La réunion fut tendue. Ferrini était représenté par Eric Kaufman, un avocat respecté, lui-même grand amateur de manuscrits de l'Antiquité et du Moyen Âge. Au cours des phases préliminaires de l'affrontement, Kaufman mit en doute la légalité de la provenance des manuscrits dont Tchacos était détentrice. Il avança que les manuscrits étaient probablement entrés aux États-Unis de façon illégale et que la vente de documents obtenus illégalement était en soi illégale (alors qu'il était de notoriété publique que Tchacos n'avait rien à voir avec l'importation des manuscrits). C'est Hanna Asabil qui avait apporté le codex aux États-Unis en 1984.

Roberty proposa à nouveau l'idée d'une fondation qui s'occuperait du manuscrit. Il modifia le projet « Premier Mot » de Ferrini en « Projet Logos. »

Le 15 décembre 2000, dans un mémo adressé à Kaufman, Roberty demanda que les accords conclus à New York soient consignés par écrit. Il ajouta :

> Il est dans un premier temps nécessaire de s'assurer que M. Hanna Asabil* possédait en

bonne et due forme les droits de propriété des manuscrits et qu'il détenait le droit de les vendre à Frieda. *Dès mon retour à Bâle, je m'occuperai de ce point et vous soumettrai les résultats de mon enquête.*

* Pseudonyme

Il insista aussi sur la nécessité de tenir ces démarches secrètes :

> Chacun a pleinement conscience que seule la Fondation, et personne d'autre, pas même Bruce ni Frieda, aura le droit de rendre publique et de commercialiser toute information concernant les manuscrits. En outre, jusqu'à ce que nous ayons clarifié la situation juridique, il est dans l'intérêt même du projet que son existence ne soit révélée sous aucun prétexte.

À la mi-janvier 2001, un premier accord fut conclu visant à annuler la vente. Ferrini restituerait tous les manuscrits sauf le traité de mathématiques et les Épîtres de Paul et les chèques que Ferrini avait remis à Frieda seraient annulés. Il serait procédé à un inventaire des documents afin d'avoir une trace précise de ce qui était restitué. Ferrini devrait verser environ trois cent mille dollars pour l'acquisition du traité de mathématiques et des Épîtres de Paul. Il aurait la possibilité de faire partie du projet Logos, la nouvelle fondation qui allait être créée.

Mais Ferrini hésitait. Ni Roberty ni Tchacos n'arrivaient à obtenir une réponse ferme et définitive. Plus le temps passait, plus il était probable que Ferrini réussirait à vendre les manuscrits.

Il est possible que Ferrini ait tardé à donner sa réponse pour d'autres raisons. Au cours des mois de janvier et février, il essaya de vendre certains des textes et de tirer profit des papyrus. Comme il s'était engagé à payer deux millions et demi de dollars, il lui fallait un prix de vente global bien supérieur à ce chiffre. Il croyait avoir classé les différents papyrus correctement. Il était sur le point de négocier le traité de mathématiques et croyait même avoir réussi à vendre les Épîtres de Paul, mais cette dernière opération fut annulée.

La suggestion de créer une fondation, Logos, dans laquelle Ferrini et Frieda collaboreraient fut bientôt abandonnée. Du point de vue de Roberty, il n'était pas souhaitable qu'il y ait collaboration entre sa cliente, Frieda, et Ferrini. Ce qu'il voulait désormais, dans l'intérêt de sa cliente, c'était annuler les deux chèques remis par Ferrini et récupérer les précieux manuscrits.

Les difficultés s'accumulaient autour de Ferrini. D'après les procès-verbaux, Ferrini et Ferrell signèrent un nouvel accord le premier février 2001, dans lequel Ferrell imposait à Ferrini des conditions très strictes quant à l'utilisation des manuscrits enluminés, peintures et autres objets qui constituaient sa collection personnelle.

Au vu de cet accord, il est clair que Ferrell n'avait plus confiance en Ferrini. Ferrini affirma par la suite qu'il avait dû signer sous la contrainte.

Roberty décida de jouer avec le feu, tout en étant conscient qu'à ce jeu, on se brûle bien souvent. Il laissa filtrer quelques informations afin d'exercer une pression sur Ferrini. Il se servit pour cela de Michel van Rijn, un Néerlandais qui avait créé un site Internet spécialisé dans la propagation de rumeurs sur le milieu de l'art et des antiquités. Roberty et van Rijn s'étaient rencontrés l'année précédente à propos d'une autre affaire impliquant un musée japonais. À cette occasion, van Rijn avait dit à Roberty avoir travaillé pour Scotland Yard mais qu'il avait été remercié (sans raison affirmait-il) par l'institution britannique. Apparemment, il détenait des informations compromettantes sur le client japonais de Roberty et demandait de l'argent pour ne pas les divulguer.

Même s'il estimait la requête plutôt douteuse, Roberty trouva van Rijn plutôt agréable malgré un côté excentrique et parfois irrationnel : « Il est fou, il est malade, mais il est fascinant. »

Dans l'espoir d'exercer une certaine pression sur Ferrini, Roberty raconta à van Rijn toute l'histoire de la vente entre Frieda et Ferrini. Il rédigea le brouillon d'un article que van Rijn publierait sur son site Internet sous son nom et qui montrait Frieda et l'ensemble du projet sous un jour favorable.

> Tous ces manuscrits sont des documents historiques inestimables, comparables aux découvertes majeures de Nag Hammadi ou des manuscrits de la mer Morte. Ils appartiennent à l'humanité et devraient être conservés et étudiés par des institutions publiques. À cette fin, Frieda a créé une fondation à laquelle ces manuscrits ont été confiés. Mais Ferrini veut en tirer de l'argent pour satisfaire sa rapacité… Acheteurs,

attention, un marchand irresponsable cherche à vendre des fragments de notre histoire.

Dans un courriel daté du 5 février, Roberty félicita chaudement van Rijn pour son travail.

> Vous avez fait un travail de génie. Félicitations. La mise à jour de votre site est excellente et j'admire votre talent... Mon idée est de garder B. F. sous pression jusqu'à ce qu'il respecte ses engagements (ceux de son avocat). Par conséquent, la meilleure suite à donner à « Attention à Bruce » serait de dire l'entière vérité. Avec un peu de chance, B.F. tiendra parole (celle de son avocat) et restituera les manuscrits avant le 14-15 février 2001.

Néanmoins, la relation entre les deux hommes s'envenima et, par la suite, van Rijn se retournera contre Roberty. Il écrira son son site Internet : « Plus j'avais affaire à Roberty, plus je me rendais compte de la nature déplaisante de ses activités. » Roberty vérifia le site de van Rijn lorsque l'article y fut publié le lendemain et il s'aperçut que les termes de sa lettre avaient été modifiés. Il envoya un e-mail à van Rijn : « À vrai dire, je ne suis pas très satisfait, votre premier paragraphe révèle des faits que de toute évidence je suis le seul à avoir pu vous communiquer et cela pourrait rendre encore plus difficiles les négociations qui débutent demain (c'est-à-dire aujourd'hui). »

Le fait est que van Rijn était un électron libre, « un psychopathe paranoïaque » selon Roberty, qui avait un besoin permanent de signes d'affection et d'appréciation. Les tentatives auxquelles se livra Roberty pour le contrôler n'eurent qu'un effet limité.

Début février, les accusations portées par van Rijn sur son site Internet avaient réussi à irriter Ferrini et Kaufman. Kaufman écrivit à Roberty le 8 février pour lui faire remarquer qu'il attendait toujours les preuves que lui et Frieda devaient apporter quant à la légalité du titre de propriété. Dans ces circonstances, écrivait Kaufman,

> Il est particulièrement désagréable de s'apercevoir que votre ami van Rijn multiplie contre Ferrini les accusations publiques de vol, chèques sans provisions, situation financière dégradée et autres attaques personnelles. Et il est encore plus regrettable que vous ayez suggéré que Ferrini était coupable de ne pas avoir payé ni restitué les manuscrits...
>
> Pour l'instant, le seul à souffrir de la situation, c'est bien Ferrini. Van Rijn a souillé sa réputation à partir des informations pas toujours exactes que vous lui avez communiquées et c'est lui qui sera victime d'une perte financière considérable s'il ne peut prouver à son client qu'il est le légitime propriétaire des documents qu'il a achetés et vendus en toute bonne foi.

Pendant ce temps, van Rijn continuait à faire ses délices des informations qu'on lui avait communiquées. Roberty constituait une superbe source d'information pour son site. Il souhaitait mettre en ligne celles dont il disposait. Le 6 mars 2001, il écrivit à Roberty : « Je crois que le moment est venu de faire un sort à "Bruce". »

Roberty, qui pendant tout ce temps était resté en contact avec van Rijn, choisit de ne pas répondre à ce courriel. Début mars, il n'avait plus besoin des services de van Rijn pour l'Évangile de Judas, du moins pour l'instant. Il avait alors conclu un accord avec Ferrini et avait obtenu qu'il restitue les manuscrits à sa cliente. Les conditions de leur restitution feraient l'objet de nouveaux conflits. Il essaya de modérer les ardeurs de van Rijn, à quoi ce dernier répondit par courriel : « J'arrête de taper sur Bruce, c'est décidé. Mais si Frieda se souvient d'autre chose, je suis toujours preneur. »

Bruce Ferrini et Frieda Tchacos arrivèrent à un accord de principe au cours de la deuxième semaine de février 2001. Au bout du compte, Ferrini ne gardait que le traité de mathématiques, pour la somme de cent mille dollars.

Le 15 février, Frieda et Roberty s'envolèrent pour Cleveland pour récupérer les manuscrits que Frieda avait confiés à Ferrini cinq mois plus tôt. Roberty était représenté par la société de Cleveland Taft, Stettinius et Hollister LLP pour tout ce qui touchait aux conditions du transfert. L'« arrangement volontaire » entre les deux parties fut signé le 16 février.

Le souvenir que garde Frieda de la restitution qui eut lieu à Akron le 16 février n'a rien à voir avec de la reconnaissance ou du bonheur mais plutôt de l'humiliation : « Nous avons conclu et signé un arrangement. Mes avocats nous ont accompagnés à Akron, ils voulaient s'assurer que tout se déroulait comme prévu. J'ai dû signer un document attestant que j'avais récupéré tous les documents, tous les manuscrits plus quelques bagues que j'avais mises en dépôt chez Ferrini au salon de Bâle. »

« Pour les bagues, il n'y avait pas de problèmes, j'avais des photos et des descriptifs. Mais pour les papyrus, comment aurais-je pu savoir s'il manquait quelque chose ? J'étais incapable d'identifier les manuscrits que Ferrini me restituait. Je n'avais même pas osé les feuilleter quand j'avais été les chercher chez Hanna, à Brooklyn pour les apporter à Yale. Je n'avais même pas voulu prendre le risque de les photographier car je savais que la plus infime manipulation pouvait provoquer des dommages qui auraient constitué une perte irréparable. »

« Ferrini avait tout préparé. Nous étions chez lui, dans l'imposante bibliothèque de sa villa. Il a tout étalé sur une grande table en chêne qui devait être une copie Renaissance d'un original plus ancien. »

« Je jetai un coup d'œil à ce qui se trouvait sur la table... les feuillets n'étaient plus ensemble, il y avait de minuscules fragments éparpillés partout... je me sentis défaillir. Je n'avais aucun moyen de savoir ce que je récupérais après une si coûteuse et si douloureuse bataille. Jamais au cours de ma carrière je n'avais connu de restitution de ce type, avec batailles juridiques et des avocats partout. Mario Roberty, plus trois avocats de chez Taft et Stettinius... extrêmement désagréable. Je me sentais humiliée au plus profond de moi. »

« Tout le monde me regardait d'un air interrogateur : "Est-ce que tout est là ?" Voilà ce qu'ils me demandaient. Je fis signe que oui d'un air penaud. Comment aurais-je pu savoir ce qu'il y avait, avec tous ces vieux manuscrits en copte ou en grec ? J'ai dû signer un document ou plusieurs, je ne m'en souviens plus. Puis on a commencé à tout ranger et j'ai pris quelques photos. »

La veille, Frieda et Roberty avaient fait des courses. Ils avaient acheté du matériel d'emballage dans un supermarché à la sortie de Cleveland. Selon Frieda, ils étaient « super équipés » pour récupérer les manuscrits et les rapporter en Suisse.

Quand tout fut emballé, Ferrini proposa d'ouvrir une bouteille de champagne. Tous ceux qui étaient encore là burent une coupe. « Il avait un goût horrible, se souvient Frieda, il était tiède et amer. »

L'étape suivante consistait à tout transporter jusqu'à la voiture et à quitter Akron.

« Nous avons tous quitté cette fichue villa, j'avais les manuscrits dans les bras. »

Frieda et Roberty arrivèrent à New York le soir même et prirent immédiatement des billets pour Zurich. « Je me revois dans l'avion avec Judas entre nous. Nous nous sentions soulagés et heureux finalement, car notre mission délicate était achevée : nous avions récupéré les manuscrits. Après quelques verres de bon champagne nous nous sommes endormis. »

Frieda commençait à se rendre compte que, depuis le début, les événements avaient toujours pris un tour étrange sans qu'elle puisse avancer une explication rationnelle. Sa relation maudite avec Judas continuait, expérience qu'elle résume ainsi : « Judas refusait de me laisser partir. Il s'agrippait à moi et me torturait. L'avenir était sombre et le sort qui attendait le manuscrit extrêmement inquiétant. »

Pourtant l'Évangile de Judas avait atteint le terme de son odyssée et sa réhabilitation allait enfin pouvoir commencer. Frieda était consciente que les étapes suivantes n'allaient pas être faciles et qu'elle n'était pas au bout de ses peines. Frieda, qui jusqu'alors n'avait eu que peu de rapport avec la religion, se mit à réfléchir à ce qui lui arrivait en termes religieux, ce dont elle fut la première surprise. « Judas m'avait choisie pour que je le réhabilite. Il me tirait, me manipulait pour me mettre sur le bon chemin. Les forces surnaturelles qui l'avaient laissé dans l'oubli pendant des centaines d'années se mobilisaient pour sa réhabilitation. »

« Tout avait commencé avec le cambriolage et ça ne s'arrêtait pas, quoi que je fasse. Comme si on avait fait sortir le génie de la lampe d'Aladin. Comme si Judas se battait à mes côtés, s'efforçant de m'éviter les coups, de résoudre les problèmes au fur et à mesure, me guidant à travers ce dédale jusqu'au salut final. »

☥

Il faut ajouter à ce récit un certain nombre de post-scritum.

À l'automne 2002, Bruce Ferrini proposa de faire construire, grâce à une dotation de 6 800 000 dollars, sur le campus de Kent State

University, où il avait fait ses études, un important bâtiment qui porterait le nom de son fils, l'Institut Matthew Ferrini pour la recherche sur l'évolution de l'homme. Des témoignages confirmant son irréprochable moralité et sa brillante carrière furent distribués à toute l'université.

Ce don de plusieurs millions de dollars fut peut-être la conséquence du chagrin inconsolable qu'il éprouva à la perte de son fils, disparu un an plus tôt. Il avait déjà des dettes considérables. D'après le professeur Owen Lovejoy, qui devait superviser le projet (Ferrini avait été un de ses étudiants, des années auparavant), son idée était d'immortaliser la mémoire de son fils grâce au Centre. Une petite somme finit par arriver, ce que Lovejoy appelle de l'« argent de poche », assez pour pouvoir acheter quelques fournitures de bureau mais sûrement pas suffisamment pour que le projet dépasse le stade de la planche à dessin. La somme promise n'arriva jamais dans les coffres de l'université. À partir de 2005, le Matthew Ferrini Institute dont on avait tant parlé ne figurait plus sur le site Internet de l'université. Lovejoy déclara avec réalisme et regret : « Le projet est bel et bien mort et enterré. »

Quant au traité de mathématiques, Ferrini avait deux clients à qui il réussit à vendre, semble-t-il, des parties de l'ouvrage. Il trouva l'un des acheteurs par l'intermédiaire d'un marchand londonien connu et respecté, Sam Fogg, spécialisé dans les objets d'art et les manuscrits anciens. L'actuel propriétaire du traité est un citoyen américain qui préfère garder l'anonymat. Il serait l'acheteur du Palimpseste d'Archimède, un texte antique scientifique et mathématique très connu qui est en cours de restauration et de traduction au prestigieux Walter Art Museum de Baltimore, dans le Maryland.

Fogg engagea les services d'Alexander Jones de l'université de Toronto pour étudier et préparer la publication du traité de mathématiques. Ce jeune et brillant universitaire canadien spécialisé dans les textes scientifiques anciens prévoit de le publier en 2008 en collaboration avec Roger Bagnall, de l'université de Columbia.

Le plus étonnant est que Ferrini ait par ailleurs réussi à vendre au moins trois pages supplémentaires du traité qui n'étaient pas comprises dans ce que Fogg a vendu. Ferrini les a vendues directement à un collectionneur et philanthrope notoire de Los Angeles, Lloyd Cotsen, un des donateurs les plus connus dans le milieu de l'art et des antiquités. En 1997, Cotsen avait fait un don à son ancienne université, Princeton, pour permettre la réalisation d'une bibliothèque pour enfants. Deux ans plus tard, il fit un autre don à l'université de Californie de Los Angeles, le plus important jamais fait dans l'histoire de l'archéologie américaine.

Cotsen avait négocié l'achat des trois pages directement avec Ferrini, mais il n'en prit pas possession. D'après Lyn Tansey qui travaille pour Cotsen, il préféra les faire envoyer directement aux Archives de l'université de Princeton où elles furent confiées au conservateur des manuscrits, Don Skemmer. Alexander Jones se trouvait être professeur invité à Princeton cette année-là, dans l'Institute for Advanced Studies et il eut l'occasion d'examiner les pages à la fin de l'automne 2005. Il confirma qu'elles faisaient bien partie du manuscrit que Bagnall et lui-même avaient l'intention de publier.

Bagnall déclara par la suite qu'il trouvait scandaleux que le manuscrit ait été vendu en plusieurs lots. Il s'agissait d'un acte parfaitement irresponsable.

Mais ce n'est pas la seule chose qui manquait. Frieda se rendit bientôt compte que certaines pages et des fragments de l'Évangile et d'autres manuscrits avaient également disparu. Les soupçons de Frieda et Roberty se portèrent sur les différentes personnes qui avaient le manuscrit entre les mains ou qui avaient pu y avoir accès : Mia en Grèce, Bruce Ferrini dans l'Ohio ou Bill Veres à Londres.

Veres répondit immédiatement dans une lettre datée de 2004 adressée à Frieda qu'il n'avait absolument jamais touché aux manuscrits :

> Je prends acte du fait qu'un nombre important des feuillets de papyrus que j'ai pu voir à Akron manquent de l'ensemble qui vous a été restitué. Je sais que Ferrini affirme que je me suis retrouvé seul chez lui avec les documents pendant cette période et que j'aurais pu en profiter pour voler/prélever des fragments ou des pages. Même s'il est exact que j'avais la possibilité de pénétrer chez lui en son absence (ceci se passait avant et après la visite de Ferrell), Ferrini ne m'a jamais signalé à l'époque qu'il manquait quelque chose. Vous m'apprenez qu'un certain nombre de fragments enveloppés dans un journal grec et qu'une enveloppe FexEd contenant d'autres

fragments ont disparu. Je me rappelle bien qu'ils ont été remis à Ferrini et qu'ils se trouvaient en sa possession au moment de mon départ d'Akron.

Malgré un certain nombre de combines, la situation financière de Ferrini ne fit qu'empirer. Le 15 septembre 2005, il se déclara en faillite auprès d'un tribunal de l'Ohio.

En janvier 2006, deux pages de l'Évangile réapparurent, identifiées comme les pages cinq et six. Elles avaient été vendues à un collectionneur privé new-yorkais après la restitution de l'ensemble des manuscrits à Frieda Tchacos. L'expéditeur était Bruce Ferrini. Tous les efforts pour retrouver la trace du marchand de manuscrits de l'Ohio restèrent vains.

☥

Ces manœuvres lamentables et malhonnêtes se sont finalement bien terminées. Frieda avait récupéré l'Évangile de Judas et elle pouvait dorénavant se consacrer à la recherche des fonds et des personnes qui permettraient que le document puisse de nouveau être lu. En dépit, ou en raison de ses erreurs, elle se sentait personnellement responsable de la restauration du codex.

Dans l'avion qui les ramenait en Suisse, Mario Roberty réussit à la convaincre de confier les manuscrits à la fondation qu'il avait créée pour la sauvegarde de l'art et des antiquités dans le monde entier : la Fondation Maecenas pour l'art ancien.

La fondation, ainsi nommée à cause de Mécène, bienfaiteur des arts et des lettres dans la Rome antique, avait apporté son soutien actif à plusieurs chantiers archéologiques en Égypte, avait protégé la collection archéologique de la République du Tadjikistan et participait à plusieurs projets archéologiques dans les ex-républiques soviétiques ainsi qu'en Chine. La Fondation Maecenas ferait don du codex à la République arabe d'Égypte tout en s'engageant à en assurer la restauration et la publication.

Une odyssée de plusieurs siècles allait bientôt s'achever.

CHAPITRE TREIZE

Les ravages du temps

Au cours de ma longue carrière,
j'ai vu défiler sous mes yeux un grand nombre
de documents grecs ou coptes sur papyrus,
mais jamais je n'en ai vu
d'aussi dégradés que celui-ci.

RODOLPHE KASSER

L'expérience douloureuse qu'elle avait vécue à Cleveland était maintenant loin derrière elle. Frieda Tchacos-Nussberger avait récupéré le manuscrit et regagné ses paisibles vallées suisses. Avec Mario Roberty, elle avait conçu le projet de restituer plus tard, en définitive, le codex à l'Égypte, son pays d'origine. Il leur faudrait toutefois d'abord faire face à un problème très délicat, celui de dresser l'inventaire le plus précis possible des éléments que Frieda avait en sa possession. Le manuscrit était-il aussi complet que lorsque l'université Yale le lui avait retourné un an auparavant ?

Le 12 mars 2001, un papyrologue attaché à l'une des grandes universités du nord-est des États-Unis se rendit en Suisse pour examiner le document retrouvé et repérer les parties manquantes. Le spécialiste, qui avait autrefois procédé à un examen relativement approfondi du codex, s'aperçut que de nombreux fragments avaient disparu.

Une fois l'examen terminé, il informa Frieda qu'outre ces fragments, des pages entières ou presque, quatre ou cinq, étaient absentes de l'Épître de Pierre à Philippe et de la partie intitulée « Jacques ». Pour l'Évangile de Judas, il ne lui était pas possible de dire avec certitude si des fragments manquaient et si oui, lesquels. Il récapitula la situation dans son rapport :

« L'ensemble est composé de sept chemises en papier kraft contenant chacune des dizaines de fragments provenant du même codex que l'Évangile de Judas.

« Un bon nombre de ces fragments sont susceptibles d'appartenir à l'Épître de Pierre à Philippe ou à la Première Apocalypse de Jacques, les deux traités précédant Judas dans le codex. Ils sont de taille très variable : certains ont le format d'un timbre-poste et d'autres sont des morceaux de dix centimètres carrés. Outre les fragments des chemises en papier kraft, on en compte cinq autres, plus grands, pratiquement des pages entières, provenant de la même partie du codex et enveloppés dans des feuilles de papier journal, d'une édition grecque. L'un d'eux porte au colophon le nom de Jacques (ïdkwB).

« Il ne reste pas un seul des nombreux fragments qui étaient enveloppés séparément de la partie principale du codex. Tout est écrit par le même scribe et le papyrus est identique en couleur et en qualité à celui qui a servi pour l'Évangile de Judas. »

Les conclusions de ce spécialiste soulevaient des questions délicates. La vente du document à Ferrini avait été décidée par Frieda elle-même et relevait donc de sa responsabilité. Or, apparemment, plusieurs pages avaient disparu pendant la période où le codex avait été entre les mains de Ferrini et Frieda se sentait moralement obligée d'en retrouver la trace.

La fondation Maecenas aussi devait prendre une décision sur la manière de traiter le problème de la restauration et de la traduction du document. Elle était tout à fait prête à se ranger à l'avis des spécialistes du copte et des papyrologues, mais elle exigeait d'eux la discrétion la plus absolue. La personne avec laquelle Frieda avait discuté de la question recommandait de confier la restauration et la traduction du codex à un organisme institutionnel, solution la plus facile et probablement la plus efficace. L'Österreichische Nationalbibliothek, la bibliothèque nationale autrichienne, était une possibilité tout à fait acceptable car elle disposait d'excellents moyens en interne et de spécialistes possédant les compétences nécessaires pour reconstituer le manuscrit. Le conservateur de la bibliothèque était connu pour être l'un des meilleurs dans le domaine. On pouvait donc envisager de confier le document aux Autrichiens pour en assurer la restauration et la publication sous cinq ans, la fondation se réservant les droits de publication et de traduction.

Une autre possibilité consistait à faire réaliser ce travail en Suisse, en le confiant soit à la fondation Martin Bodmer de Cologny, près de Genève, bien que celle-ci eût entrepris la construction d'un musée et ne disposât pas de fonds immédiatement disponibles, soit au musée des Antiquités de Bâle. Roberty et Frieda furent cependant prévenus qu'aucune de ces institutions ne pouvait se passer de faire appel à des spécialistes extérieurs. Il était également possible de recevoir l'aide d'une institution ou d'une université américaine ayant à sa disposition les personnes appropriées – étudiants de troisième cycle ou chercheurs.

Au nombre des universitaires considérés comme particulièrement à même de s'occuper du projet, figurait Stephen Emmel, l'un de ceux qui avaient déjà examiné les documents en 1983, mais il y en avait aussi Tito Orlandi, Anne Boudhors, Bentley Layton, Frederick Wisse et Charles Hedrick ; parmi eux il s'en trouvait au moins un, Layton, à avoir vu le manuscrit et contribué à l'identifier.

De son côté, Frieda, aidée de Roberty, commença à se mettre en quête d'un traducteur. Elle découvrit que le coptologue suisse Rodolphe Kasser était justement l'un des plus grands spécialistes mondiaux. Francophone et titulaire honoraire de la chaire de coptologie à l'université de Genève, Kasser faisait partie du petit groupe d'érudits qui s'étaient occupés de la bibliothèque de Nag Hammadi. À l'époque, il était entré en conflit avec l'universitaire américain James Robinson. Étant donné le contexte de cette vieille querelle personnelle, le choix de Kasser comme traducteur de l'Évangile de Judas reviendrait à lui donner la reconnaissance suprême.

Originaire d'Yverdon-les-Bains, une petite ville située en bordure des eaux cristallines du lac de Neuchâtel, Kasser avait fait des études de théologie protestante et débuté sa carrière comme ministre du culte dans l'Église libre de Suisse, issue de la Réforme et mâtinée de calvinisme avec un conservatisme suisse à l'ancienne. Il quitta le sacerdoce pour l'étude des langues et cultures des débuts du christianisme. Ses convictions étaient inspirées de la vision du Christ souffrant, de la crucifixion et de la résurrection.

Kasser commença par étudier l'araméen, la lingua franca de la rive orientale de la Méditerranée au temps de Jésus. On croit d'ailleurs que Jésus prêchait et conversait avec les apôtres en araméen. C'était la langue usuelle des communautés juives établies dans la montagne et dans les petits villages de la Terre sainte.

Un heureux coup du sort plaça une bonne douzaine d'étudiants avant Kasser sur la liste des postulants à l'araméen. Le nombre des inscriptions étant limité, on lui conseilla plutôt de choisir le copte. Kasser saisit cette opportunité : il savait que le grec avait devancé l'araméen et qu'au début de l'époque chrétienne, c'était la langue couramment pratiquée dans toute la région orientale de la Méditerranée, mais des spécialistes de lettres classiques, on en trouvait à la pelle. Le copte est formé à partir de l'alphabet grec, avec sept lettres supplémentaires. Kasser avait aussi entendu parler des fascinantes découvertes de papyrus près de Nag Hammadi, une ville alors inconnue de la Haute-Égypte. C'est en partie sa participation au projet de Nag Hammadi qui lui a permis de devenir l'un des plus grands spécialistes de coptologie.

Le 24 juillet 2001, Frieda et Roberty rencontrèrent Rodolphe Kasser dans un café de Zurich. Kasser avait pris le train seul. À soixante-dix ans passés, atteint de la maladie de Parkinson, il tremblait de la main droite et marchait d'un pas mal assuré. Lorsque Frieda l'aperçut, elle en fut très peinée et sa première pensée fut qu'il « ne survivr[ait] jamais à la restauration du document ».

Après avoir pris un café ensemble, ils se rendirent à l'endroit où se trouvait le manuscrit, que Kasser voyait pour la première fois. « Ma curiosité avait eu raison de ma prudence, il me fallait absolument voir l'objet », raconte-t-il aujourd'hui. Devant l'état de dégradation du manuscrit, il sut tout de suite qu'une restauration par un spécialiste allait s'imposer. Il demanda à utiliser le téléphone de Frieda pour appeler tout de suite Florence Darbre, responsable de la restauration et de la conservation des documents au musée de la Fondation Martin Bodmer où il était lui-même conseiller. Florence Darbre n'avait pas vu les documents, mais elle tenait Kasser en très haute estime.

Malgré la progression de la maladie de Parkinson, Kasser était connu pour son grand dévouement et sa persévérance. Pour Frieda et Roberty, la rencontre s'était bien passée. Après en avoir appris davantage sur la grande expérience du professeur, ils décidèrent de lui confier le précieux codex.

Lors de leur deuxième rencontre, deux mois plus tard, Florence Darbre entra en scène. Sortie de l'anonymat le plus total, elle s'était hissée au rang des meilleurs restaurateurs européens de manuscrits sur papyrus. Originaire de Nyon, petite ville située près du lac Léman, elle avait poursuivi ses études à l'université de Genève, puis au musée des Beaux-Arts de Berne.

Frieda se sentit tout de suite en symbiose avec le coptologue et la restauratrice dont il lui avait fait l'éloge. Les deux visiteurs et l'épouse de Kasser, Anna, se dirent très choqués de l'état du manuscrit, mais ils ne s'en extasièrent pas moins sur la richesse peut-être exceptionnelle de son contenu.

Examinant le codex pour la deuxième fois, Kasser affirma sa certitude que c'était un document ancien d'une très grande valeur. « Le destin, fort heureusement pour moi, me donna l'occasion de découvrir ce manuscrit et d'en rencontrer la propriétaire, qui avait décidé de le restituer à l'Égypte… mais d'abord, il fallait le restaurer, le remettre en ordre et lui redonner son apparence originale, dans la mesure du possible. » Au crépuscule de sa carrière, le professeur suisse était éperdu de reconnaissance et de bonheur devant ce coup de chance « fortuit » qui lui avait apporté le codex.

Après la rencontre, Frieda plaça les documents dans deux conteneurs gris, bien solides, puis elle les confia aux deux spécialistes. Elle ne leur demanda pas de reçu, car elle avait senti qu'elle pouvait leur faire confiance. Kasser était ce qu'il avait l'air d'être : un universitaire suisse de grande renommée, un homme d'honneur. Anna Kasser confierait plus tard à Frieda : « Vous nous avez donné les manuscrits sans exiger de reçu, sans aucune assurance. C'était inattendu et d'une grande élégance de votre part. »

Rodolphe Kasser et Florence Darbre repartirent tous les deux en train. Kasser habitait à deux heures de Zurich et Florence Darbre à trois heures, plus au sud. Désormais responsable des précieux et très fragiles documents, elle se rendit directement à son atelier où elle les mit en sécurité.

Suivirent trois années de travail assidu au cours desquelles les deux spécialistes travaillèrent de concert, se retrouvant une fois par mois pour regrouper les fragments en fonction du sens des fibres et retrouver l'ordre des pages – pour donner une signification à ce tas de feuillets en lambeaux, affreusement détériorés, collés ensemble et dont la lecture était jusque-là impossible.

« Le papyrus était si fragile, confie Kasser, qu'il s'effritait dès qu'on essayait de le manipuler, même avec la plus extrême délicatesse. Il se désagrégeait… Bref, le problème paraissait insoluble. Je n'avais jamais vu ça… »

Deux autres spécialistes vinrent bientôt se joindre à eux. Ce fut d'abord Martin Krause, fondateur de l'Institut d'égyptologie et de coptologie de l'université de Münster et ancien titulaire de la chaire de coptologie, confiée par la suite à Stephen Emmel – un choix heureux mais assez peu orthodoxe pour une grande université allemande. Comme Kasser, Krause avait fait partie de la commission technique attachée à la découverte des manuscrits de Nag Hammadi, mais il trouva trop pénibles les nombreux allers-retours en Suisse et préféra se retirer du projet.

Il proposa de se faire remplacer par Gregor Wurst, le numéro deux de la coptologie à Münster, après Emmel. Après avoir rejoint l'équipe, Wurst entreprit de recourir à des programmes informatiques très élaborés utilisant l'imagerie numérique, procédé qui se révéla extrêmement utile pour identifier le sens des fibres.

Au fil des années, grâce aux soins méticuleux des trois spécialistes, ce qui avait paru « impossible à lire » au début fut finalement déchiffré, permettant une nouvelle et extraordinaire lecture de l'histoire du christianisme quelques siècles après Jésus-Christ.

☥

Le 1er juillet 2004, à Paris, ville-lumière et capitale de l'amour, se tenait le huitième congrès de l'Association internationale d'études coptes. Environ cent cinquante universitaires se trouvaient réunis dans l'immense salle de conférences de l'Institut catholique de Paris. À cette occasion, le grand professeur suisse Rodolphe Kasser annonça devant un public d'initiés ce que l'un des participants devait désigner plus tard comme un « scoop ». Le vieil homme s'était avancé vers l'estrade d'un pas hésitant. Jusqu'à ce jour, il s'était demandé s'il y parviendrait. En voyant son époux de soixante-dix-huit ans monter les marches, Anna Kasser espérait de toutes ses forces qu'il serait capable de parler assez fort pour faire son étonnante révélation.

Car il voulait leur faire part à tous d'une découverte fabuleuse. Des manuscrits très anciens avaient subitement ressuscité au milieu du désert égyptien. Les textes étaient restés ensevelis pendant presque deux millénaires et la phase de restauration était maintenant pratiquement achevée. Parmi ces documents figurait un nouvel évangile, l'Évangile perdu de Judas, dénoncé comme hérétique au IIe siècle après Jésus-Christ et dont toute trace avait disparu depuis lors.

La Fondation qui sponsorisait la restauration avait préparé une fiche d'informations, une feuille volante en français qui donnait au public un aperçu de l'histoire de ce texte ancien. Le codex comportait trois traités : l'Épître de Pierre à Philippe, dont une version différente avait déjà été retrouvée à Nag Hammadi en 1945, la première Apocalypse de Jacques, dont les manuscrits de Nag Hammadi contenaient également une copie légèrement différente elle aussi, et l'Évangile de Judas qui, était-il noté, « restait à ce jour parfaitement inconnu ».

Sur cette fiche, le papyrus était présenté comme un fascicule avec une reliure en cuir, comprenant trente et une feuilles manuscrites (soixante-deux pages), d'environ seize centimètres de largeur sur vingt-neuf centimètres de hauteur. Le texte, écrit en dialecte copte sahidique, était ponctué « d'éléments linguistiques permettant de situer son origine en Moyenne-Égypte ». Selon toute vraisemblance, les traités avaient été traduits du grec. Il était précisé également que d'après la technique d'écriture utilisée, les documents retrouvés dataient probablement du IVe ou du Ve siècle (plus tard, la datation au carbone 14 les ferait cependant remonter à une époque antérieure).

La provenance du codex avait été attestée par de nombreuses sources depuis 1982, et la fiche d'informations stipulait en outre que « le parcours de l'objet, entre sa découverte et 1982, était facile à retrouver ».

Le temps malheureusement avait fait son œuvre destructrice, noircissant le papyrus, devenu extrêmement fragile. Après un travail de restauration considérable, les deux tiers du texte original étaient devenus lisibles. Il manquait cependant au moins un feuillet entier, ainsi qu'un certain nombre de fragments, plus ou moins importants.

La restauration du codex était réalisée en Suisse par les plus grands spécialistes. Le professeur Kasser était chargé de sa publication. La fondation suisse qui apportait son aide financière au projet souhaitait garder l'anonymat pour le moment, lisait-on encore sur la fiche d'information, mais elle avait accepté de « restituer [le codex] à l'Égypte en le confiant à une institution publique ayant compétence pour le recevoir ».

Pour lire son discours, le vieux professeur était resté assis. Malgré son infirmité, il tenait à partager avec ses collègues ce qui était devenu la réussite suprême de sa vie. Il avait un caractère énergique et le sens de l'humour, et il était déterminé à mener à bien ce travail, car il avait l'esprit aussi vif et pénétrant que jamais.

Toute la salle était figée dans un silence respectueux devant cet homme autrefois président de l'Association et qui vraisemblablement leur faisait maintenant son discours d'adieu, même s'il leur annonçait une découverte extraordinaire. Personne ne savait tout à fait à quoi s'attendre. La brève allocution de Kasser avait été présentée sur le papier comme « un nouveau texte apocryphe copte offert à la science ». Ce titre était suivi des mots « Peuaggelion Niaoudas », l'Évangile de Judas.

Le professeur parlait doucement, avec beaucoup d'émotion dans la voix. « Des résurrections comme celles-ci sont extrêmement rares, déclara-t-il en français. On ne voit pas tous les jours un document bien connu, venu de l'Antiquité et que l'on pensait disparu à jamais, échapper au bout du compte à son malheureux destin. Grâce à une heureuse coïncidence, le manuscrit a pu refaire surface. »

« C'est un véritable miracle, ajouta-t-il, et le mot n'est pas trop fort… La journée d'aujourd'hui est à marquer d'une pierre blanche, car nous nous trouvons face à la résurrection du célèbre "Évangile de Judas"… ce même texte qui fit scandale aux premiers siècles de l'Église et dont les copies étaient implacablement vouées à la destruction. »

Kasser raconta ensuite le travail minutieux des trois dernières années, les heures passées à restaurer un document si détérioré qu'il en était presque détruit. Il parla de la restauratrice, mais seulement d'une manière indirecte, sans citer son nom, car les consignes de sécurité imposaient de garder secret le lieu où se trouvait le codex. Aidés de Gregor Wurst, ils étaient parvenus à reconstruire méticuleusement ce texte que le plus pur des hasards avait mis entre leurs mains. Kasser passa sur les pages manquantes – leur disparition était la conséquence de la convoitise de l'homme, de son désespoir ou tout simplement de sa négligence.

Il décrivit le travail de restauration et son incroyable complexité : les pages déchirées en deux avec, fort heureusement, la marge supérieure dans un état légèrement meilleur que la marge inférieure, ce qui permettait de conserver la pagination (les pages des textes anciens étaient généralement numérotées). Il déplora l'état de « quelques feuillets complètement déchiquetés ».

Il raconta aussi comment le codex avait refait surface. « Ce traité gnostique avait déjà déclenché les foudres de saint Irénée, l'évêque de Lyon, dont le livre *Contre les hérésies* dénonçait avec mépris "Judas le traître". Les hérétiques attribuaient à Judas la qualité d'être "le seul des Douze à posséder la connaissance de la vérité", ce qui lui avait permis de réaliser "le *Mystère* de la trahison", avec toutes ses conséquences prétendument salutaires. Irénée les accusait d'être à la fois arrogants et crédules et d'avoir inventé "une histoire fictive, intitulée l'"Évangile de Judas". »

Kasser analysa ensuite le titre du document (« Récit secret de la révélation que Jésus a faite à Judas Iscariote »), considéré lui aussi comme hérétique dès les premiers siècles de l'ère chrétienne. « L'intitulé du texte est peut-être sujet à controverse, dit-il, mais les gnostiques nous ont habitués à cette sorte de paradoxe. Ils favorisaient le retour en grâces de personnalités que l'Église, dans ses textes canoniques, considérait comme "médiocres". »

« En s'efforçant de revenir sur le verdict prononcé par les Onze à l'encontre du "traître" par excellence, de l'homme cupide et sournois qui avait vendu son maître en l'embrassant sur la joue (en voilà un stigmate !), l'auteur du traité maudit attirait l'attention d'une manière flagrante sur la thèse qu'il défendait. D'où l'impatience des chercheurs d'hier et d'aujourd'hui, au-delà de la malédiction appelée par les chefs de l'Église, pour qui autrefois comme encore de nos jours, la relation directe avec l'*ipsissima verba* (la parole même) du pseudo-Judas pouvait justifier une condamnation au bûcher.

« Leur patience sera bientôt récompensée, conclut Kasser. Ce précieux manuscrit a été extrêmement maltraité lors des vicissitudes qu'il a récemment connues, mais il va maintenant être publié. »

☥

Dans l'assemblée se trouvaient des coptologues, des papyrologues, des spécialistes de lettres classiques, des religieuses et une demi-douzaine de prêtres coptes en robe noire, avec leur capuchon fendu de sa grande couture centrale. Les Égyptiens étaient venus très nombreux. Il y avait aussi des Arabes de diverses origines et un Israélien.

Le vénérable professeur ignorait cependant que quelques personnes présentes dans la salle avaient déjà eu vaguement connaissance du document, même si aucune d'elles n'avait eu le temps, l'autorisation ou la compétence pour l'étudier. Certaines n'avaient pas encore fait le rapprochement entre le texte dont elles avaient entendu parler et celui qu'elles avaient brièvement aperçu tant d'années auparavant.

Vingt et un ans s'étaient écoulés depuis que Stephen Emmel avait vu les manuscrits pour la première fois dans une chambre d'hôtel miteuse, à Genève, où le codex avait mystérieusement refait surface sur le marché occidental des antiquités, en 1983.

Bentley Layton se trouvait là également. Directeur de thèse de Stephen Emmel, il avait été le premier à qui l'on avait accordé le temps et les ressources nécessaires pour identifier formellement le document, en 2000, lorsque l'université Yale à laquelle il était attaché avait conservé le précieux manuscrit pendant quelques mois. Yale avait refusé d'acquérir le codex à cause du mystère qui entourait son origine, mais de ce fait, l'université américaine avait dû renoncer à en publier la première traduction, laissant cet honneur à Rodolphe Kasser.

On notait encore la présence de Marvin Meyer, titulaire de la chaire d'études du Nouveau Testament à l'université Chapman en Californie. Grand spécialiste de la doctrine gnostique, il avait écrit plusieurs ouvrages très appréciés sur les débuts du christianisme.

L'ancien mentor de Meyer, James Robinson, était aussi dans la salle. Le professeur Kasser et lui étaient en rivalité depuis longtemps et même si presque trente ans s'étaient écoulés depuis la découverte des manuscrits, les deux hommes, désormais presque octogénaires, étaient toujours brouillés.

Le professeur Roger Bagnall, lui aussi membre du conseil d'administration de l'Association internationale d'études coptes, assistait par hasard au même moment à une autre conférence, ignorant que l'on parlait ici des textes fascinants qu'il lui avait été donné d'apercevoir brièvement en 1984.

Tranquillement assise à l'arrière de la salle, Frieda Tchacos-Nussberger passait inaperçue parmi tous ces érudits et éminents spécialistes du monde entier. Elle avait cédé ses droits sur l'Évangile de Judas à la Fondation Maecenas et aujourd'hui, elle enregistrait la conférence, à l'aide d'un magnétophone qu'elle avait elle-même apporté.

Frieda regardait autour d'elle avec beaucoup d'attention, à l'affût des réactions de cette auguste assemblée. C'était la première révélation publique de l'existence du codex, même si l'on en dévoilait à peine le contenu. Les quelques personnes qui avaient su l'existence de cet évangile le croyaient disparu à jamais, irrémédiablement perdu pour la connaissance. Personne n'aurait pu imaginer que ce manuscrit ancien si obscur referait un jour surface en Suisse.

☥

Kasser médita sur le Destin, concept répandu dans le monde des premiers chrétiens, encore sous l'influence grecque. « Les Anciens, qui savaient de quoi ils parlaient, avaient coutume de dire que le Destin, *Moïra* en grec, était "tissé", fil par fil. Comme la destinée humaine où les chemins se croisent de manière inattendue et suivent chacun une trame. En Suisse aussi, il y a quelques années, des chemins se sont croisés. »

Puis il donna quelques indications sur le contenu du codex, susceptible de « contredire la vision “canonique” des grands personnages de la Bible, celle de Judas notamment, telle qu'elle avait été présentée par les quatre évangélistes du Nouveau Testament. Judas le cupide, voleur même… une crapule qui était allée jusqu'à vendre son meilleur ami à ses pires ennemis et l'avait livré par un baiser hypocrite et infâme… Sans vouloir faire de conclusions hâtives à la suite de ce que nous avons commencé à lire, continuait Kasser, nous pouvons d'ores et déjà nous attendre à trouver dans l'Évangile de Judas une version complètement opposée à celle du Nouveau Testament. Ici, Judas est l'ami secret de Jésus, objet d'une campagne de calomnies de la part des autres apôtres. »

« Paradoxalement, tout cela est de l'ordre du possible, malgré le caractère indéniable de certains faits, comme la “trahison” apparente, par exemple, et le prix de l'absolution avec ses conséquences dramatiques…

« Mais y a-t-il eu réellement crime, suivant la perception gnostique ? Saint Irénée lui-même confirme que le gnostique qui a écrit l'Évangile a décrit cet acte pour nous abject comme une trahison mystérieuse. Or, dans le contexte religieux, les “mystères” constituent l'essence même du culte, ils ont un pouvoir recréateur, et en définitive, ils sont positifs…

« Comment ne pas faire état, à ce stade, de certains points troublants, corroborés par le Nouveau Testament lui-même, dont l'interprétation traditionnelle pourrait être contestée (et de fait elle l'a été, par quelques rares personnes) : il s'agit notamment de l'ambiguïté des propos tenus par Jésus à l'adresse de Judas, lors de la Cène : "Ce que tu as à faire, fais-le vite" (Jean, 13, 28). Cette phrase pourrait nous laisser croire qu'à ce moment-là, Jésus ordonna à Judas d'assumer la responsabilité d'une mission particulière, à la fois implicite, étonnante et paradoxale.

« Il serait sage de garder une certaine prudence dans cette phase préliminaire. Les travaux… n'en sont pas encore à un stade assez avancé pour permettre de décrire dès à présent et avec précision un nouveau profil de la personnalité du "traître" face auquel nous nous trouvons maintenant. Outre l'implicite du titre final, qui se passe de toute explication, on constate que divers indices, déjà connus mais rassemblés seulement depuis peu, d'une manière plus efficace tout au moins, laissent entendre que le chemin à suivre devrait être celui de la logique. »

☥

Le discours de Kasser était bouleversant dans ses implications et pourtant la réaction des spécialistes rassemblés dans la salle fut très modérée. En fait, les informations données étaient trop éparses. Avant la conférence, le professeur et les sponsors avaient longuement discuté avec Frieda, décidant finalement de rester vigilants et de limiter l'information portée à la connaissance du public.

Il y eut une seule question. Kasser l'ignorait, mais James Robinson avait passé vingt ans de sa vie à rechercher ce texte qu'il voyait maintenant entre les mains d'un autre. Il avait donc sous les yeux la preuve flagrante que sa quête désormais serait vaine. D'après ceux qui l'observaient attentivement ce jour-là, il avait l'air déconcerté, un peu en colère et visiblement, il se sentait même légèrement insulté. Il chercha alors à provoquer le professeur, lui demandant s'il savait qu'Emmel avait vu ce document vingt-cinq ans auparavant, et qu'il l'avait même photographié.

Cette provocation n'avait pas d'autre but que de jeter le discrédit sur son rival. « C'était très embarrassant, confierait plus tard l'un de ses plus proches collaborateurs. Jim perdait toute dignité. Il manquait totalement aux devoirs de sa profession. »

Kasser était bouleversé. Le vénérable professeur ne s'était pas rendu compte que la récente découverte du codex en avait fait un objet de convoitise, et que cela entraînerait également un conflit d'intérêts.

Robinson ne s'arrêta pas là. Après s'être insurgé ce jour-là contre le fait que l'Évangile de Judas avait été cédé à des érudits européens, il laissa libre cours à sa colère une autre fois, devant une salle bondée, le 20 novembre 2005, à l'occasion du congrès annuel de la Society of Biblical Literature, qui se tenait à Philadelphie. Un débat y avait lieu sur le thème : « Nag Hammadi : Ce que la découverte de 1945 a changé dans le monde du christianisme primitif ». Quatre invités étaient présents : Robinson, Harry Attridge, désormais doyen de la Divinity School de Yale, John Turner et Marvin Meyer. Robinson et Meyer venaient de publier ensemble une version revue et corrigée des textes de la bibliothèque copte de Nag Hammadi.

Robinson réitéra sa position et déclara qu'aucun document ne devait être réservé à un usage « privé » ou monopolisé par des universitaires pour leur utilisation personnelle. Il interdirait les publications « privées », pour favoriser les éditions en fac-similé où le texte serait publié intégralement dans sa langue d'origine, et à partir de là tous les érudits pourraient le traduire et en publier la traduction comme bon leur semblerait. Il ne serait donc pas possible à une seule et unique personne de garder le monopole de la publication. Robinson, on s'en souvient, n'était pas coptologue, il avait une formation de théologien. Comme il n'avait pas de diplôme lui donnant les qualifications requises pour traduire le copte, il lui était aisé de défendre la cause du libre accès pour la publication et la traduction.

Meyer, qui travaillait avec les professeurs Kasser et Wurst sur la traduction anglaise, s'efforça de convaincre Robinson en privé qu'il n'y avait derrière tout cela aucune conspiration, aucune « tentative de monopole européen », mais qu'une publication était en cours, et grâce à elle, l'Évangile pourrait bientôt voir le jour.

CHAPITRE QUATORZE

Menaces de révélation

Jésus dit (à ses apôtres) :
« … Que celui d'entre vous
qui est suffisamment fort parmi
les êtres humains fasse surgir l'homme parfait
et vienne se tenir devant mon visage. »
Tous dirent : « Nous en avons la force. »
Mais leur esprit n'osa pas aller
devant lui, à l'exception de Judas l'Iscariote.

ÉVANGILE DE JUDAS

Si le papyrus était revenu en Suisse, les personnages restés en amont n'avaient pas tout à fait quitté la scène. Le Hollandais Michel van Rijn, notamment – véritable mouche du coche, toujours prompt à ébruiter sur son site Internet tous les scandales et autres suspicions de corruption dans le monde du marché de l'art – fut un homme très actif durant les mois qui suivirent la restitution du codex à Frieda Tchacos-Nussberger.

Van Rijn avait créé un blogue sur lequel il laissait libre cours à sa personnalité effrontément égocentrique comme à sa tendance aux bavardages indiscrets où il prétendait diffuser des informations « d'initié ». Il associait à son côté « je sais tout » une virulence acerbe visant des personnalités qu'il n'avait pour certaines jamais rencontrées. Il aimait se présenter comme un « frondeur à jet d'encre ». Les visiteurs de son blog, il les appelait souvent ses *dahlink readers* (une déformation de l'anglais *darling*, pour s'adresser à ses *chers* lecteurs). Il crachait tout ce qu'il pouvait trouver comme éléments d'informations sur un incident particulier et prétendait souvent avoir une nouvelle extraordinaire à révéler la semaine ou le mois suivant, ou peut-être même encore plus tard. Il montrait un certain esprit de croisade, pour dénoncer la profession qui avait été la sienne et à laquelle il était encore mêlé, mais ses accusations délibérément provocatrices et souvent téméraires lui valurent de nombreuses inimitiés de personnages influents.

Au cours de l'année 2002, van Rijn gagna la confiance de Ferrini. Il parla longuement de leur rencontre dans un article publié sur son site et intitulé « La bête humaine ». Il raconta notamment comment il avait reçu Ferrini chez lui en 2002, à Pietrasanta, en Italie, à l'occasion de Cultura, la foire d'art et d'antiquités de Bâle.

> Ferrini avait perdu son fils peu de temps auparavant et lorsque j'appris par mes propres sources qu'un de ses « fidèles » collègues avait détourné son plus gros client, un milliardaire américain collectionneur d'art [...], je décidais de relever le gant à la place de cet homme qui à l'époque était manifestement vaincu.

Ferrini était devenu son ami. « C'était un homme de bonne compagnie, un mordu d'opéra et de littérature, qui avait l'air aussi honnête qu'on pouvait l'espérer de nos jours d'un grand marchand d'art. »

Prenant fait et cause pour son nouvel ami, van Rijn se rendit dans l'Ohio et passa quatre mois chez Ferrini à Akron. Dans son article, il évoquait la douleur du marchand d'art pleurant son fils Matthew et refusant de monter à l'étage parce que c'était là qu'il l'avait retrouvé mort. Il racontait que Ferrini hésitait à aller dormir et que souvent il priait pour ne pas se réveiller. En privé, il prétendit savoir où se trouvait son coffre-fort, puis il réussit à obtenir beaucoup de renseignements sur le marchand d'art à partir du propre site Internet de celui-ci et en interrogeant ses employés.

Sa cible suivante devait être le collectionneur milliardaire James Ferrell, l'ancien commanditaire de Ferrini. Van Rijn avait commencé à s'en prendre à Ferrell en l'attaquant sur son blog. Les accusations qu'il lançait ne portaient pas particulièrement sur l'Évangile de Judas ou sur des manuscrits enluminés, mais sur des pièces de monnaie importées de Turquie ainsi que sur d'autres objets. Ses attaques étaient cependant violentes et surtout non fondées et, de toute évidence, Ferrell avait les reins solides et assez de munitions pour réagir, ce qu'il décida de faire, contre Ferrini et contre van Rijn. Le blogueur fut étroitement mêlé à la procédure entre Ferrell et Ferrini, et le 12 décembre 2002, devant la Cour suprême de l'Ohio, il fut même nommément cité. Forrell avait en effet déposé une plainte stipulant que « Ferrini et van Rijn [avaient] publié du matériel diffamatoire visant la réputation et les pratiques de Ferrell tant au plan personnel que professionnel, dans le but de lui nuire et de lui extorquer de l'argent ». Ferrell affirmait plus loin que « Ferrini et van Rijn avaient exigé de lui six millions de dollars pour arrêter de diffuser ce matériel diffamatoire ». Il prétendait également qu'en « exigeant de l'argent simplement pour arrêter de se conduire de manière illégale, Ferrini et van Rijn avaient tenté de commettre, puis commis et persisté à commettre un crime sous-jacent qui allait bien au-delà de l'extorsion de fonds ». Ferrini nia toutes ces allégations dans les conclusions qu'il renvoya à la Cour.

Ces procédures aboutirent à un accord entériné par la Cour, le 8 mars 2003. Van Rijn promettait de retirer le nom de Ferrell de son site Internet et de s'abstenir de toute référence au milliardaire sur tout site « dirigé ou créé » par lui, pendant une période de vingt ans. En outre, il renonçait à « toute forme de communiqué, écrit ou oral », concernant Ferrell.

En signant cet accord, van Rijn s'engageait à un silence forcé que la Cour de justice se chargerait de lui faire respecter. Il considéra néanmoins le règlement de cette histoire comme une victoire, précisant qu'il avait reçu 180 000 dollars pour ses frais de justice. Dans la mesure où le dossier stipulant l'accord de règlement a été mis sous scellés, ce détail, comme les autres, n'est pas accessible au public et ne peut donc être vérifié. Après tous ces événements, van Rijn quitta les États-Unis pour rentrer en Angleterre.

À mesure que le temps passait cependant, il lui devint de plus en plus difficile de se conformer aux termes de l'accord. Son site principal étant fermé, il se mit en quête d'autres chemins d'expression. De toute évidence, il lui était impossible de se refréner. Il déplaça son site Internet aux Pays-Bas et continua à faire circuler ses articles et à transmettre des informations aux journalistes chaque fois qu'il l'estimait opportun. Une grande partie de ces informations concernait les activités de James Ferrell, qu'il critiquait de manière cinglante, en des termes calomnieux que l'on n'aurait jamais trouvés dans un journal. Par exemple, d'après des documents produits en justice, van Rijn aurait écrit un « Dernier Mot » à Ferrell dans lequel il lui disait : « Cher Jimbo, je m'intéresse à toi... Bienvenue sur mon web, je serai ton pire... cauchemar. Je vais te démonter... »

Ferrell et ses avocats restèrent sur le qui-vive, prêt à sévir énergiquement contre toute violation des termes de l'accord, et, finalement, ils demandèrent et obtinrent une ordonnance enjoignant van Rijn de se rétracter.

Dans les messages qu'il envoya à la Cour suprême de l'Ohio, van Rijn prétendit que son site hollandais n'était pas concerné par la décision de justice précédente. Il revendiquait le droit de continuer à publier, du fait que le nouveau lieu de publication n'était pas officiellement considéré comme un site Internet et que ses sites spécifiques n'avaient pas de connexion directe avec les principaux moteurs de recherche. Selon lui, le premier amendement à la Constitution des États-Unis sur le droit à la liberté d'expression n'avait pas été respecté[1].

Le juge George Limbert de la Cour fédérale de l'Ohio n'était pas d'accord. Il décida que l'ordonnance de silence à laquelle van Rijn avait accepté de se conformer était valide, car en tant que telle, elle ne pouvait constituer une limitation judiciaire de la liberté de parole, dans la mesure où il n'y avait pas eu intervention du gouvernement. Selon le juge Limbert, « la prétendue restriction de la liberté d'expression de Van Rijn résultait d'un accord entre deux parties privées dont le contenu était clair et sans aucune ambiguïté, et le gouvernement n'y était mêlé en aucune façon ». Dans un jugement rendu le 29 octobre 2004, la Cour fédérale déclara van Rijn coupable d'outrage à la Cour et l'informa que son attitude « manifestement offensante et méprisante » le rendait passible d'arrestation. « La Cour avertit encore une fois M. van Rijn qu'elle a à sa disposition un régime de sanctions encore plus fortes pour le cas où il persisterait dans cette attitude méprisante. »

Le 3 novembre 2004, van Rijn fut condamné à payer des dommages et intérêts à hauteur de un dollar par acte de mépris caractérisé, soit 10 590 dollars. Cette peine était assortie d'une amende de 10 000 dollars. Une fois rentré en Angleterre, van Rijn ne tint aucun compte du jugement ni de la condamnation à payer l'amende.

---

1. « Le Congrès ne fera aucune loi qui touche l'établissement ou interdise le libre exercice d'une religion, ni qui restreigne la liberté de la parole ou de la presse, ou le droit qu'a le peuple de s'assembler paisiblement et d'adresser des pétitions au gouvernement pour la réparation des torts dont il a à se plaindre. » (NdT)

Le blogueur hollandais était officiellement réduit au silence, au moins aux États-Unis, et cette condamnation l'avait plongé dans des difficultés financières considérables. Il se plaignit bientôt de ne pas avoir assez d'argent pour assurer l'entretien de ses enfants ni les frais de scolarité de leur école anglaise. Néanmoins, il déclara qu'il continuerait, sans se laisser intimider par une décision de justice ou ses difficultés financières. Son blog à scandales lui permettait de se poser en défenseur de la droiture et de la vérité. Acculé par la nécessité de résoudre ses problèmes financiers, il lui fallait trouver un moyen de se faire de l'argent. Alors, espérant décrocher le gros lot, il s'agrippa au mince roseau de l'Évangile de Judas.

Si, en juillet 2004, Rodolphe Kasser s'était montré d'une extrême prudence lors de l'annonce de l'existence de l'Évangile, les nombreuses ramifications des agissements de Ferrini risquaient maintenant de provoquer des révélations prématurées et non souhaitables dans la mesure où la traduction n'était pas achevée, car cela laisserait alors le champ libre à toutes sortes de mauvaises interprétations et de conjectures infondées. L'ébruitement de la nouvelle avant la fin de la traduction risquerait de compromettre le fruit d'un travail minutieux de plusieurs années.

Michel van Rijn sévit à nouveau le 5 décembre 2004. Ce jour-là, pendant la visite des spécialistes venus authentifier les documents dans l'atelier de

Florence Darbre, le portable de Mario Roberty se mit à sonner. C'était van Rijn.

Le Hollandais disait disposer d'informations importantes sur l'Évangile de Judas. Roberty ne refusa pas d'emblée la discussion. Frieda et lui pensaient franchement que van Rijn était « bon à enfermer », mais ses informations étaient souvent justes. Dans le cas présent, ce qu'il disait savoir pouvait ruiner les effets de leur laborieuse restauration.

Cet appel était le point d'orgue d'un mois aux événements étranges. Tout avait commencé avec William Veres, l'ancien associé de Bruce Ferrini. Verès avait été contacté par des gens prétendant avoir autrefois travaillé pour Ferrini et affirmant détenir des documents et des photographies d'archives sur les transactions secrètes du marchand d'art américain, laissant entendre qu'ils étaient parvenus à pénétrer dans son disque dur. Ces personnes prétendaient avoir investi 90 000 dollars pour Ferrini et ne pas avoir été payées des 50 000 dollars qu'il leur devait pour leur travail. Veres avait vu une partie des documents proposés et ses interlocuteurs avaient déclaré vouloir conclure un marché avec Frieda et Roberty.

Au vu de l'état des pièces qu'on lui présentait, Veres acquit la conviction que Ferrini avait « massacré » plusieurs des textes en sa possession pour tirer profit de la vente de pages isolées et de fragments. Au cours de son examen, il avait aussi aperçu des contrats et d'autres documents qui étaient, de son point de vue, indiscutablement authentiques.

Plus alarmant encore, ses mystérieux visiteurs avaient apporté des photographies de l'Évangile de Judas qu'ils prétendaient extraites du disque dur de Ferrini. Apparemment, un coptologue du Missouri, Charles Hedrick, en avait déjà reçu des copies et entrepris la traduction, qu'il avait l'intention de publier. D'après les informations fournies par ces inconnus, Ferrini aurait envoyé soixante à quatre-vingt-dix images de l'Évangile à Hedrick. L'affaire était grave, car cela signifiait que l'accord conclu entre Ferrini et Frieda n'avait pas été respecté.

Cet accord stipulait que Ferrini devait rendre à Frieda non seulement les trois traités et leurs fragments, mais aussi tous les documents s'y rapportant, notamment les photographies et les copies électroniques que jusque-là il conservait par-devers lui. Frieda et Roberty évaluèrent les conséquences potentielles de cette affaire pour leur projet, et ils en conclurent qu'il était sérieusement mis en péril.

La première chose à faire était de prendre contact avec Charles Hedrick à l'université du Missouri. Dans les locaux du cabinet qui les représentait à Cleveland – le même qui avait défendu les intérêts de James Ferrell – l'avocat de Frieda et Roberty eut une discussion préliminaire avec le professeur du Missouri. Hedrick confirma son intention de publier une traduction approximative des documents qu'il détenait. Il croyait avoir acquis les photographies de manière tout à fait légale. D'après la correspondance échangée entre Charles Hedrick et le cabinet d'avocat, le coptologue aurait refusé de préciser ce qui était en sa possession.

Il s'ensuivit un dialogue, par courrier et courriels, entre les professeurs Kasser et Hedrick. La Fondation Maecenas voulait savoir exactement ce que détenait Hedrick, et surtout s'il était en possession des pages ou des fragments manquants qui pourraient compléter le texte que Kasser, Florence Darbre et Gregor Wurst étaient occupés à restaurer et à traduire. Hedrick se montra très agréable et promit de coopérer. Il déclara n'avoir jamais rencontré Ferrini en personne ni traité avec lui, mais il accepta de donner à Kasser les copies des photographies en sa possession, si la Fondation en assumait les frais.

Toutes ces négociations mirent un certain temps à aboutir, mais les deux professeurs eurent des échanges assez sains et la crise fut évitée.

☥

Les autres fils de l'écheveau que Ferrini, par ses diverses manœuvres, avait déroulés ne furent pas aussi faciles à rembobiner.

Un voyage à Londres dont le but était d'examiner les autres fragments que Ferrini était soupçonné d'avoir gardés avait permis de constater que les documents proposés par les personnes qui s'étaient manifestées récemment avaient effectivement l'air authentiques. N'aimant pas William Veres et ne lui faisant pas confiance, Roberty était plutôt mal à l'aise à l'idée de devoir le prendre pour intermédiaire dans ses éventuelles tractations avec ces inconnus que lui-même serait dans l'incapacité d'identifier et de retrouver.

C'est au beau milieu de ces délicates opérations que, le 5 décembre 2004, Roberty avait reçu ce mystérieux coup de téléphone de Michel van Rijn qui affirmait disposer de documents et d'informations intéressantes sur Ferrini. Avec Frieda, ils décidèrent de se rendre à Londres le 10 décembre pour l'y rencontrer. À cette occasion, van Rijn leur aurait déclaré être l'homme qui tirait les ficelles de l'exploitation financière des informations obtenues à partir des fichiers informatiques. Il affirmait être sur le point de publier tout ce qu'il avait, sans discrimination, et de ruiner ainsi leur projet. Sa menace était tout à fait crédible. Sur son blog, il se vanta d'avoir obligé Frieda, par ses révélations concernant l'Évangile de Judas, à accepter de restituer l'Évangile à l'Égypte. Ensuite il déclara que s'il s'en mêlait, l'antiquaire suisse ne tirerait aucun profit de cette opération.

La rencontre avec van Rijn avait eu lieu dans son appartement à Londres et pendant qu'ils s'y trouvaient, Veres avait appelé pour discuter de la vente d'un objet. D'après la teneur des propos de van Rijn, Roberty avait acquis la conviction que les deux hommes étaient complices.

Plus tard, Veres ferait ce commentaire : « Van Rijn est diabolique. Il a essayé de convaincre Mario que j'étais de mèche avec lui, mais mon intérêt à moi, c'était d'aider Frieda à remettre la main sur les documents. »

Veres eut de très nombreux contacts téléphoniques avec Frieda. Il lui téléphonait « toutes les heures, tout excité, surexcité même », dirait-elle plus tard. Rétrospectivement, il reconnut être allé trop loin en voulant servir d'intermédiaire. À la fin, plus personne ne lui faisait confiance, dans un camp comme dans l'autre. Il alla jusqu'à émettre l'hypothèse que toute cette affaire avait été orchestrée par van Rijn.

En tout cas, Roberty ne voulait plus passer par lui et dès lors il cessa de le consulter.

Frieda et Roberty n'avaient plus qu'à passer un accord avec van Rijn. Roberty voulait connaître la réponse à une question en particulier : que savait van Rijn, au juste ? Le Hollandais prétendait avoir la même série de photos qu'Hedrick, mais Roberty ne savait pas combien.

Il fut finalement convenu que van Rijn lui remettrait tous les documents qu'il détenait, ce qu'il promit de faire en personne. En contrepartie, il recevrait la somme de 71 000 euros. Van Rijn promit encore de se rendre à Bâle juste après le nouvel an. Après une interminable série de communications téléphoniques entre les deux hommes, la date de la rencontre fut enfin fixée au 19 janvier 2005. Ce jour-là, Mario Roberty attendit, mais personne ne se manifesta.

Il avait toujours considéré van Rijn comme un personnage fantasque à qui l'on ne pouvait absolument pas faire confiance, alors il ne fut pas vraiment surpris. Pourtant assez tard dans la soirée, il finit par apprendre la raison de cette absence. Il reçut un appel téléphonique du fils de van Rijn, qui s'étonnait de ne pas avoir de nouvelles de son père et lui demandait s'il savait où le trouver.

Roberty donna quelques coups de téléphone et découvrit assez vite que la police suisse avait arrêté van Rijn à l'aéroport de Bâle, sur ordre du procureur général de la République de Genève.

Van Rijn avait été conduit à la prison de Bâle en attendant son transfert à Genève, où une procédure était engagée contre lui : une famille de marchands d'art s'estimant tout à fait respectable n'avait pas du tout apprécié les propos diffamatoires tenus à leur encontre sur le site de van Rijn. Subissant ces assauts sporadiques depuis plusieurs années, ils avaient porté plainte contre lui et la police suisse avait immédiatement réagi lorsqu'il s'était présenté à l'aéroport.

Quelques jours plus tard, Roberty se précipitait à Genève pour témoigner devant le juge d'instruction. En toute honnêteté, il raconta que van Rijn avait été arrêté alors qu'il venait lui remettre des documents contractuels. Après avoir passé plus d'une semaine en prison, le Hollandais fut remis en liberté. Plus tard, il accuserait l'avocat de Frieda de l'avoir trahi. Selon Veres, « van Rijn croyait que Roberty avait comploté avec les marchands d'art pour le coincer ».

Ce n'était pas vrai, mais le fait est que de nombreuses trahisons ont jalonné l'histoire de la plus célèbre de toutes les félonies.

Entre-temps, le 21 janvier 2005, la Cour de justice américaine avait rendu un autre jugement condamnant le blogueur hollandais à payer la coquette somme de 157 377,98 dollars.

En quelques semaines, van Rijn décida de publier tout ou presque de ce qu'il savait sur l'Évangile de Judas, notamment les photos et la traduction de Charles Hedrick, en affichant sur son blog un grand « MERCI, CHARLIE ! »

Dans une interview donnée en 2006, Hedrick a confirmé avoir donné à van Rijn quelques-uns des morceaux traduits, mais il ne l'avait pas autorisé à les publier. « C'était une idiotie », a-t-il ajouté.

Fort heureusement pour Frieda Tchacos-Nussberger et tous ceux qui étaient impliqués dans le projet, le document publié était incompréhensible, truffé d'obscures allusions coptes portant sur les niveaux gnostiques, sur l'être créateur – un personnage nommé Allogène – et sur des peuples d'une race différente. Ce document n'eut pratiquement pas d'écho dans la presse, car il était trop sibyllin pour les profanes, et surtout, ce n'était pas l'Évangile de Judas.

En fait, la plus grande partie de ce que Charles Hedrick avait traduit provenait d'une quatrième partie du codex, différente des autres traités. Elle était consacrée à Allogène, un personnage « gnostique ». Ce texte avait été identifié par Kasser et Wurst quelques mois auparavant comme un document distinct des autres, et il ne faisait pas partie, à proprement parler, de l'Évangile de Judas.

Michel van Rijn lui-même s'était laissé berner.

Lors d'une émission télévisée réalisée sur lui par des journalistes de la BBC, il avait lu ce texte et l'avait présenté comme « la seule copie existante de l'Évangile de Judas, que l'Église catholique a banni pendant deux mille ans ». « J'en ai à présent la traduction, avait-il ajouté, et maintenant je vais tout vous révéler. »

Une cigarette allumée au bout des doigts et le bras droit pendant nonchalamment dans une sorte de défi existentiel à côté d'une statue du Christ lui arrivant à la hauteur de la poitrine, van Rijn lut quelques lignes d'un texte qui représentait presque toute la partie du traité sur Allogène. Malheureusement pour le Hollandais, personne n'y prêta attention. La traduction était trop obscure. La BBC décida de couper l'émission et de passer le générique tout de suite après. À aucun moment Van Rijn ne s'était rendu compte que ce qu'il lisait n'était pas l'Évangile de Judas.

La saga van Rijn n'était pas terminée. L'ex-marchand d'art avait délibérément ignoré et parfois même affiché verbalement son mépris des jugements rendus par la Cour de justice américaine. Le 27 janvier 2006, la Cour suprême de l'Ohio autorisa l'ouverture d'une enquête criminelle, après le dépôt d'une plainte par les avocats de Ferrell. La Cour nomma « un avocat impartial pour instruire le dossier et engager les poursuites contre Michel van Rijn, pour outrage à la Cour dans son obstination méprisante à refuser d'obéir aux injonctions de la justice ».

Toutes les recherches pour retrouver l'Évangile de Judas et en permettre une publication aussi complète que possible s'étaient terminées par un fiasco. Néanmoins, dans l'atelier de restauration de Florence Darbre, la plus grande partie de cette opération laborieuse se poursuivait à un rythme rapide. Un travail minutieux de plusieurs années avait permis au codex d'atteindre un stade où l'on pouvait envisager de le dévoiler aux yeux du monde. Plus de vingt-cinq ans après sa découverte, l'Évangile de Judas allait enfin voir le jour.

CHAPITRE QUINZE

Un puzzle de fibres

Lorsque Jésus eut constaté
[leur incompréhension, il leur dit] :
« Pourquoi ce trouble vous a-t-il mis en colère ?
Votre Dieu, qui est en vous, et [...],
ont provoqué la colère dans vos âmes.
Que celui d'entre vous qui est suffisamment fort
parmi les êtres humains fasse surgir l'homme
parfait, et vienne se tenir devant mon visage. »

ÉVANGILE DE JUDAS

Le vent qui souffle en rafales sur le lac Léman au début du mois de décembre avait rendu l'air glacial malgré un thermomètre qui affichait quatre degrés. Sur le lac, de petites marbrures blanches venaient coiffer la crête des vagues. Devant le château blanc comme l'albâtre qui dominait le port de Nyon, les mouettes, sur le rivage, semblaient saisies par le froid.

Nyon était une cité importante au temps de l'Empire romain, comme en témoignent encore les deux colonnes romaines qui surplombent le lac.

La ville s'étend sur une plaine étroite en direction de Genève au sud et de Lausanne au nord. Des vignobles ornent la ligne onduleuse qui s'étire jusqu'au Jura, là où la Suisse rejoint la France.

À l'extérieur de la ville est implantée une petite zone industrielle marquée par un tertre assez haut d'où émergent deux filtres à air semblables à des cheminées. De l'autre côté de la rue qui part de cette installation de la Compagnie lyonnaise des eaux se trouve une pizzeria toute simple dans un bâtiment dont le premier étage est occupé par l'atelier compact de Florence Darbre, la grande spécialiste de la restauration des parchemins et papyrus.

Cet atelier d'apparence pourtant tout à fait ordinaire avec son obscur petit laboratoire voit passer des objets d'une valeur inestimable. Le 5 décembre 2004, celui qu'il recelait était entouré du secret le plus absolu. Quelques personnes seulement en connaissaient la valeur. Les experts arrivèrent à onze heures. Ils étaient venus de tous les coins du monde pour se retrouver dans ce cadre innocent. Ils arrivèrent un par un, recroquevillés dans leurs vêtements d'hiver. Un Américain, spécialiste des débuts du christianisme, portait un chapeau à large bord qui lui couvrait une grande partie du visage. Toutes les mesures nécessaires avaient été prises avant leur départ pour qu'ils signent un document les engageant au secret. Pendant une période de cinq ans, ils devraient garder le silence sur ce qu'ils allaient voir.

Parmi eux se trouvait Bart Ehrman, un bel homme avec une calvitie naissante, universitaire spécialiste du christianisme primitif qui avait son franc-parler et dont la réputation ne cessait de grandir en Amérique et au-delà. Il était titulaire de la chaire de religion à l'université de Caroline du Nord.

Un second personnage, Timothy Jull, un Britannique à la solide charpente, s'était fait un nom parmi les spécialistes mondiaux les plus renommés de la datation au carbone 14. Il dirigeait l'équipe de spectrométrie de masse par accélérateur à la Fondation nationale pour la science de Tucson en Arizona.

Le troisième expert n'était autre que Stephen Emmel, l'Américain à lunettes, grand spécialiste de la langue et de la culture copte, actuellement en poste à Münster, en Allemagne.

L'objet que les trois hommes venaient examiner était resté caché pendant dix-sept siècles, voire davantage. Ce texte biblique avait de quoi faire voler en éclats quelques-unes des interprétations, voire des fondements de la foi chrétienne. Ce n'était pas un roman, mais un véritable évangile issu tout droit des premiers temps du christianisme.

Le document était un assemblage de fragments de manuscrits anciens couchés sur papyrus, desséchés et extrêmement fragiles, que Florence Darbre gardait enfermés à l'intérieur d'un coffre dans une petite pièce à l'écart de son atelier.

Le manuscrit avait défié le temps et la plupart des lois biologiques sur la désintégration de la matière. Rares étaient ceux qui en avaient entendu parler. Et personne ne soupçonnait son existence car il n'aurait pas été réaliste de penser qu'il résisterait au temps, et d'ailleurs cela ne s'était pas fait sans dommages. Le manuscrit était arrivé à l'aube du XXIe siècle altéré par le temps, terriblement dégradé, certaines pages étant même collées ensemble.

Le papyrus a une résistance beaucoup plus forte que les fibres du papier moderne. La solidité du manuscrit et sa longévité dépendent des qualités de cette plante aquatique qui poussait autrefois en abondance sur les bords du Nil. Pour en faire un support d'écriture, il fallait découper des bandes étroites dans la tige de la plante et les juxtaposer sur une surface plane, puis poser une autre couche de bandes perpendiculairement à la première. Cet ensemble de lamelles était ensuite pressé, séché et lissé à la pierre ponce pour donner leur « papier » aux Égyptiens.

Le manuscrit de El Minya était un codex, c'est-à-dire un ensemble de feuilles de papyrus (mais cela aurait pu être du parchemin ou du papier) pliées et montées en cahiers et non en rouleaux. Il était constitué de trente-deux feuillets, soit soixante-quatre pages. De loin, la plupart faisaient penser aux anciennes cartes altérées par le temps ou à un puzzle dont il restait des espaces importants à combler.

L'écriture était ancienne. Les lettres s'élevaient et retombaient suivant un dessin complexe, à peine reconnaissable. Au départ, toute une partie du texte était illisible, à cause des espaces lacunaires, mais la plupart de l'ensemble avait pu être reconstitué.

Le codex avait voyagé à travers les siècles pour réapparaître dans cet endroit très improbable des montagnes suisses. Il était arrivé en très mauvais état, mais la reliure en cuir bien qu'abîmée elle aussi, avait mieux résisté au passage du temps : elle était partiellement intacte et un grand nombre de feuillets y étaient encore attachés.

Le petit atelier de Florence Darbre, où ce jour-là dix personnes étaient venues s'entasser, avait toute une rangée de fenêtres qui donnaient à l'est et laissaient rentrer la lumière blafarde du matin. La rencontre avait été organisée par la National Geographic Society, qui souhaitait rassembler une équipe de spécialistes et d'érudits autour de l'objet pour en évaluer l'état. Outre Emmel, Ehrman et Jull, étaient présents des représentants de National Geographic et John Heubusch, directeur du pôle Investissements chez Gateway Computer et président du Waitt Institute for Historic Discovery, créé par Ted Waitt, président fondateur de Gateway Computer, qui gérait des dizaines de milliards de dollars.

Deux Suisses venaient enfin compléter ce groupe de visiteurs étrangers. Il s'agissait des deux véritables acquéreurs du mystérieux codex : Mario Roberty, président de la Fondation Maecenas et propriétaire légal du document, et Frieda Tchacos-Nussberger, l'antiquaire qui l'avait d'abord acheté, avant de le remettre entre les mains de la Fondation.

Roberty commença par remercier la petite assemblée. Il raconta comment la Fondation s'était trouvée en possession d'un manuscrit à la valeur inestimable. « Le codex, expliqua-t-il, est sorti d'Égypte il y a plus de vingt ans. Il a été découvert en Moyenne-Égypte, quelque part entre Le Caire et Louqsor, dans la province de El Minya. Il est en notre possession depuis quatre ans. »

« Ce codex comprend quatre traités distincts, précisa Roberty : les trois premiers sont l'Épître de Pierre à Philippe, la première Apocalypse de Jacques et l'Évangile de Judas. Le dernier concerne un personnage gnostique, Allogène.

« Il s'agit, continua-t-il, d'un manuscrit complètement inconnu à ce jour. »

Chacun retenait son souffle et l'atmosphère se chargeait d'une tension contenue. Ils avaient remporté le gros lot. Des questions restaient en suspens : l'Évangile avait-il résisté aux ravages du temps ? Et si oui, de quoi y était-il question exactement ?

Roberty confirma l'engagement de la Fondation à restituer le codex au gouvernement égyptien quelques années après sa publication dans les pays occidentaux.

Ensuite, en tant que président de la Fondation Maecenas, il présenta Florence Darbre. La bibliothèque et le musée de la Fondation Martin Bodmer où elle dirigeait le service de restauration et de conservation des documents, avaient été conçus comme les parties d'un « édifice spirituel » rassemblant tous les manuscrits originaux anciens et modernes. Le musée abritait actuellement des sceaux cylindre akkadiens, des tablettes cunéiformes originaires de Mésopotamie, le Livre des Morts de Thèbes, l'antique cité égyptienne, et des bibles anciennes en copte et en grec, avec notamment un manuscrit en sahidique, l'Évangile selon saint Matthieu, écrit au IVe ou au Ve siècle.

Florence Darbre fit remarquer que les manuscrits anciens avaient chacun leur caractère propre que comme restauratrice, elle avait fini par connaître intimement. « Parfois ils créent un climat serein et parfois ils vous cherchent querelle. Ce n'est pas le cas ici. Les documents de El Minya sont de l'espèce calme. Spirituellement, je me suis trouvée en accord avec eux. Mon travail se déroule dans le calme, la précision et la douceur. »

Puis elle ajouta : « Pour mieux comprendre ce manuscrit, il faut s'en approcher de très près. Je me suis immergée dedans. »

Elle insista sur le fait que le résultat obtenu était le fruit d'un travail d'équipe : « Je travaille en étroite collaboration avec le professeur Kasser, responsable de la traduction du document. Nous avons des contacts fréquents. Nous nous téléphonons et il vient ici à peu près une fois par mois, peut-être davantage. » Elle expliqua que restaurer un codex, c'était un peu comme faire un puzzle. Elle avait des échanges réguliers avec le professeur Kasser. Il lui suggérait de mettre un fragment particulier à un endroit précis et elle y posait la pièce. Il fallait aussi faire correspondre les fibres, car c'étaient elles qui montraient comment les différentes parties d'une page s'agençaient pour former un tout.

Une part du travail pouvait se faire à l'œil nu, mais les fibres n'étaient pas toutes visibles. Un microscope à fort grossissement se trouvait dans un coin de son atelier. Elle y avait recours chaque fois qu'il lui était impossible de discerner à l'œil nu les détails des minuscules fibres dans toute leur complexité. Lorsqu'elle avait fait correspondre deux morceaux, le travail de reconnaissance des lettres, des mots puis des phrases, pouvait enfin commencer.

Ce travail représentait l'un des plus grands défis de sa carrière. Cela faisait maintenant presque trois ans qu'elle s'y consacrait. Le papyrus était incontestablement ancien. Environ les deux tiers du document étaient réparables et lisibles, mais il restait encore de gros obstacles à surmonter.

Le professeur Kasser était également présent. Quelque chose dans son maintien trahissait les souffrances infligées par la maladie de Parkinson sur son corps vieillissant. Pourtant, malgré son handicap, il gardait une vivacité d'esprit de jeune homme et n'avait qu'une seule idée en tête : achever la traduction de ce document longtemps disparu. Ce serait la plus grande réussite de sa carrière.

Le seul spécialiste que Kasser connaissait était Stephen Emmel. La dernière fois que les deux hommes s'étaient rencontrés, c'était à l'occasion du congrès de l'Association internationale d'études coptes, en juillet, à Paris, lorsque Kasser avait annoncé la découverte du codex et son contenu. Pour Emmel, brillant coptologue, le professeur Kasser était un mentor. Emmel rejoignait ainsi les deux camps, européen et américain, car il avait aussi suivi les cours de James Robinson en Californie.

Kasser regardait les spécialistes examiner son « bébé », le trésor qui lui était tombé du ciel quelques années auparavant, la manne qui lui offrait des opportunités sans précédent.

Florence Darbre sortit quelques pages du codex. Ehrman, Emmel, Jull, tous se concentrèrent pour l'observer. Le manuscrit était en grande partie stabilisé, et grâce aux soins diligents que Florence

Darbre avait apportés à des détails infimes, le document se trouvait déjà à un stade de restauration avancée, mais il y avait plus important encore : une grande part en était maintenant lisible. Le codex avait donc été mis sous verre et pouvait être examiné page par page.

Le revers de la médaille, c'est qu'il en manquait des morceaux assez importants et plusieurs centaines de fragments minuscules. Quelques pages étaient très incomplètes. Le codex était encore un puzzle en cours de réalisation, même si au vu de ce qui restait comme pièces, il était presque terminé.

La restauratrice ôta les fixations d'un côté, mais elle ne retira pas complètement la vitre de protection. Les spécialistes purent ainsi examiner de près le manuscrit restauré. Stephen Emmel passa de longues minutes à en lire attentivement la première page et poussa tout à coup un cri d'enthousiasme. Il expliqua que ce n'était pas la première fois qu'il venait à Genève pour examiner un document ancien. En 1983 déjà, il avait fait le voyage pour voir un manuscrit inconnu, écrit en copte, et il venait de s'apercevoir que c'était le même !

Il se mit à raconter les circonstances de son voyage précédent. On l'avait fait venir dans un hôtel de Genève où il avait rendez-vous avec deux hommes, un Européen, et un Arabe qui ne pouvait s'exprimer autrement que dans sa langue. L'Européen parlait aussi arabe. Emmel ne se souvenait ni du nom de l'hôtel, ni de celui de l'un ou l'autre des deux hommes. Il était d'ailleurs possible qu'ils n'aient pas donné leur identité complète. On lui avait donné un temps limité – deux heures – pour examiner l'objet. Emmel avait soulevé les feuillets un par un en se servant de pinces à épiler. La plupart des pages étaient collées. Il avait reconnu deux documents, celui de Jacques et l'autre, de Pierre. Il n'avait pas réussi à identifier le troisième qui se trouvait après les deux autres.

Le coptologue procéda ensuite à l'analyse du codex, étape par étape. La première page présentait des similarités avec de nombreux documents gnostiques. « Ces manuscrits sont écrits à partir d'un dialogue entre Jésus ressuscité et l'un ou plusieurs de ses apôtres. Le codex se situe à peu près dans le cadre de cette source traditionnelle, mais il semble cependant présenter quelques variantes. » Emmel avait besoin de temps et de feuillets supplémentaires pour examiner le texte de manière plus précise.

Florence Darbre lui donna des photographies de certaines pages du papyrus. Pouvait-on dire avec certitude qu'il s'agissait de l'Évangile de Judas ?

Emmel examina la dernière page, qui portait ce titre. Il répondit par l'affirmative. La question suivante coulait de source : Comment pouvait-on être certain que ce Judas était bien Judas Iscariote et non un autre Judas ?

Pour toute réponse, Emmel se tourna vers Kasser. Le vieil homme chercha parmi toutes les photographies du codex. Finalement, il repéra un nom dans le corps du texte, c'était celui de Judas Iscariote. Emmel parcourut le passage et tomba d'accord avec lui.

Quelqu'un demanda si l'on pouvait avoir affaire à « une contrefaçon moderne ».

« Absolument pas », répondit Emmel sur un ton catégorique.

« Combien de gens seraient capables à l'heure actuelle de contrefaire un document comme celui-ci ?

— Vingt-cinq, peut-être, avança le coptologue. Puis il se reprit, après un temps de réflexion : Non, quatre, et il y en a deux dans cette pièce. »

Il fallait donc exclure l'idée d'une contrefaçon datant de notre époque, ce n'était pas sérieux. « Et une contrefaçon plus ancienne ? »

Il était presque certain que le document avait été traduit du grec, et cette traduction datait probablement du IIe ou du IIIe siècle. De nombreux textes gnostiques remontaient à cette époque. Il était également possible de juger de l'authenticité du codex par épigraphie, en analysant l'écriture sur le papyrus. « Il ne fait aucun doute que cette écriture est celle d'un scribe copte », déclara Emmel.

La première page indiquait que le dialogue avait lieu après la crucifixion. Jésus-Christ ressuscité engageait une conversation avec ses apôtres, suivie d'un dialogue avec Judas. C'est une trame typique des anciens manuscrits gnostiques.

« L'épigraphie révèle des indentations caractéristiques de l'écriture copte », poursuivit Emmel, tout en précisant qu'une étude attentive de l'utilisation du langage en dirait encore davantage.

« Êtes-vous en mesure de dire quand ce texte a été écrit ?

— Là-dessus, il m'est plus difficile de vous répondre...

— Est-il possible que le scribe copte ait lui-même écrit ce document ?

— Non, c'est hors de question, assura Emmel. Ce texte est une copie et il est presque certain qu'il s'agit d'une traduction du grec. Le document original date très probablement du IIe siècle, lorsque les écrits gnostiques sont apparus. »

Emmel hésitait à attribuer au codex une date précise. C'était trop risqué. Il préférait attendre les résultats de la datation au carbone 14.

☥

Bart Ehrman proposa ensuite une première analyse. Plutôt que de procéder à l'examen spécifique d'un document qu'il n'avait pas encore eu le temps d'étudier, il l'inscrivit dans un contexte général.

Originaire du Kansas, Ehrman avait commencé ses études à Wheaton, dans l'Illinois, avant de les terminer au Séminaire théologique de Princeton, où il avait obtenu son diplôme de théologie et son doctorat, sous la direction de Bruce Metzger, qu'il considérait comme la figure emblématique des études sur le christianisme primitif. Les connaissances d'Ehrman dans ce domaine étaient doublées d'une qualité rare chez les universitaires : la capacité de les exprimer dans un anglais compréhensible par les profanes.

Ehrman prit grand soin de ne pas faire de déclarations sur le contenu d'un manuscrit dont il n'existait pas encore de traduction autorisée. Il voulait attendre l'achèvement des travaux de Kasser, même si cela devait prendre une année de plus, et comme Emmel, il ne souhaitait pas se prononcer avant de connaître les résultats de la datation au carbone 14. Il était cependant tout à fait disposé à situer l'évangile dans le contexte de l'histoire des débuts du christianisme.

« Le contenu de cet Évangile de Judas semble parfaitement cohérent avec ce qu'Irénée, l'évêque de Lyon, en a dit dans son traité contre les hérésies, déclara Ehrman. Il a été écrit après celui de Jean. L'Évangile selon saint Jean est le dernier des quatre textes canoniques du Nouveau Testament, mais celui-ci a certainement été mis en circulation avant la désignation officielle des quatre évangiles canoniques.

« Ce document a été associé à la secte des Caïnites, il aurait fait partie de leurs écritures. Les Caïnites, ou disciples de Caïn, formaient un courant opposé au christianisme. Ils voulaient montrer leur fidélité à un seul vrai Dieu. Ils devaient par conséquent rompre avec le Dieu de l'Ancien Testament, qu'ils considéraient comme très imparfait. Selon la doctrine caïnite, pour obtenir le salut, il fallait désobéir à toutes les lois existantes.

« Le fait est, conclut Ehrman, qu'Irénée a nommément dénoncé cet Évangile, l'Évangile de Judas, comme hérétique, mais la critique qu'il en a faite reste très générale. »

Le spécialiste du radiocarbone prit alors la parole. Timothy Jull était arrivé au Canada avec sa famille à l'âge de onze ans et il avait suivi une formation initiale en chimie à l'université de Colombie-Britannique avant de poursuivre des études de géochimie à Bristol, en Angleterre où il était resté après son doctorat pour finalement rejoindre l'université de Cambridge et plus tard l'Institut de chimie Max Planck de Mayence, de réputation internationale. En 1981, il était retourné aux États-Unis, en Arizona, pour entrer en 2001 à la Fondation nationale pour la science de Tucson, où il avait été promu directeur du laboratoire de spectrométrie de masse par accélérateur.

Jull expliqua pourquoi la datation par le radiocarbone était considérée comme le moyen le plus précis de dater les artefacts d'origine organique : « C'est une méthode qui consiste à mesurer la quantité de carbone 14 – un isotope radioactif du carbone – produite dans l'atmosphère et absorbée de manière égale par tous les organismes vivants. À la mort de l'organisme, plante ou animal, les échanges de carbone cessent et le carbone 14 se désintègre. Sa période radioactive (encore appelée "demi-vie") est estimée à 5 700 ans, c'est-à-dire que durant ce laps de temps, la moitié des atomes de cet isotope disparaît à un rythme régulier. Cela nous donne une horloge permettant de mesurer l'âge de pratiquement toutes sortes de matériaux et matières.

« Nous datons en fait l'âge du papyrus, plus exactement l'époque à laquelle la plante fut coupée… Si l'on a un échantillon qui date de 400 après Jésus-Christ, cela peut nous donner une variation de plus ou moins cinquante ans. On constate des fluctuations dans la quantité de carbone 14 assimilé par la plante au moment de sa croissance. Pour compenser ces dérives, il faut éditer des courbes de calibration. »

D'autres méthodes d'analyse des matériaux anciens permettaient d'obtenir des informations supplémentaires sur la provenance d'un artefact, comme des détails concernant le lieu d'origine du papyrus par exemple, ou la nature des matériaux utilisés pour la fabrication d'un certain papier ou de l'encre. Jull affirmait cependant que, lorsqu'un manuscrit ou tout autre objet ancien provenant d'un organisme vivant devait faire l'objet d'une datation, la méthode du carbone 14 restait la meilleure.

Elle présentait néanmoins un inconvénient et Jull mettait tout le monde en garde : « La technique de datation par le radiocarbone entraîne la destruction des échantillons. Lorsqu'il subsiste quelque chose, nous le retournons au propriétaire. »

☥

Au fil des heures, la lumière extérieure faiblissait. Trois personnes du groupe, Florence Darbre, Timothy Jull et Rodolphe Kasser entreprirent de choisir les morceaux du codex qui pourraient être sacrifiés pour la datation. Ils recherchèrent des fragments dont l'absence ne gênerait pas le travail de traduction. Ils voulaient sélectionner un échantillon de pièces appartenant aux différentes parties du codex, mais qui ne compromettraient en rien la sauvegarde du document.

La reliure en cuir avait elle aussi en grande partie survécu. Par endroits, quelques fragments de papyrus y étaient restés attachés. L'analyse de ces morceaux de cuir pourrait servir à corroborer les résultats de la datation du papyrus.

« Nous prenons à la fois des échantillons du manuscrit et de la reliure, précisa Jull. Cela nous sera d'une grande utilité dans la mesure où il est facile de dater une reliure ancienne. Nous procéderons également à la datation du papyrus qui se trouve à l'intérieur : à cette époque, les reliures en cuir étaient souvent garnies de vieux papyrus.

« Nous voulons prendre ce qui sera le moins dommageable pour l'ensemble, mais nous tenons à savoir si les trois traités datent de la même époque, même si – à en juger par vos réactions – il n'y a guère de doute à ce sujet, ajouta Jull, avant de préciser qu'il lui fallait des fragments d'au moins un demi-centimètre carré et pesant au minimum dix milligrammes, afin de disposer d'échantillons parfaits pour les transformer en graphite. »

Les trois spécialistes se mirent d'accord sur cinq échantillons :

— Un morceau du papyrus qui se trouvait à l'intérieur de la reliure, à l'endroit de la partie externe de la couverture en cuir ;

— Un fragment de papyrus seul, choisi parmi la centaine de pièces isolées ;

— Un morceau de cuir provenant de la reliure, avec le papyrus qui était resté attaché ;

— Un échantillon de la page 9 du codex, l'Épître de Jacques, avec la page 10 au verso ;

— Un fragment de la page 33, extraite de l'Évangile de Judas, avec la page 34 au verso.

Florence Darbre se chargea de découper les échantillons dans le papyrus. Soucieuse de ne pas l'endommager davantage, elle travailla avec une grande précision, ciselant les fragments avec une minutie extrême avant de les déposer un par un dans un petit sac en nylon.

Jull évoqua le souvenir de la datation d'un autre document bien connu : « Notre laboratoire s'est également occupé d'un certain nombre de rouleaux des manuscrits de la mer Morte. La plupart étaient faits de parchemin, mais les problèmes posés sont les mêmes. Le parchemin vieux de deux mille ans se dégrade sur les bords. D'après ce que je vois de ce papyrus, la datation ne devrait donc pas être trop difficile. »

Il raconta encore que l'Israélienne chargée de découper les fragments des manuscrits de la mer Morte avait subitement fondu en larmes au beau milieu de son travail, submergée par une trop forte émotion. Très concentrée sur le travail de précision qu'elle opérait sur ce papyrus inestimable, Florence Darbre laissait percer une émotion semblable.

Jull et son associé Greg Hodgkins promirent de donner les résultats dès que possible. La datation au carbone 14 se faisait à l'aide d'un spectromètre de masse par accélérateur. Un accélérateur est un instrument constitué d'une série de lentilles magnétiques et électriques focalisant les faisceaux d'ions carbone positifs sur des détecteurs de la taille d'une pièce de vingt-cinq cents qui enregistraient les effets produits.

L'analyse eut lieu pendant la semaine du 10 janvier 2005. Greg Hodgkins envoya un courriel à l'équipe : « Parfois, les choses se mettent en place merveilleusement bien. C'est le cas ici. Les échantillons ont été mesurés et je viens d'éditer les courbes de calibration. »

Le 11 janvier au soir, Jull quittait Glasgow pour Israël, où il se rendait dans le cadre d'un programme d'études. Il devait donner deux conférences et plusieurs séminaires à Rohovot, à l'Institut Weizmann des Sciences, première institution scientifique d'Israël. Il profita de l'escale à Heathrow pour prendre connaissance de ses courriels. Il avait reçu les résultats de la datation qu'Hodgkins venait de lui envoyer, mais il ne parvint pas à ouvrir les pièces jointes. Ce fut donc une fois arrivé sur le campus de l'Institut Weizmann et installé à la pension San Martin, qu'il put enfin allumer son ordinateur et consulter les fichiers joints. Il s'accorda alors quelques heures de sommeil, puis il traça des courbes statistiques très élaborées sur la datation de l'Évangile de Judas.

Il formula ses conclusions en termes de probabilités. Les résultats étaient étonnamment similaires pour toute la gamme d'échantillons. C'était l'une des meilleures séquences d'analyses qu'il lui avait été donné de voir. « Nous avons obtenu des résultats excellents, déclarait-il. Les échantillons, ceux de la reliure comme ceux du codex (exception faite des fragments complètement détachés) ont donné des résultats statistiques équivalents. »

Timothy Jull pouvait affirmer avec certitude, à 95 pour cent, que la reliure et les fragments du codex remontaient au IIIe siècle : il en situait l'origine entre 220 et 340 ap. J.-C. « Statistiquement, précisait-il, les probabilités pour que le document ait été écrit à une date antérieure ou postérieure sont, dans les deux cas, de 2,5 pour cent seulement. »

La datation au carbone 14 est exprimée en « années radiocarbone » différentes des années calendaires. Le calendrier radiocarbone doit donc être ajusté en fonction d'un facteur de calibration, dérivé des travaux effectués plus de vingt ans auparavant par les laboratoires de physique nucléaire de Seattle, d'Heidelberg et de Belfast (quelques-uns avaient été réalisés à Tucson) et admis de manière conventionnelle par tous les laboratoires spécialisés. Ce facteur de calibration reflète les analyses des variations du pourcentage de carbone 14 contenu dans la haute atmosphère. Chaque datation par le radiocarbone doit subir un ajustement d'au moins un pour cent et parfois même de trois à cinq pour cent, quand ce n'est pas plus. Le facteur de calibration évolue en fonction des variations climatiques au cours des années et même des siècles, et en fonction aussi des fluctuations du rayonnement cosmique et des oscillations du champ magnétique terrestre.

Les courbes de Timothy Jull donnèrent les résultats suivants :

— Papyrus provenant de l'intérieur de la couverture externe : 1796 années radiocarbone, ce qui le ferait remonter à 209 ap. J.-C., avec un facteur de variation de plus ou moins 58 ;

— Fragment de papyrus libre : 1672 années radiocarbone, soit une date radiocarbone située vers 333 ap. J.-C., plus ou moins 48 ;

— Cuir avec papyrus attaché : 1782 années radiocarbone, soit une date radiocarbone située vers 223 ap. J.-C., plus ou moins 51 ;

— Page 9 du codex, Épître de Jacques : 1739 années radiocarbone, soit une date radiocarbone située vers 279 ap. J.-C., plus ou moins 50 ;

— Page 33 de l'Évangile de Judas : 1726 années radiocarbone, soit une date radiocarbone située vers 279 ap. J.-C., plus ou moins 47.

« Il est inhabituel et très intéressant de voir des résultats aussi cohérents », ajoutait Jull avant de donner ses conclusions.

Apparemment, le fragment libre ne faisait pas partie du manuscrit et ne devait donc pas entrer en ligne de compte. Après calibration, la courbe des dates obtenues pour ce morceau le situait beaucoup plus tard que les autres échantillons. En combinant les résultats obtenus, Jull pouvait annoncer avec une probabilité de 68 pour cent que l'Évangile de Judas datait approximativement de l'époque située entre 240 et 320 ap. J.-C. La probabilité qu'il ait été écrit avant ou après ces deux dates était de 15 pour cent dans un sens comme dans l'autre. En prenant une marge supplémentaire de vingt ans, on obtenait une probabilité de 95,4 pour cent, c'est-à-dire, d'un point de vue statistique, une quasi-certitude.

Une fois que l'on avait effectué la moyenne de toutes les données statistiques, on arrivait à situer le manuscrit vers 280 ap. J.-C. « À soixante ans près, dans un sens comme dans l'autre, je crois pouvoir dire avec certitude que c'est l'âge du codex », concluait enfin Timothy Jull.

Le professeur Kasser avait déclaré à ses associés qu'a son avis, à en juger par l'écriture et les tournures de phrases utilisées, la transcription du codex n'était certainement pas postérieure au premier quart du IVe siècle. Il la croyait même antérieure à cette époque.

Les résultats de la datation par le radiocarbone témoignaient de la modestie de son instinct. Selon Jull, il était évident que le codex pouvait avoir été copié dès 220 ap. J.-C., à l'époque où les évangiles abondaient, rivalisant les uns avec les autres afin d'obtenir une place privilégiée dans l'enseignement de cette nouvelle religion que l'on appelait le christianisme. Il pouvait avoir été minutieusement transcrit sur son papyrus bien avant le règne de Constantin, le premier empereur à avoir reconnu la religion chrétienne.

En considérant l'autre date butoir, il était envisageable de situer l'origine du document au début du IVe siècle, peut-être après 315, lorsque Constantin se convertit au christianisme. Statistiquement une date postérieure au concile de Nicée en 325 était beaucoup moins probable, comme l'était toute autre date postérieure à 340.

Si l'on retenait la moyenne statistique, l'origine du codex remontait alors à 280 ap. J.-C., c'est-à-dire qu'il aurait pu être copié un siècle environ, ou peut-être quarante ou soixante ans après la condamnation de la version grecque originale par Irénée dans son traité *Contre les hérésies* écrit en 180.

L'Évangile de Judas et les autres traités du codex étaient bien plus anciens qu'on ne l'avait pensé – d'un siècle ou même davantage. Le codex, écrit au cœur même des débuts de l'époque chrétienne, était l'un des plus anciens documents chrétiens connus de l'homme. La datation de cette traduction en copte rend le message de l'Évangile de Judas encore plus difficile à réfuter. Si tous les membres d'une secte étaient convaincus que la grande trahison avait été en réalité ordonnée par Jésus-Christ et exécutée par son disciple favori, cette interprétation pourrait, après analyse, devenir aussi valide que la version du Nouveau Testament.

CHAPITRE SEIZE

L'Évangile de Judas

Jésus dit (à Judas) : « Viens, que je t'instruise
des [choses cachées] que nul n'a jamais vues.
Car il existe un Royaume grand et illimité
dont aucune génération d'anges n'a vu l'étendue,
[dans lequel] il y a [le] grand [Esprit] invisible,
"qu'aucun œil d'ange n'a jamais vu,
qu'aucune pensée du cœur n'a jamais
embrassé et qui n'a jamais été appelé
d'aucun nom". »

ÉVANGILE DE JUDAS

L'Évangile de Judas ne ressemble à aucun de ceux qu'on a pu lire jusqu'à présent. Judas n'y est pas l'homme qui a trahi Jésus, il est son plus fidèle ami et apôtre. Il est celui à qui l'on demande de faire le plus grand de tous les sacrifices – livrer Jésus à ses bourreaux. Et cette demande émane du Christ lui-même.

Cet évangile, dont nous avons maintenant la quasi-certitude qu'il a été écrit au IIe siècle, est à la fois nouveau et différent. Il fait aujourd'hui sa première apparition publique sur la scène contemporaine. Nous savons que la première Église l'a condamné en même temps que d'autres textes gnostiques, et qu'il a disparu ensuite de son histoire.

Une seule copie a survécu, par miracle. Une équipe d'érudits a passé quatre ans à la restaurer patiemment pour la traduire ensuite. Désormais, le message contenu dans cet évangile peut être délivré.

Bien que violemment attaqué dans les temps anciens, l'Évangile de Judas ne paraît guère menaçant de nos jours. Il a été écrit par un homme qui vénérait Jésus-Christ et qui communique son adoration avec ferveur et bonne humeur. Jésus apparaît comme un personnage moins souffrant, plus joyeux que dans les quatre évangiles canoniques. Et il a la capacité de rire. Il rit à quatre reprises. Le narrateur inconnu de l'Évangile de Judas a pris un certain plaisir à nous le révéler. Le texte déborde d'amour et d'affection, à la fois pour Judas et pour Jésus-Christ. « Jésus y est très souriant, nous dit Marvin Meyer, il voit beaucoup d'humour dans la condition humaine – dans toutes les petites manies de l'homme et les infimes détails de sa vie ici-bas. »

Ici, Judas est un homme différent, qui ne ressemble pas au traître perfide rejeté avec mépris par les quatre évangélistes canoniques, Matthieu, Luc, Marc et Jean. Jésus aussi est différent du Sauveur tel qu'on nous l'a présenté dans les Évangiles. On l'appelle Maître ou Rabbi également, mais il n'est pas un martyr agonisant cloué sur une croix. C'est un homme venu transmettre un enseignement, un personnage bienveillant et sympathique, rayonnant de sagesse divine.

L'Évangile de Judas est un texte « chrétien » en ce sens que son auteur croit en la divinité de Jésus et qu'il situe ses écrits dans la tradition chrétienne selon laquelle un Seigneur et Maître est venu sauver d'abord son peuple, puis l'humanité tout entière, pour être ensuite livré aux autorités et passer de la mort à la vie éternelle.

Certains érudits pensent que des documents comme l'Évangile de Judas faisaient partie d'une collection de textes ésotériques qui n'étaient pas destinés à être lus en public. Selon Elaine Pagels, cet évangile était censé être lu en même temps que les autres. « On pouvait prendre l'Évangile selon saint Marc, de loin le préféré des chrétiens, et le lire en parallèle avec l'Évangile de Thomas ou de Judas. L'un pouvait faire l'objet d'une lecture publique et l'autre être un support d'enseignement pour initiés. Ils ne sont donc pas nécessairement opposés. Personne n'est obligé de choisir entre Marc et Thomas ou Judas. Il est probable qu'à l'époque, ces textes étaient lus ensemble par les personnes qui s'intéressaient aux trois. »

Elaine Pagels continue son analyse par une réflexion très intéressante sur l'identité de la personne susceptible d'avoir copié l'évangile retrouvé à El Minya. « Les nombreux évangiles, dit-elle, étaient fort appréciés des moines et il est très probable que ceux-ci les aient copiés pour les garder précieusement dans la bibliothèque du monastère, à l'attention des religieux qui souhaitaient parvenir à un niveau plus élevé de discipline et de compréhension spirituelle. »

Dans l'Évangile de Judas, Judas Iscariote est le préféré de Jésus-Christ, il est l'apôtre élu, le fidèle, à qui son maître dit « L'étoile qui est en tête [du] cortège est ton étoile ! » (verset 57). Judas doit livrer Jésus aux autorités et c'est le Christ lui-même qui le lui demande, en promettant à son fidèle apôtre que son étoile brillera au firmament.

Une image différente de Judas Iscariote voit actuellement le jour. Judas le traître disparaît derrière un autre Judas, un être à part, au-dessus des autres apôtres. Il devient le « treizième » du groupe, à l'écart des autres, le seul, dit Jésus, qui puisse « se tenir devant lui » (verset 35), même s'il est incapable de « le regarder dans les yeux ».

En tant que lecteur, on peut ne pas être d'accord avec les thèmes abordés dans l'Évangile de Judas. Certains peuvent même le considérer comme blasphématoire, mais personne ne peut nier que son auteur accorde à Judas une nouvelle place dans l'histoire chrétienne.

Du fait qu'il a été écrit au cours du siècle suivant la mort de Jésus-Christ, l'Évangile de Judas est un texte surprenant, éclairant d'une nouvelle lumière les origines du christianisme et ses divers mouvements. Il se situe dans une tradition différente de celle des évangiles canoniques, dans un cadre gnostique, mais son auteur croit en la divinité de Jésus. L'Évangile de Judas propose une version alternative de l'histoire du Christ, mais il ne conteste pas les fondements de la foi chrétienne. Au contraire, il pourrait même la renforcer par cette nouvelle conception de la personnalité de Jésus-Christ.

Un grand nombre des concepts cosmologiques présents dans l'Évangile de Judas paraissent étranges au lecteur d'aujourd'hui. Il n'existe aucune preuve tangible indiquant que son auteur a lu les quatre évangiles du Nouveau Testament. Il paraît issu d'une tradition radicalement différente. L'Évangile de Judas n'apporte pas de réponse aux quatre évangiles canoniques, et il ne les rejette pas non plus. Il ne réfute rien. Son but n'est pas de faire imploser la foi ni de vider de son sens ce qui a été écrit par ailleurs. Il a sa propre histoire, racontée de manière indépendante.

Rien ne permet de dire d'où venait l'auteur de l'Évangile de Judas. Le texte a pu être écrit aussi bien à Jérusalem qu'à Césarée ou à Alexandrie. Il s'agit très probablement d'une histoire qui circulait à cette époque, s'inscrivant dans une tradition particulière. Les gens qui y croyaient considéraient réellement Jésus comme le Messie, à cause de sa conduite modèle et parce qu'il savait guider chacun de ses disciples jusqu'à la part de divinité qu'il portait en lui. L'auteur montre aussi clairement sa détermination à donner la version de Judas, celle qui le présente comme le plus fidèle serviteur de Jésus. Il le proclame fièrement dans le titre qu'il choisit : il s'agit de l'évangile « de Judas », de la révélation de la « bonne nouvelle » le concernant.

Si ce récit s'oppose à tout ce qui a été écrit dans la littérature chrétienne, il n'est pas contraire à la logique. Jésus est venu sur terre pour sauver le monde, et il a annoncé sa propre mort. Pour dire les choses brutalement, il devait mourir, pour accomplir sa mission. Judas Iscariote en a été un instrument. Son rôle a été essentiel dans l'histoire du Christ, aussi bien dans les textes canoniques que dans l'Évangile de Judas. À un certain moment, les événements prennent un tour différent, mais dans ses grandes lignes, l'histoire est la même.

L'auteur écrivit en grec, la lingua franca de l'Empire romain et la langue des philosophes et des religieux, notamment ceux de la nouvelle foi chrétienne. Il est pratiquement certain qu'il connaissait Platon. Or, dans *Timée*, Platon dit que chacun possède une âme et sa propre étoile. Comme tous les gnostiques, l'auteur semble donc avoir été influencé par la pensée de Platon, car Judas a sa propre étoile. Dans l'Évangile, Jésus dit à Judas :

> « Voici, tout t'a été révélé. Lève les yeux, et vois la nuée, et la lumière qui s'y déploie, et les étoiles qui l'entourent ! L'étoile qui est en tête de leur cortège est ton étoile ! »
>
> Judas leva les yeux et il vit la nuée lumineuse, et il la pénétra (verset 57).

L'excellent état des routes au temps de l'Empire romain facilitait les communications et la nouvelle de l'existence de cet Évangile se propagea assez loin pour attirer l'attention d'Irénée, en Occident, à presque mille cinq cents kilomètres de la Terre sainte. Pour l'évêque de Lyon, son titre seul suffisait à justifier une condamnation sans appel. Il était scandaleux de prendre fait et cause pour l'apôtre qui avait trahi Jésus. Irénée fustigea ce texte qu'il qualifia de « caïnite », même si d'après les croyances exposées dans l'évangile, son auteur aurait pu appartenir à la secte des Séthiens, qui tirait son nom de Seth, le fils d'Adam et Ève. L'auteur de l'Évangile de Judas appartenait certainement au mouvement gnostique, la cible privilégiée des attaques d'Irénée.

Il était influencé par le concept juif du Messie et par la notion de jugement dernier. Sa vision était celle de l'apocalypse et il se peut qu'il ait adhéré à l'une des croyances gnostiques fondamentales selon laquelle le monde matériel n'est pas un endroit « déchu » où le péché s'est répandu, mais un lieu au contraire intrinsèquement mauvais. On ne saura peut-être jamais comment l'auteur s'est adapté au tourbillon chaotique des origines du christianisme.

L'homme qui écrivit le texte de l'évangile sur le papyrus de El Minya était scribe. Dans l'Antiquité, le scribe était un artisan qui travaillait laborieusement, mot par mot. C'était un véritable expert, car, à l'époque, seuls quelques privilégiés connaissaient la technique de l'écriture. Pour nous qui vivons dans un monde où la lecture et l'écriture font partie du quotidien le plus ordinaire, il est certes difficile d'imaginer que des gens ayant la capacité d'écrire ont pu être aussi rares et aussi précieux. Dans l'ancienne Égypte, les scribes étaient souvent des personnages importants de l'administration royale, notamment parce qu'ils calculaient les parts de grain qui revenaient chaque année au pharaon au titre de l'impôt. Ils étaient également chargés de la transcription des textes religieux fondamentaux comme le *Livre des morts*.

À l'époque d'Irénée, au IIe siècle après Jésus-Christ, les scribes étaient toujours aussi importants. Dans *The Text of the New Testament* [*Its Transmission, Corruption, and Restoration*, de Bruce M. Metzger et Bart D. Ehrman], Bruce Metzger cite la note succincte qu'Irénée avait ajoutée à l'attention du scribe qui transcrivait l'un de ses textes :

> Je vous supplie, vous qui allez transcrire ce livre, par Notre Seigneur Jésus-Christ et par sa glorieuse résurrection, de bien comparer ce que vous écrivez avec le manuscrit que vous recopiez et de corriger vos erreurs éventuelles. Vous ajouterez également ma présente demande.

Le scribe qui transcrivit l'Évangile de Judas dans son intégralité était sans doute copte, car c'est dans cette langue que le codex a été écrit. Or, puisque le document original était en grec, ce scribe, ou peut-être un autre avant lui, a très probablement traduit le texte en même temps qu'il le copiait, et s'il ne trouvait pas la traduction de certains mots dans sa langue, il utilisait le mot grec d'origine.

Il n'existe aucun moyen de savoir quel scribe a copié la version retrouvée à El Minya. De nombreux scribes étaient attachés à des monastères, mais quelques-uns étaient employés par des autorités religieuses ou des particuliers, et d'autres encore travaillaient pour l'administration ou dans l'enseignement. Pour Stephen Emmel, « de toute évidence, l'Évangile de Judas est l'œuvre d'un scribe professionnel. La personne qui a transcrit ce texte avait reçu une formation spéciale et possédait une grande expérience de la copie de manuscrits littéraires. »

Les érudits qui s'intéressent aux importantes découvertes des manuscrits du désert égyptien sont parfois décontenancés devant des textes aussi complets, rédigés en copte, une langue assez peu connue dont on pense que la quasi-totalité provient de textes écrits à l'origine en grec et retrouvés dans des endroits obscurs où le simple fait de subsister représentait souvent un défi majeur.

Emmel note encore que pour le coptologue qu'il est, l'un des plus grands mystères reste l'identité de la personne qui a produit cette littérature gnostique en copte. « Nous ne disposons, dit-il, d'aucune source secondaire indiquant le nom du traducteur de l'Évangile de Judas, ou de celui de Thomas, ou encore de l'évangile apocryphe de Jean. Tout ce que nous possédons se résume pour la plupart à quelques copies de ces traductions, dont l'original a définitivement disparu depuis longtemps. Nous avons des copies de la troisième, quatrième, cinquième et sixième générations, réalisées pour des gens dont nous ne savons absolument rien. »

Nous avons cependant quelques certitudes plus concrètes concernant le codex Tchacos, comme on l'appelle maintenant. Sur son lieu d'origine d'abord, puisqu'il a été retrouvé en Égypte, puis sur le fait qu'il s'agit d'une traduction à partir du grec, car de nombreuses occurrences de mots grecs apparaissent dans le texte. Il est d'ailleurs probable que cette traduction date des premiers stades du développement de la langue et de l'écriture copte, ce qui la situerait vers le IIIe ou le IVe siècle, comme l'a confirmé la datation par le radiocarbone.

Nous savons également que le codex comprend trois autres parties : l'Épître de Pierre à Philippe, une déclaration de Jacques, apôtre connu sous le nom de Jacques le juste, et un document sans titre que le traducteur a appelé « Allogène ».

L'Épître de Pierre à Philippe venait en premier. Dans cette version, légèrement différente de celle de Nag Hammadi, l'apôtre Pierre s'adresse à Philippe, un autre apôtre et très bon ami, et à ses autres frères, les disciples. Les derniers paragraphes résument le message de Pierre : « Il s'est levé d'entre les morts, mes frères ! Jésus ne connaît pas la mort, mais nous nous sommes mortels, par le péché de notre Mère. »

À cet endroit manquent dix-huit lignes, puis le texte reprend :

> « Jésus apparaît [et] dit : Paix à vous et gloire à ceux qui croient en mon nom. Levez-vous [et] marchez ! La joie sera avec vous, et la grâce et la puissance. N'ayez pas peur ! Je suis avec vous pour toujours. » Ensuite les apôtres se séparèrent [en quatre paroles], [pour prêcher]. [Alors]

ils s'en allèrent [dans la puissance] et la paix de Jésus-Christ. »

Il ne s'agit pas là d'un écrit « dissident », mais d'une déclaration qui s'inscrit dans le cadre d'une tradition particulière de la foi chrétienne.

La deuxième partie du codex est un texte à part concernant Jacques, très voisin également d'un document retrouvé à Nag Hammadi et intitulé « La première apocalypse de Jacques ». Jésus s'adresse à Jacques en abordant un certain nombre de points, notamment sur la définition de « la femme ». Jésus dit : « La femme était, mais pas depuis le commencement. »

Jésus ressuscité explique à Jacques qu'il n'est pas mort. Il lui demande de dire qu'il est issu « du Père qui existe depuis le commencement, et du Fils qui est en Lui ». Cette déclaration reflète les débats internes au sein du christianisme primitif, notamment sur l'unité du Père et du Fils, le Fils étant avec Lui et en Lui, et sur le Fils de Dieu fait homme sur la Terre.

Jacques le juste, soit l'apôtre soit un autre homme prénommé Jacques, finit persécuté, comme le Christ. À la fin du texte, il prononce ces paroles : « Père [qui est aux cieux], pardonne-leur, ils ne savent ce qu'ils font. » Ici, la ressemblance avec le contenu des évangiles canoniques est évidente.

La partie intitulée « Allogène » est beaucoup plus fragmentaire. Le document n'avait pas de titre précis à l'origine. Allogène est un personnage copte, un étranger ou quelqu'un d'une autre race. Le nom d'Allogène a été inventé par les auteurs de la version des Septante, la première traduction grecque de la Bible. Allogène avait vaincu l'ignorance et la peur et il était entré dans le royaume des cieux tel que le concevait la doctrine gnostique.

Le texte le plus intéressant de la découverte de El Minya est sans conteste l'Évangile de Judas. Comparé aux quatre Évangiles canoniques du Nouveau Testament, dans lesquels Matthieu, Marc, Luc et Jean ont fait très peu mention de Judas Iscariote, ce nouvel évangile, comme son nom l'indique, est constellé de références à Judas et au Christ. Le nom de Judas y apparaît vingt fois, c'est-à-dire autant que dans les quatre grands Évangiles réunis.

L'Évangile de El Minya donne une image de Judas qui ne cadre pas avec celle du Nouveau Testament. Judas n'y est plus un traître dont l'âme est envahie par Satan, mais l'apôtre préféré, celui à qui Jésus demande de sacrifier « l'homme qui lui sert d'enveloppe charnelle ».

Le portrait du Christ est différent également. Jésus n'y est pas présenté comme le martyr qui agonisera sur la croix. Il apparaît au contraire comme un maître bienveillant et affectueux qui a le sens de l'humour. Il ne rit jamais pour se moquer, mais cela lui arrive souvent en dispensant son enseignement.

Dès le début, l'Évangile est marqué par une image très forte : le Christ « commença à s'entretenir avec eux des mystères au-delà du monde et de ce qui aurait lieu à la fin. Souvent il n'apparaissait pas à ces disciples sous ses propres traits, mais on le trouvait parmi eux tel un enfant » (verset 33).

Le mot traduit par « enfant » pourrait aussi être rendu par « apparition », mais d'après Marvin Meyer, c'est la première traduction qui est la plus probable.

L'idée que Jésus-Christ ne s'est pas manifesté en tant qu'adulte, mais comme un enfant est à la fois provocatrice et inexpliquée. Cela fait partie du charme du texte. Pour Meyer, il était possible de « trouver dans les autres Évangiles des analogies avec ces apparitions occasionnelles sous la forme d'un enfant ». Selon Elaine Pagels, « bien souvent, lorsqu'on lit dans ces textes que Jésus est apparu à ses apôtres comme un enfant, il ne faut pas le prendre au pied de la lettre. Cela signifie simplement que son enseignement est alors délivré sous une forme plus simple, plus candide que l'enseignement de la maturité. Une grande partie de ces textes, surtout de ceux qui sont dits secrets, doit être comprise comme une métaphore. »

☥

L'Évangile de Judas s'ouvre sur un dialogue. La scène se passe en Judée, bien que le lieu exact ne soit pas précisé et que ce ne soit pas nécessairement Jérusalem. Le Christ trouve les Douze installés en réunion, assis, en pleine action de grâce, trois jours avant la Pâque. Jésus s'approche et rit. Alors ils lui demandent : « Maître, pourquoi souris-tu de notre action de grâces ? Qu'avons-nous fait ? Nous avons fait ce qu'il convient de faire » (verset 33, scène 1).

Jésus leur répond : « Je ne souris pas de vous. Vous ne faites pas cela de votre propre volonté, mais c'est parce qu'il en est ainsi que votre Dieu sera loué. »

Le Christ ne parle pas ici du Dieu du royaume des cieux, mais de l'éon créateur – la divinité créatrice – du monde matériel. Dans certains textes gnostiques, ce démiurge est même associé à Satan.

Les apôtres répondent : « Maître [...], tu es le fils [...] de notre Dieu. » Alors Jésus leur répond : « Que connaissez-vous de moi ? En vérité, je vous le dis, nulle génération de ceux qui sont parmi vous ne me connaîtra. »

Selon certaines sectes gnostiques, Seth, le fils d'Adam et Ève, avait engendré une race d'immortels ayant une relation spéciale avec le Divin. Les Séthiens se considéraient comme l'accomplissement de la race divine. Meyer explique que « dans l'Évangile de Judas comme dans les autres textes séthiens, "cette génération-là" – la génération parfaite descendant de Seth, c'est-à-dire les gnostiques – se distingue des autres. Seule "cette génération-là" connaît la vraie nature de Jésus-Christ. »

Les apôtres commencent alors à s'emporter. Le Christ leur demande : « Pourquoi ce trouble vous a-t-il mis en colère ? Que celui d'entre vous qui est suffisamment fort parmi les êtres humains fasse surgir l'homme parfait et vienne se tenir devant mon visage. »

Et tous répondent : « Nous en avons la force. » Mais en fait ils se trompent, ils ne sont pas forts, car l'évangile dit : « Leur esprit n'osa pas aller devant lui » (verset 35).

Meyer pense que, dans ce passage, « Jésus lance un défi aux Douze. Il leur dit de laisser surgir l'homme parfait qui est en eux et de lui demander de se tenir face à lui. Et cet homme parfait à l'intérieur d'eux-mêmes est précisément l'être spirituel qui possède la véritable connaissance. Il devrait avoir connaissance de Dieu et de lui-même. »

Un seul des apôtres est assez fort moralement pour se tenir devant Jésus-Christ : c'est Judas Iscariote. Pourtant la force lui manque à lui aussi, mais à un autre niveau : il n'a pas une assez de puissance spirituelle pour fixer le Christ du regard, il détourne les yeux.

Judas dit à Jésus : « Je sais qui tu es, et d'où tu es venu. Tu es issu du Royaume immortel de Barbèlô. » Barbèlô, nous dit encore Meyer, dans les textes séthiens, c'est la Mère divine. Dire que Jésus vient du royaume de Barbèlô, c'est croire qu'il vient d'en haut, du royaume divin et qu'il est le fils de Dieu.

Judas, conscient de ses propres limites, continue : « Et le nom de qui t'a envoyé, je ne suis pas digne de le prononcer ». Alors Jésus demande à Judas de se « séparer des autres », et il lui promet de lui révéler les « mystères du Royaume ».

Selon Elaine Pagels, « si l'on retient l'argument selon lequel le Christ avait des connaissances secrètes qu'il réservait à quelques élus, il faudrait tenir compte d'une chose particulière, à savoir la manière d'enseigner chez les Juifs, au Ier siècle après Jésus-Christ et de nos jours. Souvent l'assemblée des fidèles reçoit un enseignement, et les disciples un autre, plus approfondi. Suivant ces principes, le Christ aurait probablement enseigné d'une façon à la foule, et il aurait fait des révélations secrètes à ses apôtres. » Elaine Pagels note encore que dans la Bible, quand la foule se rassemblait autour de Jésus-Christ, il lui parlait en paraboles dont il expliquait ensuite le sens à ses apôtres, lorsqu'ils étaient entre eux.

Jésus et Judas ont alors une conversation en aparté : « Il sera possible que tu parviennes [à ce Royaume], dit Jésus, mais au prix de beaucoup d'afflictions » (verset 35). Judas répond par deux questions : « Quand me diras-tu ces choses-là, et quand le grand jour de lumière poindra-t-il pour la génération ? » (verset 36).

Le Christ ne répond pas. Il s'en va subitement, aussi mystérieusement qu'il est venu.

Le lendemain matin, Jésus-Christ se retrouve de nouveau à ses apôtres. Alors ceux-ci lui demandent : « Quelle est la grande génération supérieure à nous et plus sainte que nous, qui n'est pas d'ores et déjà ici, dans ces royaumes ? »

Et pour la deuxième fois dans cet Évangile, nous voyons sourire le Christ, qui leur signifie l'impossibilité pour eux de rejoindre « cette génération-là », car « aucune personne née de mortels ne pourra s'y associer » (verset 37), dit-il.

Ensuite Jésus-Christ propose ce que Marvin Meyer appelle « une interprétation allégorique de la vision du Temple ». Les apôtres lui rapportent avoir eu une vision du Temple et de son autel où l'on pratiquait les sacrifices. À cela, Jésus répond : « Les bêtes que vous avez vues, qu'on menait au sacrifice, ce sont tous ceux que vous fourvoyez devant cet autel-là » (verset 40). Meyer pense qu'il y a là une attaque subtile de l'auteur de l'Évangile de Judas contre l'orthodoxie naissante des chrétiens qui répandaient la parole du Christ.

Le Christ les met en garde : « Tous les prêtres qui se tiennent devant cet autel invoquent mon nom [...] et ils ont planté des arbres sans fruits en mon nom, de manière honteuse » (verset 39), puis il leur rappelle que « C'est le Seigneur qui commande, lui, le Seigneur de l'Univers, qui commande. Lorsque viendra le dernier jour, dit-il, ils seront couverts de honte » – allusion directe au jour du Jugement dernier.

Le Christ termine par une exhortation : « Cessez de lutter contre moi ! Chacun de vous a sa propre étoile. »

La suite du texte a en grande partie disparu. Dans ses commentaires, Bart Ehrman note que le Christ « fait des révélations à Judas et à lui seul. Il lui révèle que les hommes d'ici-bas ont une étincelle divine enfermée au fond d'eux-mêmes, ne demandant qu'à être libérée. Jésus-Christ lui-même représente une étincelle divine n'attendant que d'être enflammée. »

Dans la section suivante de l'Évangile, un autre dialogue s'instaure entre Judas et le Christ. Judas commence par demander :

« Rabbi, quelle sorte de fruit cette génération porte-t-elle ?

— Les âmes de chaque génération humaine mourront. Mais lorsque ces personnes auront consommé leur temps de Royaume, et que l'esprit s'en séparera, leurs corps mourront, mais leurs âmes recevront la vie et elles seront emportées en haut.

— Et que fera le reste des générations humaines ?

— Il est impossible de semer du grain sur du rocher et d'en récolter le fruit », répondit Jésus (verset 43).

La suite de l'échange est incompréhensible parce que très incomplète. Il y est question de la sagesse, Sophia, une figure féminine essentielle dans les écrits gnostiques.

Puis le Christ s'en va, ayant dit ce qu'il avait à dire.

Le temps passe. Judas et Jésus se rencontrent à nouveau. Judas a eu une vision qui l'a marqué, et il veut en parler à Jésus :

« Maître, de même que tu les as tous écoutés, maintenant écoute-moi, aussi, car j'ai eu une grande vision ! »

Une fois encore, Jésus sourit. Pour lui, Judas n'est plus l'un des Douze, mais quelqu'un de très particulier, le « treizième esprit », au-dessus et au-delà des autres apôtres. « Pourquoi te donnes-tu tant de mal ? lui dit-il, mais prends donc la parole, et je te supporterai ! » (verset 44).

Alors Judas raconte sa vision :

« [...] je me suis vu lapidé et persécuté [...] par les douze disciples. Et je suis arrivé en ce lieu où [...] après toi. J'ai vu [une maison...], et mes yeux n'ont pu embrasser sa grandeur. Des gens nobles se pressaient autour, et cette maison-là avait un toit de [feuillage], et au milieu de la maison il y avait une foule [...], [et je m'adressais à toi disant] : “Maître, fais-moi entrer là, moi aussi, avec ces gens !” » (verset 45).

La réponse du Christ est émouvante : « Judas, ton étoile t'a fourvoyé ! Non, aucun être né de mortels n'est digne d'entrer dans cette maison que tu as vue, car c'est un lieu réservé aux saints » (verset 46).

Alors Judas l'interroge sur son propre sort :

« Maître, se pourrait-il que ma semence soit soumise au joug des archontes ?

— Viens, lui répond Jésus, [...] mais afin que tu sois fort affligé quand tu verras le Royaume et toute sa génération.

— Mais en quoi est-ce avantageux pour moi ? Car tu m'as séparé de cette génération-là, lui demande alors Judas, devenu le premier des fidèles et des apôtres de Jésus-Christ, un homme que celui-ci reconnaît comme un esprit très particulier.

— Tu deviendras le treizième, et tu seras maudit par les autres générations – et tu régneras sur elles. Lorsque viendront les derniers jours, [ils accompagneront ton ascension] vers la [génération] sainte », lui prédit Jésus.

Elaine Pagels montre comment ce passage s'aligne sur l'interprétation négative qu'en ont faite les textes canoniques. « C'est ce à quoi nous pouvions nous attendre, compte tenu des indications données dans l'Évangile selon saint Jean. Dans tous les Évangiles du Nouveau Testament, la trahison de Judas est un acte vil et méprisable, l'apôtre est maudit et finalement il en vient à se suicider pour cette raison, parce qu'il a sacrifié son maître pour de l'argent. Dans l'Évangile de Judas, Jésus informe son apôtre que malgré la haine et la malédiction qui le frapperont, il est investi d'une mission spéciale. Il doit prendre part à la réalisation de la volonté divine en rendant possible le sacrifice de la forme humaine revêtue par le Christ. Il doit permettre que prenne fin la vie de Jésus-Christ sur cette terre. »

Ensuite, Jésus propose à Judas de lui révéler des secrets et de l'instruire « des [choses cachées] que nul n'a jamais vues... Car il existe un Royaume grand et illimité, dont aucune génération d'anges n'a vu l'étendue, [dans lequel] il y a [le] grand [Esprit] invisible, "qu'aucun œil d'ange n'a jamais vu, qu'aucune pensée du cœur n'a jamais embrassé et qui n'a jamais été appelé d'aucun nom". »

Les pages suivantes portent sur la cosmologie gnostique, sur les divinités, les royaumes et leurs secrets. L'univers a d'abord été créé, puis ce fut la Terre, et enfin les êtres humains. C'est Saklas, un ange considéré comme fou, qui décide de créer l'homme. Selon Mervin Meyer, on trouve en effet des récits similaires sur la création dans d'autres textes séthiens dans lesquels Adam et Ève voient le jour, et où Ève est encore appelée Zôê, un mot grec pour dire « la vie ». « Car c'est sous ce nom [Adam] que toutes les générations cherchent l'homme, et la femme, chacun l'appelle Ève ou Zôê... Et le gouverneur dit [à Adam] : "Vous aurez longue vie, toi et tes enfants." »

Dans la partie qui suit, Judas demande encore : « L'esprit de l'homme est-il mortel ? » et Jésus lui répond : « C'est pourquoi Dieu a ordonné à Michel d'accorder l'esprit aux hommes, comme un prêt, afin qu'ils puissent offrir leur adoration ; mais le grand [Esprit] a ordonné à Gabriel [Michel et Gabriel sont deux grands archanges, comme dans la Bible] de donner les esprits à la grande génération sans Roi [...] » (verset 54).

Un peu plus loin, Jésus s'en prend aux méchants. Malheureusement il manque un certain nombre de mots et les phrases sont incomplètes.

« Que feront alors ces générations-là ? demande Judas.

— En vérité, je vous le dis, pour toutes celles-là les étoiles parachèveront l'œuvre. Quand Saklas aura consommé le temps qui lui a été assigné, leur première étoile apparaîtra avec les générations, et elles finiront ce qu'elles avaient dit qu'elles feraient. Puis elles forniqueront en mon nom et tueront leurs enfants » (verset 55).

À cet endroit manquent quelques lignes, et la compréhension de la phrase suivante en devient très difficile : « et ils feront mon nom et il fera ton étoile [...] sur le treizième éon ». Meyer note que « les références aux étoiles, à leur influence et à leur destruction finale sont d'ordre astronomique et apocalyptique ».

Après cette déclaration, Jésus rit encore – une quatrième fois. Judas lui demande :

« Maître... ?

— Je ne ris pas de vous, mais de l'égarement des étoiles, car ces six étoiles errent avec ces cinq combattants, et tous seront détruits avec leurs créatures. »

Puis Judas s'enquiert de « ce que feront ceux qui ont été baptisés en [son] nom. La réponse du Christ n'est pas très claire car il manque des lignes, mais ce paragraphe mène à ce que Bart Ehrman considère comme la phrase clé de l'évangile :

« Mais tu les surpasseras tous, car tu sacrifieras l'homme qui est mon enveloppe charnelle ! » (verset 56).

C'est par cette phrase que Jésus demande à Judas de le livrer et de l'offrir en sacrifice. La raison en est évidente. Pour sa vie sur terre, Jésus a pris une forme humaine. L'homme physique a servi d'habit à l'esprit qui l'habite. Jésus appartient à l'éternité. Il fait partie du Dieu Tout-Puissant, il est plus grand que l'homme, il n'est pas homme, il est éternel. Son « habit » humain n'a été qu'un vêtement nécessaire à son séjour sur terre. C'est un élément éphémère, temporaire. L'homme-habit, l'homme-déguisement, cache le saint esprit de l'Enfant Jésus. C'est le corps de l'homme-Jésus qui est sacrifié, et non son âme, non Jésus lui-même.

Le Christ continue :

« Voici, tout t'a été dit. Lève les yeux, et vois la nuée, et la lumière qui s'y déploie et les étoiles qui l'entourent ! L'étoile qui est en tête de leur cortège est ton étoile ! » (verset 57). Judas est ainsi assuré d'avoir une place particulière. Puis vient un grand moment, dont l'action dramatique est digne de celles auxquelles les Évangiles canoniques nous ont habitués : « Judas leva les yeux et il vit la nuée lumineuse, et il la pénétra. »

Selon Meyer, ce passage, avec la puissance de son image, peut être considéré comme la transfiguration de Judas. C'est à la fois, pour lui, une disculpation et une glorification.

Puis une voix s'est fait entendre, sortie de la nuée. Malheureusement la teneur de ces paroles est à jamais perdue, car à cet endroit, nous dit Meyer, il manque à peu près six lignes. Meyer pense que cette voix pourrait avoir « loué Judas, ou proposé une sorte de conclusion sur la signification des événements décrits ». Il souligne les analogies avec la Transfiguration de Jésus-Christ et le baptême de l'Enfant Jésus tel qu'il est rapporté dans les Évangiles (Matthieu 3, 13-17 ; Marc 1, 9-11 ; Luc 3, 21-22).

La dernière scène est racontée d'une manière très neutre, et pourtant elle est d'une grande intensité dramatique. Contrairement aux récits que l'on connaît de la comparution de Jésus devant Pilate, de sa crucifixion et de sa résurrection, la conclusion de l'Évangile de Judas est brève et va droit à l'essentiel :

> Leurs grands prêtres murmurèrent : « Il est entré dans la salle commune où il a son lieu de prière ! » Mais certains scribes étaient là, qui guettaient, afin de l'appréhender discrètement en pleine prière, car ils craignaient le peuple, qui le considérait comme un prophète.

Comme il est dit dans les Évangiles, la nouvelle s'est répandue :

« Ils s'approchèrent de Judas et lui demandèrent : "Que fais-tu ici, toi, le disciple de Jésus ?" »

Tout de suite, il s'avère évident que Judas n'est pas venu jusqu'à eux dans le but de trahir son maître pour de l'argent. Il n'y a aucune conspiration.

En effet, dans cette version, Judas est déjà tout disposé à s'associer à eux, mais pour servir Jésus, non les grands prêtres.

Judas « leur donna la réponse qu'ils souhaitaient », nous dit le texte, sans préciser ce qu'il a dit, ni ce qu'auraient pu souhaiter les grands prêtres. Puis vient la dernière ligne de l'évangile :

« [Judas] reçut de l'argent et le leur livra. »

Il n'y a pas de terrible remords de conscience, Judas ne se pose pas de questions et ne change pas d'avis. Aucun larmoiement, aucun suicide en perspective. La chose s'est faite simplement. Judas a agi pour le compte de Jésus. Il a sacrifié l'homme qui était son « support » afin que puisse s'accomplir son destin.

Ehrman explique pourquoi cette fin avait tellement de sens pour les gnostiques. « Dans les premiers évangiles, la mort et la résurrection de Jésus constituent des événements essentiels pour la rédemption. Le Christ meurt et son corps se lève d'entre les morts. La résurrection est extrêmement importante et, dans les quatre Évangiles, Jésus apparaît à ses apôtres pour montrer qu'il est bien vivant. Son corps est toujours vivant. »

« Cette version, poursuit Ehrman, est en contradiction avec l'Évangile de Judas, où ne figure aucun récit de la mort de Jésus. La mort du Christ n'importe pas vraiment, et, surtout, on n'y parle pas de résurrection. Ici, Jésus-Christ ne ressuscite pas d'entre les morts, car l'important n'est pas que son corps reprenne vie. Ce qui importe, c'est qu'en même temps que la mort s'empare du corps, le souffle de la vie envahit l'esprit. »

Ce que l'Évangile de Judas ne dit pas est aussi important, peut-être, que ce qu'il dit. Il ne s'y trouve aucune critique directe et aucune réfutation des quatre Évangiles canoniques – qui à l'époque n'étaient pas encore reconnus officiellement comme le Nouveau Testament. Rien, dans cet évangile, ne soulève de questions directes par rapport aux textes canoniques. Le thème de la trahison de Judas n'y est pas abordé, parce que, tout simplement, Judas n'a pas trahi. Au contraire, il a accompli la volonté du Christ. Il est au-dessus des autres apôtres qui disparaissent de la scène. Judas est l'instrument que Jésus a choisi pour l'accomplissement de son destin.

Le récit des derniers jours de Jésus, tel qu'on peut le lire dans l'Évangile de Judas, ne laisse aucune place au moindre soupçon d'un éventuel sentiment de culpabilité collectif. On n'y trouve aucune accusation calomnieuse susceptible d'infiltrer l'histoire et de provoquer la diffamation des Juifs, le pogrom et même l'Holocauste. Judas y est l'apôtre préféré, celui qui obéit à son maître bien-aimé.

Certes, le lecteur des temps modernes souhaiterait peut-être avoir sous les yeux un récit plus circonstancié des événements, et moins de considérations sur la cosmologie gnostique, extrêmement complexe, moins de passages manquants aussi, mais le message d'ensemble apparaît néanmoins très clairement, avec la vision d'un événement capital de la vie de Jésus-Christ renversant l'image traditionnelle que l'on a de Judas. Celui-ci devient l'élu grâce à qui Jésus pourra être libéré de « l'homme qui lui sert d'habit » et regagner la place qui lui revient, pour les siècles des siècles.

Épilogue

Dans cet Évangile, Judas ne fait rien que Jésus lui-même ne lui demande, il écoute le Christ et lui reste fidèle. Judas Iscariote s'avère être l'apôtre bien-aimé et l'ami de Jésus-Christ.

MARVIN MEYER

L'Évangile de Judas possède une histoire unique, qui n'appartient qu'à lui. Il a vécu deux vies distinctes et pleines de rebondissements. La première se situe entre le Iᵉ et le IVᵉ siècle de notre ère, lorsque le christianisme est né, issu du judaïsme. La religion chrétienne a vu le jour parce que des positions et des doctrines différentes sont apparues au sein des croyants, et que tous voulaient imposer leurs vues. Le document que certains ont appelé l'« Évangile perdu » fut catalogué comme hérétique par la toute nouvelle Église, au motif qu'il n'était pas conforme aux idées de l'orthodoxie politico-religieuse. L'évêque de Lyon, le futur saint Irénée, l'avait qualifié d'« histoire fictive », et vers le IVe siècle, ce texte étonnamment différent de tout ce que l'on a pu lire sur ces événements anciens a finalement disparu de la scène historique.

La seconde vie de l'Évangile de Judas date de l'époque moderne, mais il lui aura fallu un long cheminement avant de voir enfin le jour. Ce fut un parcours semé d'embûches de toutes sortes, liées tantôt à de mauvaises manipulations, tantôt à la cupidité et aux manœuvres frauduleuses d'individus faisant preuve d'une certaine cruauté. Le manuscrit faisait partie d'un lot de documents que l'on s'arrachait pour l'acheter, le revendre ou même le voler – preuves non seulement de la faiblesse des hommes, ou parfois des femmes, mais aussi de l'imperfection de l'humanité en général.

En 1984, à l'université Colombia de New York, sur les hauteurs de Manhattan, le prêtre Gabriel Abdel Sayed, Hanna Asabil et un autre Égyptien apportèrent des documents anciens afin de les faire évaluer par Roger Bagnall, un spécialiste de l'Antiquité encore tout jeune mais déjà brillant. Vingt et un ans après, le professeur Bagnall se mit devant son ordinateur et ouvrit un fichier numérisé contenant un document intitulé « traité mathématique ». C'était le document que le professeur Ludwig Koenen avait examiné à Genève en 1983, un an auparavant.

Le professeur fit défiler le texte sur l'écran jusqu'au moment où il aperçut, sur une page écrite en grec, une petite marque donnant une indication de l'origine du document : « Pagus 6 ». Dans l'Antiquité, le pagus était une circonscription identique à la cité gallo-romaine. Bagnall n'avait pas de carte sous la main, mais il consulta le livre de Jane

Rowlandson sur les relations entre propriétaires et locataires dans l'Égypte romaine. Il s'y trouvait un certain nombre de cartes des circonscriptions égyptiennes sous la domination romaine.

Dans la Nomenclature d'Oxyrhynche, le Pagus 6 correspondait à une bande de terre qui s'étendait vers Maghagha. Bagnall découvrit que cette circonscription n'avait été créée qu'en 307 ou 308 après Jésus-Christ, pour remplacer les toparchies utilisées jusque-là dans la nomenclature bureaucratique. Par conséquent, le document mathématique ne pouvait être antérieur à cette époque-là.

On pouvait en toute logique supposer que les documents qui avaient été vendus ensemble et dont le traité mathématique faisait partie avaient réellement été retrouvés ensemble, mais ce n'était pas absolument certain. Des témoins avaient prétendu que oui, mais les témoins peuvent se tromper, et au moins une des personnes impliquées était décédée depuis. Et quand bien même les manuscrits auraient été découverts au même endroit, cela ne voulait pas dire qu'ils avaient la même histoire. Le codex contenant l'Évangile de Judas aurait pu avoir été écrit bien plus tôt que les autres documents avec lesquels il a été trouvé, sans compter qu'il s'agissait d'une traduction et non d'un texte original.

Restait le problème de l'identité de la personne avec qui les documents avaient été enterrés. Qui voudrait être enterré avec un texte biblique, les Épîtres de Paul, l'Évangile de Judas et un traité de mathématique ? On cherchera encore longtemps la réponse aux questions posées par ce document fascinant…

Le travail minutieux de l'équipe formée par Rodolphe Kasser, Florence Darbre et d'autres spécialistes a permis de reconstituer un document très ancien pour le bénéfice de l'humanité et jusqu'à la fin des temps. Assis devant son ordinateur dans son bureau exigu, le professeur Kasser se souvient du moment où il a vu l'Évangile pour la première fois : « Ce jour-là, j'ai ressenti cette chose particulière que l'on éprouve lorsqu'on est confronté à un mystère. Dans la profession que j'exerce, nous savons beaucoup de choses et en même temps nous ne savons rien. Nous trouvons sans cesse des théories et des explications qui bouleversent tous nos plans, et nous devons, nous, être prêts à tout moment apporter des modifications. Le maître de la situation, c'est le document.

« C'est comme si je rendais visite à un étranger et que je l'écoutais tout en sachant bien qu'il me faudrait très longtemps pour sonder les profondeurs de son âme… Si le texte était vraiment complet, ce serait plus facile, mais il y a beaucoup de lacunes. »

Nous savons avec certitude que l'Évangile de Judas est un témoignage nouveau et authentique sur les débuts du christianisme. Il est porteur d'un message qui met à mal l'image du traître Judas, et ce faisant, il nous invite à réexaminer ce que le Christ a cherché à nous enseigner. Suivre l'étoile qui nous guide, pour chacun d'entre nous, c'est une idée aussi pertinente aujourd'hui qu'elle l'était hier. Plutôt que de chasser le traître, peut-être devrions-nous regarder au plus profond de nous-mêmes pour y trouver la bonté.

L'inconnu persiste, séduisant dans son attente d'être découvert au fur et à mesure que nous en apprenons davantage sur l'époque où naquit une nouvelle religion. Peu importe le temps que durera le voyage, les mystères seront toujours au rendez-vous.

Note de l'éditeur

Lorsque, en l'an 2000, l'antiquaire zurichoise Frieda Tchacos-Nussberger acheta le codex qui contenait l'Évangile de Judas, celui-ci était à vendre depuis près de vingt ans et il avait déjà voyagé d'Égypte en Europe pour finalement se retrouver aux États-Unis. Le grand coptologue suisse Rodolphe Kasser affirme n'en avoir jamais vu en si mauvais état : « Le papyrus était si fragile qu'il risquait de se désagréger au moindre contact. » Alarmée par la détérioration du manuscrit, Frieda Tchacos le remit à la Fondation Maecenas pour l'art ancien, qui se chargea de le faire restaurer et traduire dans l'intention de le restituer plus tard au Musée copte du Caire. Ce projet, mobilisant à la fois des connaissances en archéologie et l'utilisation de techniques scientifiques de pointe autour d'un sujet d'intérêt culturel, paraissait naturellement tout indiqué pour intéresser la National Geographic Society. La National Geographic s'est assuré le soutien financier du Waitt Institute for Historical Discovery, créé par Ted Waitt, fondateur de Gateway Computers, et destiné à promouvoir des projets susceptibles de développer l'état des connaissances actuelles par des investigations historiques et scientifiques. La National Geographic et le Waitt Institute se sont associés avec la Fondation Maecenas pour procéder à l'authentification du document, poursuivre la restauration en cours et le faire traduire. Florence Darbre, la restauratrice, et Gregor Wurst, spécialiste du copte, ont été chargés de ressusciter ce manuscrit tout abîmé.

Quelqu'un avait réarrangé les feuillets et le haut du papyrus (avec les numéros de page) s'était détaché. Autre défi à relever, plus difficile encore : il fallait réunir un millier de fragments éparpillés. Florence Darbre prit les morceaux un par un à l'aide d'une pince à épiler et les plaça entre des plaques de verre. Avec un ordinateur, Wurst et elle parvinrent à rassembler plus de 80 pour cent du texte en cinq ans d'un travail extrêmement méticuleux. Kasser et d'autres érudits traduisirent ensuite le document de vingt-six pages, exposant de manière très circonstanciée des croyances gnostiques depuis longtemps dissimulées. Les spécialistes du christianisme primitif s'accordent à dire qu'il s'agit de la découverte la plus spectaculaire des dernières décennies. Selon Kasser, « c'est un miracle que ce manuscrit ait pu refaire surface ».

Pour s'assurer de l'ancienneté et de l'authenticité du codex, la National Geographic décida de recourir à la datation par le carbone 14, afin de procéder à un examen extrêmement minutieux sans courir le risque d'endommager davantage un document déjà très dégradé. Il fut parallèlement décidé de consulter d'éminents spécialistes de la langue copte, également versés en paléographie et en codicologie.

En décembre 2004, la National Geographic remit en mains propres à Timothy Jull, directeur du laboratoire de spectrométrie de masse par accélérateur de l'université de l'Arizona, cinq échantillons devant faire l'objet d'une datation par le carbone 14. Quatre des cinq échantillons prélevés étaient des fragments du codex, le cinquième était un petit bout de reliure auquel était encore attaché du papyrus. Aucune partie du manuscrit ne fut endommagée par cette opération.

Au début du mois de janvier 2005, les scientifiques du laboratoire furent en mesure de rendre leurs conclusions. Si, après calibration, on obtenait pour chacun des échantillons un âge différent, l'âge calendaire moyen pour les cinq pièces les faisait remonter à une époque située entre 220 et 340, avec une marge d'erreur de plus ou moins soixante ans.

Selon Timothy Jull et un autre scientifique du laboratoire, Greg Hodgkins, « après calibration, les résultats obtenus pour le papyrus et la reliure restent dans une fourchette assez restreinte et situent le codex entre le IIIe et le IVe siècle après Jésus-Christ ».

Depuis sa découverte à la fin des années 1940, la datation par le radiocarbone a été considérée comme « l'étalon-or » de la datation des objets anciens dans des domaines variés allant de l'archéologie à la paléoclimatologie.

Le laboratoire de l'université de l'Arizona a une réputation internationale. Les manuscrits de la mer Morte y ont aussi été analysés, ce qui a permis de les situer exactement dans leur contexte historique d'origine.

Le style et le contenu du codex constituent d'autres preuves d'authenticité, affirment les éminentes personnalités qui l'ont examiné, notamment Rodolphe Kasser, anciennement professeur à l'université de Genève et traducteur de la bibliothèque de Nag Hammadi, collection de textes gnostiques découverts en Égypte dans les années 1940, Marvin Meyer de l'université Chapman et Stephen Emmel de Münster. Tous trois ont joué un rôle clé dans la traduction du codex.

Selon eux, les concepts théologiques et les structures linguistiques du codex et ceux de Nag Hammadi, dont l'origine remonte également aux débuts du christianisme, sont très similaires, et Meyer ajoute que : « Le texte du codex est en parfaite cohérence avec la pensée du IIe siècle de notre ère. Même sous sa forme fragmentaire, il reste très intéressant, il rentre parfaitement dans le cadre conceptuel du IIe siècle en général. »

Emmel convient que le contenu du codex reflète le climat de la pensée gnostique qui prévalait au IIe siècle de notre ère. « [Pour contrefaire un document comme celui-ci] il faudrait savoir renvoyer l'image d'un monde totalement étranger à ce que nous connaissons aujourd'hui, un monde vieux de mille cinq cents ans... Or, ce sont des choses déjà très difficiles à comprendre pour un spécialiste qui passe sa vie à les étudier... Alors, pour que des gens ordinaires en fassent une contrefaçon... Il faudrait avoir un véritable génie pour produire un objet comme celui-ci, et personnellement je ne crois pas que ce soit possible. »

Pour Emmel, « il ne fait aucun doute que ce codex est un document authentique datant de l'Antiquité tardive, et qu'il est constitué de textes apocryphes sur la religion chrétienne ».

Le fait qu'il reflète le point de vue des gnostiques n'est pas la seule preuve de l'authenticité du codex. Selon Emmel, spécialiste de paléographie copte, cette authenticité est encore confortée par des preuves paléographiques : « Le codex a été écrit avec soin par un scribe professionnel. Cette façon d'écrire rappelle étrangement les manuscrits de Nag Hammadi. Elle n'est pas identique, mais les deux types d'écriture sont très similaires. »

« L'éventualité d'une contrefaçon, à mon avis, ne se pose pas, car il ne suffirait pas d'avoir un support authentique, en l'occurrence du papyrus ancien, il faudrait savoir imiter l'écriture copte d'une époque très ancienne. Le nombre de personnes qui en sont capables est extrêmement limité. En outre, il faudrait savoir composer un texte copte grammaticalement correct et convaincant. Et il y a encore moins de gens capables de le faire qu'il n'y a de personnes aptes à lire le copte. »

Afin d'avoir une preuve supplémentaire de l'authenticité absolue du codex, on envoya des échantillons d'encre à McCrone et Associés, une société connue pour son travail avec les laboratoires de police scientifique. Les analyses confirmèrent une fois encore ce que l'on savait déjà.

Le microscope électronique à transmission confirma que le principal constituant de l'encre était du noir de carbone, avec de la gomme pour liant, ce qui était parfaitement cohérent avec les constituants de l'encre utilisée au IIIe ou au IVe siècle après Jésus-Christ.

Grâce à une technique connue sous le nom de spectroscopie Raman, la firme McCrone et Associés fut en mesure d'établir que l'encre contenait un composant métagallique utilisé au IIIe siècle après Jésus-Christ dans les encres à base de fiel.

Note de l'auteur

La première fois que j'ai entendu parler de l'Évangile de Judas, c'était à l'automne 2000. Un ami, grand collectionneur, était en affaires avec Bruce Ferrini, le marchand d'art américain. Ferrini souhaitait avoir une estimation de la valeur potentielle de l'Évangile de Judas et en développer l'exploitation télévisuelle. Une rencontre avait été organisée à New York, mais elle n'avait pas abouti. Après cette première entrevue et quelques échanges de courriels pendant deux ou trois semaines, Ferrini avait mystérieusement rompu tout contact. À l'époque, j'ignorais tout des problèmes qui allaient le conduire à restituer le codex à Frieda Tchacos-Nussberger.

Comme il n'y avait aucun moyen d'évaluer l'importance du papyrus ou sa valeur en tant que projet médiatique et qu'il n'était pas question de continuer dans ce sens sans la coopération de Ferrini, je décidai de tout abandonner.

En 2004, j'appris que l'évangile avait fini par atterrir en Suisse, et qu'il était sans doute entre les mains d'une antiquaire assez connue, Frieda Tchacos-Nussberger. À cette époque, je travaillais plutôt sur l'Ancien Testament, pour National

Geographic Channel, mais l'éventualité de l'authenticité de l'Évangile de Judas enflamma l'imagination d'un responsable de la chaîne, et le contrat de recherche fut bientôt signé.

J'entrepris alors des recherches sur Frieda Tchacos-Nussberger, ainsi que sur Roberty et la Fondation Maecenas. Il fut extrêmement difficile de parvenir à avoir un contact direct avec Frieda Tchacos, mais plus j'approchais des deux Suisses, plus je les trouvais crédibles, et plus je commençais à prendre conscience du fait que cet évangile était un artefact authentique qui pourrait apporter une grande contribution à l'histoire chrétienne. Le 30 juin 2004, je dînai avec Roberty à Bâle. C'était la veille du jour où le professeur Kasser annonça publiquement l'existence de l'Évangile de Judas, devant l'auditoire de l'Institut catholique de Paris. Peu après, les négociations commencèrent, et je pus entreprendre de raconter cette histoire.

Je me suis efforcé de me mettre en rapport avec tous les personnages impliqués. Cela n'a pas toujours été possible, mais le contenu de cet ouvrage reflète les entretiens que j'ai pu avoir. Certaines personnes ont souhaité garder l'anonymat et sont désignées par un pseudonyme.

Remerciements

Je voudrais exprimer ici ma reconnaissance à National Geographic et aux personnes exceptionnelles qui se sont intéressées à cette histoire, permettant de porter à la connaissance du grand public un document rare, d'une importance historique exceptionnelle. En agissant ainsi, National Geographic apporte sa propre contribution à l'Histoire.

Kevin Mulroy, directeur des éditions National Geographic, a joué un rôle particulièrement remarquable, ainsi que John Paine et Ellen Beal, les deux éditeurs qui m'ont apporté leur aide inestimable.

La chaîne de télévision de National Geographic n'est pas en reste : John Bredar s'est montré un producteur exécutif très doué, et James Barrat un auteur et producteur inspiré et efficace, travaillant comme moi-même dans un cadre temporel extrêmement limité. Ma reconnaissance va aussi à Michael Rosenfeld, vice-président exécutif de National Geographic Television and Film, pour sa sensibilité, son intelligence et ses compétences remarquables. Je dois des remerciements également à Maryanne Culpepper, dont le sens aigu des affaires m'a permis de mener à bien ce projet, à Cheryl Zook, productrice associée persévérante et dévouée, à Bruce Brown, pour ses conseils pratiques et perspicaces, et surtout à Terry Garcia, véritable étoile filante dans l'opacité glauque de la nuit washingtonienne.

Au Royaume-Uni, je voudrais remercier Ray Bruce, dont la connaissance du christianisme primitif et l'aide précieuse des premiers temps ont été à la fois utiles et bienvenues, ainsi que mon agent Jonathan Harris, pour ses talents de négociateur et sa présentation intelligente du projet.

En Égypte, ma gratitude va à Magdy el-Rashidi et à mes autres amis égyptiens qui ont joué un rôle clé dans la mise en valeur de cette histoire auprès de National Geographic, et qui m'ont aidé à travailler dans le cadre de la réalité égyptienne, et je voudrais inclure aussi dans mes remerciements le peuple égyptien, pour son hospitalité et sa gentillesse.

En Israël, je suis particulièrement reconnaissant à Seymour Gitin, directeur de l'Institut Albright de recherches archéologiques de Jérusalem, au professeur Dotan, archéologue incomparable et vénérée dans tout le pays, et à Shimon Gibson, autre archéologue talentueux et plein de ressources. Je dois aussi beaucoup à Doron Mendels, historien hors pair et auteur d'un ouvrage sur Eusèbe de Césarée, le père de l'histoire de l'Église, car il m'a permis d'élargir considérablement mon champ de recherches.

En Suisse, Mario Roberty et Frieda Tchacos-Nussberger ont toujours été présents, s'efforçant de sauver des ténèbres où il était condamné à rester, un document historique unique, avec le concours du professeur Rodolphe Kasser et de son équipe, notamment Florence Darbre, la restauratrice, et le professeur Gregor Wurst. J'ai beaucoup apprécié la rencontre avec tous les membres éloignés de la famille Tchacos.

Aux États-Unis, ma gratitude va d'abord à ma famille, et aux érudits et autres personnalités exceptionnelles qu'il m'a été donné de rencontrer. Je voudrais aussi attirer l'attention sur l'un des professeurs d'une prestigieuse université américaine, dont l'action extrêmement positive a permis de révéler l'existence de ce manuscrit ancien et qui mérite d'être décoré pour une contribution encore en grande partie inconnue. Je remercie Bart Ehrman, titulaire de la chaire d'études religieuses à l'université de Caroline du Nord. Sa perspicacité et sa sagesse dans l'analyse de l'histoire des premiers siècles de l'Église ont élargi considérablement mon champ d'exploration. Marvin Meyer, de l'université Chapman, est une personne dont j'ai particulièrement apprécié la compagnie et dont la grande érudition a donné une traduction anglaise du codex à la fois littéraire et très agréable à lire. Je ne voudrais pas terminer cette liste sans mentionner Jordan Ringel, l'avocat grâce à qui tout a été possible.

Mary Krosney a été la fidèle compagne de ce voyage aussi fascinant que riche en découvertes.

Vivre les péripéties de l'histoire de l'Évangile de Judas a été pour moi une grande aventure et un grand bonheur. J'espère que la connaissance à laquelle nous accédons désormais permettra de mieux comprendre cette époque où le christianisme a divergé de ses origines judaïques. Peut-être cela contribuera-t-il à développer non le sentiment d'une trahison ou d'un abandon de foi, mais celui d'une plus grande fraternité sur notre planète.

À propos de l'auteur

Herbert Krosney est auteur et réalisateur de documentaires, spécialiste de projets de recherches historiques. Il a travaillé pour de nombreuses chaînes de télévision dans le monde entier, notamment pour la BBC, PBS, The History Channel et National Geographic Channel. Il est également l'auteur de plusieurs ouvrages dont *Beyond Welfare : Poverty in the Supercity* (Holt, Rinehart et Winston) et *Deadly Business : Legal Deeds and Outlaw Weapons (Four Walls Eight Windows)*, et avec Steve Weissman, il a co-écrit *The Islamic Bomb : the Nuclear Threat to Israël and the Middle East* (Times Books). Diplômé de Harvard, il a commencé sa carrière dans le journalisme avant de se consacrer au documentaire télévisé. Marié, père de trois enfants et cinq fois grand-père, il partage son temps entre sa résidence de New York et celle de Jérusalem.

8272

Composition Nord Compo
Achevé d'imprimer en France (Malesherbes)
par Maury le 10 mars 2007.
Dépôt légal mars 2007. EAN 9782290002223

Éditions J'ai lu
87, quai Panhard-et-Levassor, 75013 Paris
Diffusion France et étranger : Flammarion